D1313268

4 GROUPES SANGUINS 4 RÉGIMES

Note sur l'auteur :

Peter J. D'Adamo, docteur en naturopathie, chercheur et conférencier, a poursuivi les travaux de son père, James D'Adamo, également docteur en naturopathie, qui fut un pionnier en matière de recherche sur l'incidence des groupes sanguins sur l'état de santé. Les études et tests cliniques approfondis de Peter D'Adamo pour identifier les aliments bénéfiques et nuisibles pour chacun des groupes sanguins ont ouvert de nouvelles avenues concernant le traitement de plusieurs maladies, dont le cancer du sein et le sida.

L'auteur a également rédigé de nombreux articles pour diverses publications médicales et il a agi à titre de consultant scientifique pour plusieurs grandes compagnies d'assurances. Peter D'Adamo a reçu en 1990 le titre de Médecin de l'année, de la part de l'Association américaine des docteurs en naturopathie. Il est aussi le fondateur et l'éditeur du *Journal of Naturopathic Medicine*, et exerce en pratique privée au Connecticut.

Catherine Whitney a collaboré à plusieurs best-sellers dans le domaine de la santé et de la médecine.

Pour plus d'informations, vous pouvez visiter
le site Internet de Peter J. D'Adamo :

http://www.dadamo.com

PETER J. D'ADAMO, N.D.

avec la collaboration de Catherine Whitney

4 GROUPES SANGUINS 4 RÉGIMES

La solution personnalisée

pour être en bonne santé,
vivre plus longtemps
et atteindre votre poids idéal.

Traduit de l'américain par Anne Lavédrine

Adapté et mis à jour par
Julie Brière, dt. p., nutritionniste

Données de catalogage avant publication (Canada)

D'Adamo, Peter J.

4 groupes sanguins, 4 régimes :la solution personnalisée
pour être en bonne santé, vivre plus longtemps et
atteindre votre poids idéal.

Traduction de : Eat right 4 your type

Comprend des réf. bibliogr.

ISBN 2-89466-033-2

1. Groupes sanguins. 2. Alimentation. 3. Santé. 4. Amaigrissement.
5. Homme – Évolution. I. Whitney, Catherine (Catherine A.) II. Titre.
III. Titre : Quatre groupes sanguins, quatre régimes.

QP98.D3314 1999   613   C99-941135-7

Conception graphique
de la page couverture : Carl Lemyre
Infographie : René Jacob, 15ᵉ Avenue
Titre original : *Eat Right 4 Your Type*
                G. Putnam's Sons, New York, NY, USA

ISBN 2-89466-033-2
Dépôt légal : Bibliothèque nationale du Québec, 1999
                Bibliothèque nationale du Canada, 1999
Distribution : Diffusion Raffin
                7870, rue Fleuricourt
                St-Léonard (Québec)
                H1R 2L3

À la mémoire de mon excellent ami
John J. Mosko (1919–1992)

On appelle ce jour la fête de Crispian :
Qui survit à cette journée et revient au logis sain et sauf
Sautera sur ses pieds à l'évocation de ce jour,
Et se lèvera au nom de Crispian.

REMERCIEMENTS

Un parcours scientifique ne s'effectuant jamais en solitaire, je tiens à remercier toutes les personnes qui m'ont aidé dans mes recherches, ainsi que toutes celles qui m'ont soutenu, inspiré, stimulé et fait confiance. Je remercie tout particulièrement ma femme, Martha Mosko D'Adamo, de son amour et de son amitié, mes parents, James et Christiana D'Adamo, qui m'ont appris à me fier à mon intuition, et mon frère James D'Adamo junior, qui a cru en moi.

Je tiens également à exprimer mon immense gratitude à :

mon maître, le Pr Joseph Pizzorno, naturopathe, qui m'a appris à croire en la médecine naturelle ;

Catherine Whitney, qui a rédigé ce livre avec grand talent et a su apporter style et logique à mes idées brutes ;

Gail Winston qui, voici bien longtemps déjà, m'a proposé de but en blanc d'écrire un livre sur la médecine naturelle ;

mon agent littéraire, Janis Vallely, qui a su déceler le potentiel de mon travail et ne pas laisser moisir mon manuscrit dans un placard poussiéreux ;

Amy Hertz, des éditions Riverhead/Putnam, dont la vision d'ensemble a permis au manuscrit original de se muer – je crois – en un ouvrage riche d'enseignements, et puissant.

Ma reconnaissance va également à :

Dorothy Mosko, pour l'aide inestimable qu'elle m'a apportée dans la préparation du premier manuscrit ;

Scott Carlson, mon assistant de l'époque, qui n'a jamais manqué une levée postale ;

Carolyn Knight, mon infirmière et mon bras droit ;

Jane Dystel, l'agent littéraire de Catherine Whitney, pour ses conseils toujours pertinents;

Paul Krafin, qui nous a prêté sa plume concise et incisive pour les travaux de réécriture;

Dina Khader, diététiste de talent, qui nous a aidés à établir des exemples de menus;

Aux Drs Michael Schachter, Jonathan Wright et Alan Datner, pour leurs conseils et leurs suggestions utiles;

John Schuler, à qui nous devons les illustrations de ce livre.

Mme Maybeline Vitasse.

Je tiens aussi à remercier les étudiants de l'Université Bastyr, qui ont patiemment compulsé la littérature médicale à la recherche d'informations relatives aux groupes sanguins, afin de permettre à ce livre d'être aussi complet que possible.

Enfin, je remercie tous les merveilleux patients qui m'ont honoré de leur confiance au fil de leur quête de la santé et du bonheur.

INTRODUCTION

Le travail de deux vies

Je n'ai jamais pensé qu'il existât ur terre deux êtres vivants identiques. Nul ne possède les mêmes empreintes digitales, labiales ou vocales que son voisin. De même, on ne trouvera jamais deux brins d'herbe ni deux flocons de neige interchangeables. Cela posé, j'ai pensé qu'il était illogique que tous les humains dussent consommer les mêmes aliments. Une évidence ne tarda pas à s'imposer à moi : puisque chacun de nous habite un corps spécifique, aux forces, faiblesses et besoins nutritionnels distincts, la seule manière de conserver la santé ou de guérir les maladies est de satisfaire les besoins propres de chaque patient.

JAMES D'ADAMO,
mon père

L e groupe sanguin porte en lui la clé du mystère de la santé, de la maladie, de la longévité, de la vitalité physique et de la solidité émotionnelle de chacun d'entre nous. C'est lui qui détermine la probabilité que nous développions telle ou telle maladie, les aliments que nous devrions manger, ou l'activité physique idéale pour nous. De lui dépendent aussi largement notre énergie, l'efficacité avec laquelle nous brûlons les calories, notre capacité de réaction au stress et peut-être même notre personnalité.

Établir un lien entre le groupe sanguin et l'alimentation peut certes apparaître au premier abord comme un raccourci trop rapide, mais il n'en est rien. Il est depuis longtemps admis qu'il manque un « chaînon » dans notre compréhension du processus selon lequel certains suivent la voie du bien-être et de la santé tandis que d'autres s'en écartent, et qu'il doit exister une raison expliquant les multiples paradoxes ressortant des études épidémiologiques et nutritionnelles et des statistiques de survie aux maladies. Ce n'est sûrement pas non plus par hasard que certaines personnes perdent du poids en suivant un régime donné, et d'autres pas, ni si certains restent alertes jusqu'à leur dernière heure alors que d'autres voient leurs facultés physiques et mentales se détériorer peu à peu. L'analyse des groupes sanguins fournit une explication à ces questions. Et si l'on étudie les rapports du groupe sanguin avec l'alimentation et la santé, la corrélation qui les unit paraît évidente.

Les groupes sanguins constituent l'empreinte de nos ancêtres sur le parchemin indestructible de l'histoire. Aujourd'hui, nous commençons tout juste à savoir utiliser leurs multiples implications dans le domaine de la santé, et à percer les secrets de l'ADN humain. Comprendre la logique des groupes sanguins permet de franchir un pas supplémentaire dans la recherche génétique, car celle-ci confirme sans équivoque que chaque être humain est parfaitement unique.

Par conséquent, il n'existe ni bons ni mauvais modes de vie, mais seulement de bons et de mauvais choix par rapport à notre code génétique personnel.

COMMENT J'AI DÉCOUVERT LE « CHAÎNON MANQUANT » DU SANG

Mon travail sur les groupes sanguins est l'aboutissement de l'œuvre de deux vies : celle de mon père et la mienne. Je suis en effet un naturopathe de la deuxième génération. Après avoir obtenu son diplôme de naturopathe en 1957, mon père, James

D'Adamo, a poursuivi sa formation au sein des plus prestigieux établissements thermaux d'Europe. Il a peu à peu remarqué que si nombre de patients tiraient bénéfice du régime thermal classique plutôt végétarien et pauvre en graisses, d'autres ne paraissaient pas s'en porter mieux, certains voyant même leur santé se détériorer. Mon père en a déduit qu'il devait exister un moyen de déterminer scientifiquement les différents besoins diététiques de ses patients. Partant du principe que le sang est le principal vecteur des nutriments, il se demanda dans quelle mesure une – ou plusieurs – de ses caractéristiques expliciterait ces disparités. Pour tester sa théorie, il analysa le groupe sanguin de ses patients avant d'étudier l'effet sur eux de divers protocoles nutritionnels.

Au fil des ans et des cas étudiés, un schéma se dégagea. Mon père constata, par exemple, que les patients appartenant au groupe sanguin A supportaient mal les régimes hyperprotéinés, riches en viandes, et allaient beaucoup mieux lorsqu'ils consommaient des protéines végétales telles que celles apportées par le soya ou le tofu. Les produits laitiers provoquaient chez eux la sécrétion de mucosités abondantes dans les sinus et les voies respiratoires. S'ils accroissaient leur activité physique, ils se sentaient fatigués et abattus, tandis qu'une pratique plus douce comme le yoga leur insufflait vigueur et énergie. Les personnes appartenant au groupe O, en revanche, tiraient le plus grand bénéfice d'un régime hyperprotéiné et d'exercices physiques intensifs, tels que le jogging ou l'aérobie.

Plus mon père étudiait les groupes sanguins, plus il se persuadait que la route de la santé était différente pour chacun d'eux. Inspiré par son adage favori, «La nourriture de l'un est le poison de l'autre», il a alors regroupé ses observations et ses conseils nutritionnels dans un livre intitulé *One Man's Food*, publié en 1980, alors que j'étais en troisième année à la Faculté d'études naturopathiques John Bastyr de Seattle. L'enseignement que nous recevions visait à faire de mes condisciples et de moi-même de parfaits «médecins alternatifs», aussi qualifiés sur le plan scientifique que leurs collègues allopathes, mais dotés en prime de compétences naturopathiques. Pour la première fois, on pourrait donc mesurer à l'aune de la technologie moderne les bienfaits des techniques, traitements et médicaments naturopathiques.

En 1982, la rédaction de ma thèse me donna l'occasion de mettre à l'épreuve les théories de mon père relatives aux rapports entre la nutrition et le groupe sanguin et d'évaluer leur valeur scientifique. Le contenu de son livre étant plus basé sur ses observations subjectives que sur des méthodes d'évaluation objectives, je redoutais, je l'avoue, de ne découvrir aucun fondement tangible à sa théorie. Je m'inquiétais inutilement.

En me plongeant dans la littérature médicale pour voir s'il apparaissait une corrélation entre l'appartenance sanguine et l'incidence de certaines maladies et si cela semblait appuyer les théories nutritionnelles paternelles, j'appris tout d'abord l'existence d'un lien reconnu entre deux graves affections de l'estomac et le groupe sanguin. Il ressortait en effet de mes lectures que les ulcères gastriques, souvent liés à une acidité supérieure à la normale des sécrétions stomacales, étaient plus fréquents au sein du groupe sanguin O que dans le reste de la population. Cela m'intrigua immédiatement car mon père avait remarqué que les personnes appartenant au groupe O s'accommodaient au mieux d'un régime riche en produits d'origine animale et en protéines, tous aliments dont la digestion nécessite des sucs gastriques plus acides.

Nombre d'auteurs évoquaient aussi une corrélation entre le groupe sanguin A et le cancer de l'estomac. Or le cancer de l'estomac est souvent lié à une faible acidité gastrique (c'est le cas dans ce groupe), tout comme l'anémie pernicieuse, elle aussi plus fréquente au sein du groupe A. Cette forme d'anémie résulte en effet d'une carence en vitamine B12, laquelle ne peut être absorbée que si l'estomac produit suffisamment de sucs acides.

Le groupe sanguin O semblait donc prédisposer aux maladies liées à une acidité gastrique excessive, alors que le groupe A s'accompagnait à l'inverse d'une vulnérabilité accrue aux affections liées à une acidité gastrique insuffisante.

Je tenais enfin mon «chaînon manquant» et la preuve que les observations de mon père, et les régimes qui s'ensuivaient, reposaient sur une base scientifique. Ainsi débuta mon histoire d'amour avec la science et l'anthropologie des groupes sanguins. Au fil de mes recherches, j'ai constaté que les travaux de mon père sur la corrélation entre le groupe sanguin, l'alimentation et la santé étaient encore plus significatifs qu'il ne le pensait.

QUATRE CLÉS SIMPLES POUR PERCER LE MYSTÈRE DE LA VIE

La majorité des membres de ma famille appartiennent au groupe sanguin A. En accord avec les préceptes de mon père, notre alimentation était donc végétarienne, à base de légumes cuits à la vapeur, de salades et de tofu. Enfant, cela m'embarrassait souvent car aucun de mes camarades ne mangeait d'aliments étranges comme le tofu, et, pour tout dire, je me sentais un peu frustré par cette originalité ! Mes contemporains vivaient alors au quotidien une autre révolution nutritionnelle que la mienne – c'étaient les années cinquante –, faite de hamburgers, de hot-dogs, de frites graisseuses, de barres chocolatées et de crème glacée, le tout arrosé de litres de soda. Un gouffre nous séparait donc...

J'ai cependant su rester fidèle à l'alimentation de mon enfance, et il ne me viendrait plus à l'idée de déplorer son originalité. Chaque jour, je mange les aliments dont mon organisme, du groupe A, a besoin, et cela me satisfait pleinement.

Dans *4 Groupes sanguins, 4 Régimes*, je vais vous expliquer la relation étroite qui unit votre groupe sanguin et vos besoins diététiques, afin de vous apprendre à adopter le mode de vie le plus adapté à votre santé et à votre forme. Cette corrélation repose essentiellement sur les quelques faits suivants :

– Votre groupe sanguin – O, A, B, ou AB – constitue un «identifiant» génétique aussi important que votre ADN.

- Si vous vous laissez guider par votre groupe sanguin pour votre alimentation et votre mode de vie, vous vous porterez mieux, vous vous maintiendrez naturellement à votre poids idéal et vous ralentirez le processus de vieillissement de votre corps.

- Le groupe sanguin est un identifiant plus fiable que l'origine ethnique, culturelle ou géographique ; c'est votre empreinte génétique et votre guide vers une vie plus saine.

- La clé de l'importance du groupe sanguin résulte de l'histoire de l'évolution de l'homme. Le groupe O est le plus ancien ; le groupe A est apparu avec l'agriculture ; le groupe B est né lorsque l'homme a migré vers le nord et des climats plus froids et rudes ; et le groupe AB est une mutation moderne résultant du mélange de groupes humains disparates. Les besoins nutritionnels de chacun de ces groupes sont intimement liés à la genèse de leur apparition.

Mais, tout d'abord, en quoi consiste ce facteur que l'on appelle groupe sanguin ?

Il s'agit d'une variation médicalement reconnue de l'espèce humaine, au même titre que la couleur des cheveux ou des yeux. La plupart des caractéristiques qui distinguent chacun d'entre nous, notamment les empreintes digitales et, depuis une date plus récente, la structure de l'ADN, sont largement utilisées en médecine légale et par les criminologues, ainsi que par ceux qui étudient les causes des maladies et leur traitement. Le groupe sanguin est tout aussi intéressant et significatif. Son analyse obéit à des critères logiques et les informations qu'elle fournit sont simples et faciles à exploiter. J'ai enseigné la méthode qui suit à de nombreux médecins : ils m'ont confirmé qu'ils obtenaient d'excellents résultats avec elle. À votre tour, maintenant, de l'apprendre. Vous pourrez alors mettre au point votre alimentation idéale et celle de votre famille. Vous connaîtrez les aliments néfastes pour votre santé, générateurs de prise de poids et conduisant aux affections chroniques.

J'ai compris très tôt en effet que l'analyse du groupe sanguin constituait un moyen efficace d'interpréter les susceptibilités individuelles de santé et de maladie. Si l'on considère la masse d'informations à notre disposition, il est d'ailleurs surprenant que les corrélations unissant notre groupe sanguin et notre santé n'aient pas été mieux étudiées. Je me propose de vous livrer au fil de cet ouvrage le fruit de mes propres recherches.

Je sais que j'évoque là pour beaucoup d'entre vous une idée totalement nouvelle, car on songe rarement aux implications pratiques de son groupe sanguin. Ne vous laissez pas intimider : je vous certifie que l'étude de ce groupe est aussi simple et basique que la vie elle-même. Pour vous en convaincre, je vais vous raconter l'histoire de l'évolution des groupes sanguins – vous verrez qu'elle est aussi fascinante que celle de l'humanité – et en démystifier les aspects scientifiques, afin de dégager un plan d'action clair, simple et facile à suivre.

Si vous hésitez encore à vous aventurer sur ce terrain peu familier – même si les arguments scientifiques appuyant ma théorie vous paraissent solides –, accordez-moi une simple faveur : parlez-en à votre médecin, faites analyser votre groupe sanguin si vous ne le connaissez pas et testez le régime adapté à ce groupe pendant deux semaines au minimum. C'est le délai nécessaire à la plupart de mes patients pour éprouver un mieux-être significatif – un accroissement de leur énergie, une perte de poids, une diminution de leurs difficultés digestives ou une amélioration de problèmes de santé chroniques tels que l'asthme, les maux de tête ou les brûlures d'estomac.

Laissez le « régime Groupe sanguin » vous apporter les bienfaits que je l'ai vu procurer aux quelque quatre mille personnes que j'y ai soumises. Vérifiez par vous-même que le sang n'est pas seulement la nourriture première de votre organisme, mais aussi le véhicule de votre bien-être futur.

PREMIÈRE PARTIE

VOTRE IDENTITÉ SANGUINE

1

Le groupe sanguin :

la véritable révolution
de l'évolution

L e sang est synonyme de vie. Il incarne la force primale à l'origine du pouvoir et du mystère de la naissance, des horreurs de la maladie, de la guerre et de la mort violente. Des civilisations entières se sont bâties avec les liens du sang, sur lesquels reposent les tribus, les clans et les monarchies.

Le sang est magique ; le sang est mystique ; le sang est alchimique. Il figure depuis les débuts de l'histoire humaine comme un profond symbole religieux et culturel. Les Anciens mêlaient leur sang avant de le boire en signe d'union et d'amitié. Depuis les temps les plus reculés, les chasseurs ont accompli des rituels destinés à apaiser l'esprit des animaux qu'ils tuaient, en offrant aux dieux le sang de leurs victimes et en s'en enduisant le corps et le visage. C'est avec le sang de l'agneau du sacrifice que les logis des Juifs d'Égypte furent marqués afin que l'Ange de la Mort les épargne. On dit aussi que Moïse changea les eaux d'Égypte en sang pour libérer son peuple. Et le sang symbolique de Jésus-Christ est depuis près de deux millénaires au cœur du rituel le plus sacré de la chrétienté.

Si le sang évoque immédiatement des images aussi riches de signification, voire sacrées, c'est parce qu'il est réellement extraordinaire. Non content de nourrir et de défendre notre organisme – et par là d'assurer notre survie même –, il fournit une clé de voûte à l'humanité, un miroir dans lequel retrouver les traces ténues de notre parcours sur la planète Terre.

Au cours des quarante dernières années, nous avons appris à utiliser des marqueurs biologiques tels que le groupe sanguin pour retracer les déplacements et les regroupements de nos ancêtres. Découvrir comment ces peuples primitifs s'adaptaient sans relâche à de nouveaux climats, à des bactéries nouvelles et à une nourriture nouvelle, nous apprend une foule de choses sur nous-mêmes. Les bouleversements climatiques et nutritionnels ont engendré des groupes sanguins nouveaux. En somme, le groupe sanguin est la chaîne ininterrompue qui unit chacun de nous à son passé.

En fin de compte, les divers groupes sanguins reflètent la capacité qu'a l'homme de s'adapter à son environnement, notamment sur le plan digestif et immunitaire. Autrefois, un morceau de viande avariée pouvait tuer et une coupure ou une éraflure dégénérer en une infection mortelle. Pourtant, le genre humain a survécu. L'histoire de sa survie est inextricablement liée à l'évolution de ses systèmes digestif et immunitaire. C'est d'ailleurs dans ces deux domaines que l'on recense le plus de disparités entre les divers groupes sanguins.

L'HISTOIRE DE L'HOMME

L'histoire de l'humanité n'est autre, en fait, que le récit de la survie d'une espèce. Plus spécifiquement, elle s'attache aux lieux où les humains ont vécu et à ce qu'ils trouvaient pour s'y nourrir. Il y est question d'aliments, de leur quête et des déplacements effectués pour en trouver.

Nous ne savons pas exactement quand le processus de l'évolution humaine a débuté. L'homme de Neandertal, le premier hominidé recensé, est sans doute apparu voici cent cinquante mille ans. Peut-être plus tôt. La préhistoire humaine a commencé en Afrique, où les espèces anthropoïdes primitives ont fait place aux premiers hominidés. La vie de ces lointains ancêtres était courte, fruste et rude. Ils mouraient – tôt – de causes diverses et variées: infections opportunistes, parasitoses, échauffourées avec des animaux, fractures osseuses, accouchements... Se sustenter était pour eux une lutte de tous les instants.

Les dents de ces premiers hommes étaient courtes et peu tranchantes, autrement dit peu utiles pour attaquer leurs proies. Et, à l'inverse de la plupart de leurs concurrents de la chaîne alimentaire, ils ne possédaient aucun talent particulier en termes de vélocité, de puissance ou d'agilité. Seule les distinguait leur ruse innée, qui devait par la suite évoluer en pensée rationnelle.

L'homme de Neandertal se nourrissait probablement de plantes sauvages, de larves et des restes laissés par les animaux prédateurs. Les premiers hominidés étaient d'ailleurs plus souvent proies que prédateurs, victimes surtout de parasites et de bactéries.

À mesure que le genre humain a colonisé d'autres régions et dû changer d'alimentation et de conditions de vie, des phénomènes d'adaptation se sont produits au sein des systèmes digestif et immunitaire des individus, afin qu'ils puissent survivre, puis prospérer dans leur nouvel environnement. Ces changements se retrouvent au niveau des groupes sanguins, qui semblent avoir suivi les grandes étapes du développement humain:

1. Ascension de l'homme jusqu'au sommet de la chaîne alimentaire (évolution du groupe O jusqu'à sa plus pleine expression).

2. Passage d'une existence de chasseur-cueilleur à une vie plus civilisée d'agriculteur (apparition du groupe A).

3. Mélange et migration des races du berceau africain vers l'Europe, l'Asie et les Amériques (naissance du groupe B).

4. Union moderne de groupes ethniques disparates (avènement du groupe AB).

Chaque groupe sanguin contient le message génétique de l'alimentation et du mode de vie de nos ancêtres et, bien que nous soyons fort éloignés d'eux, nombre de leurs traits caractéristiques nous affectent encore. Connaître ces prédispositions aide à comprendre la logique des régimes adaptés à chaque groupe sanguin.

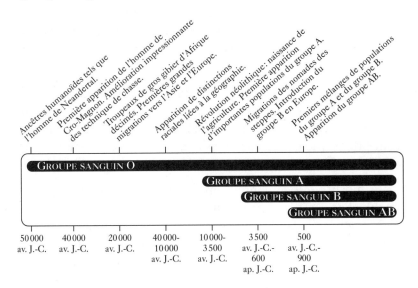

Voici la chronologie des groupes sanguins. Ce schéma met en relief les principales étapes du développement humain et leur corrélation avec l'évolution des groupes sanguins. Curieusement, cette chronologie suit dans les grandes lignes celle indiquée dans la Bible. Quand l'humanité tout entière appartenait au groupe sanguin O (ce qui s'est produit pendant l'essentiel de l'époque écoulée depuis l'apparition de l'homme sur la Terre), occupait un espace restreint, possédait une alimentation identique et respirait les mêmes microorganismes, tout progrès supplémentaire était inutile. Mais, avec l'accroissement de la population et les migrations qui en ont résulté, les variations se sont accélérées. Les groupes A et B ne sont vieux « que » de quinze mille à vingt-cinq mille ans, et le groupe AB est beaucoup plus récent.

O COMME « ORIGINE »

L'apparition de nos ancêtres Cro-Magnon, environ quarante mille ans avant notre ère, a propulsé l'espèce humaine au sommet de la chaîne alimentaire. L'homme était alors devenu le plus dangereux de tous les prédateurs. Il chassait en groupes organisés et apprit très vite à confectionner des armes et à utiliser des outils. Ces progrès lui ont conféré une puissance et une supériorité sans commune mesure avec ses atouts physiques naturels, si bien qu'il a vite cessé de redouter réellement ses rivaux animaux. L'absence de prédateurs naturels, hormis l'homme lui-même, a rapidement fait exploser la population.

Le carburant nutritionnel de base de ces ancêtres était les protéines – apportées par la viande –, et c'est à ce stade de l'évolution humaine que les caractéristiques digestives du groupe O se sont pleinement affirmées. Chasseurs adroits et efficaces, les hommes de Cro-Magnon exterminaient à un rythme de plus en plus accéléré le gros gibier présent sur leur territoire de chasse. Comme, dans le même temps, les bouches à nourrir se multipliaient, la compétition pour la viande s'est intensifiée. Nos aïeux ont découvert la nécessité de combattre et de tuer ceux qui empiétaient sur ce qu'ils appelaient désormais leur territoire de chasse exclusif. Comme toujours, le pire ennemi de l'homme s'est révélé être l'homme.

Environ trente mille ans avant Jésus-Christ, les hordes de chasseurs devaient s'aventurer chaque jour plus loin en quête de nourriture tant le gibier se faisait rare. Quand un bouleversement climatique transforma l'étendue giboyeuse du Sahara en désert et que les régions septentrionales jusque-là glaciales se réchauffèrent, ils osèrent quitter l'Afrique pour l'Europe ou l'Asie.

Ces premiers mouvements migratoires ont donné naissance aux souches de base des peuples modernes, appartenant toutes au groupe sanguin O, qui demeure encore aujourd'hui le plus répandu.

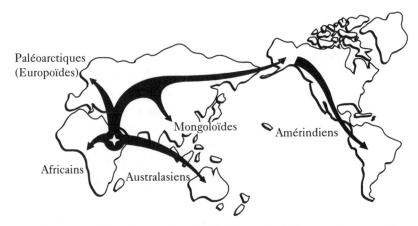

Paléoarctiques (Europoïdes)

Mongoloïdes

Amérindiens

Africains

Australasiens

Les chasseurs-cueilleurs de groupe O primitif quittèrent leur Afrique natale pour se diriger vers l'Europe et l'Asie, à la recherche de nouveaux troupeaux de gros gibier. Avec les conditions environnementales nouvelles auxquelles ils se sont alors trouvés soumis sont apparues les caractéristiques raciales modernes.

Vingt mille ans avant notre ère, l'homme de Cro-Magnon avait colonisé l'Europe et l'Asie et décimé les troupeaux au point qu'il lui fallut trouver une autre source de nourriture. En résumé, le talent de chasseur de l'homme de Cro-Magnon, après avoir assuré sa domination, finit par causer sa perte. La surpopulation épuisa inexorablement les terrains de chasse et les troupeaux sauvages. La compétition grandissante entre les chasseurs provoqua les premières guerres, lesquelles occasionnèrent de nouvelles migrations.

Nos ancêtres, jusque-là plutôt carnivores, durent se résoudre à adopter une alimentation omnivore à base de baies, de larves, de noix, de racines et de petits animaux. Des populations s'implantèrent aussi aux bords des mers et des lacs et le long des rivières, où les poissons et les crustacés abondaient. Dix millénaires plus tard, l'homme occupait toutes les principales terres émergées de la planète, à l'exception du continent antarctique.

Les humains primitifs établis sous des climats plus contrastés changèrent peu à peu d'aspect: leur peau s'éclaircit, leur structure osseuse s'affina et leur chevelure se fit plus raide. Une peau plus claire redoute en effet moins les gelures cutanées qu'une peau foncée. Elle métabolise également mieux la vitamine D, avantage non négligeable dans des régions où les jours étaient plus courts et les nuits, plus longues. Bref, la nature les acclimatait progressivement à leur nouvel environnement.

A COMME « AGRICULTURE »

Le groupe sanguin A est initialement apparu quelque part en Asie ou au Moyen-Orient entre vingt-cinq mille et quinze mille ans avant notre ère, en réponse aux nouvelles conditions de vie de l'homme. Peu à peu, on assiste au développement de l'agriculture et à la domestication des animaux.

Cultiver des céréales et élever du bétail a bouleversé l'existence de nos ancêtres. Pour la première fois, ils assuraient leur subsistance et pouvaient cesser de vivre au jour le jour, ce qui permit l'établissement de communautés sédentaires et d'habitats permanents. Tous ces changements, et notamment l'alimentation nouvelle, ont provoqué des mutations du système digestif et du système immunitaire des hommes de cette époque, qui leur ont permis de mieux tolérer les céréales et les autres produits de la terre dont ils faisaient à présent leur ordinaire, et de mieux en absorber les nutriments. Le groupe sanguin A était né.

La vie au sein de communautés agricoles sédentaires suscita en outre mille nouveaux défis. Tout d'abord, les chasseurs solitaires durent apprendre à travailler en coopération avec leurs voisins. Pour la première fois dans l'histoire de l'humanité, le succès d'une entreprise dépendait de la capacité de plusieurs hommes à accomplir des actes complémentaires. Le meunier, par exemple, ne pouvait travailler que si le fermier lui apportait sa récolte de blé, tandis que ce dernier dépendait du meunier pour la transformation en farine des céréales récoltées. La nourriture avait cessé d'être simplement une source immédiate de nutriments ou une occupation ponctuelle, car il fallait désormais ensemencer et cultiver les champs à l'avance pour manger à sa faim pendant la saison suivante. Nos ancêtres acquirent donc prévoyance et esprit d'équipe. On remarquera à cet égard que les personnes du groupe sanguin A excellent dans ces domaines, ce qui résulte peut-être d'une autre adaptation originelle – psychologique celle-là – à leur environnement.

Le gène responsable de la naissance du groupe A a commencé à se développer dès l'implantation des premières communautés agricoles. La mutation génétique du groupe O qui l'a fait apparaître a été très rapide. Quatre fois plus rapide, en fait, que chez la drosophile, ou mouche du vinaigre, pourtant détentrice d'un record en la matière ! Ce rythme de mutation accélérée illustre les mécanismes de survie de l'espèce : la sélection naturelle favorise le développement des êtres les plus résistants. Le groupe sanguin A résistant mieux aux maladies infectieuses fréquentes au sein de zones densément peuplées, la sédentarisation de nos ancêtres et la naissance des premières villes ne pouvaient que susciter sa prolifération. Aujourd'hui encore, on compte plus d'individus de groupe sanguin A que de groupe O parmi les survivants d'épidémies de peste ou de choléra.

Né en Asie ou au Moyen-Orient, le groupe A essaima par la suite vers l'Europe occidentale, où il fut apporté par les peuples indo-européens. Originaires du centre-sud de la Russie, les hordes indo-européennes avaient migré vers l'Asie au cours des IVe et IIIe millénaires avant notre ère pour s'implanter sur le futur territoire de l'Iran et de l'Afghanistan. Elles devaient par la suite poursuivre leur progression vers l'ouest et l'Europe, où elles se mélangèrent aux populations pré-néolithiques de la région. L'invasion indo-européenne – et celle du groupe A – provoqua une véritable révolution nutritionnelle. Et le choc des nouveaux aliments apportés par les colonisateurs, inconnus des systèmes immunitaires et des tubes digestifs plus rudimentaires des chasseurs-cueilleurs européens, créa les conditions nécessaires au développement du gène du groupe A. Les unions mixtes aidant, le système digestif de leurs descendants perdit peu à peu la capacité de digérer l'alimentation carnivore des temps préagricoles.

Aujourd'hui encore, on retrouve la plus forte proportion de personnes du groupe sanguin A au sein des populations d'Europe occidentale. Son incidence diminue à mesure que l'on se déplace vers l'est, retraçant en sens inverse les antiques mouvements migratoires. Le groupe A prédomine particulièrement autour des mers Méditerranée, Adriatique et Égée, notamment en Corse, en Sardaigne, en Turquie et dans les Balkans. En Asie, ce sont les Japonais et les autres peuples d'Extrême-Orient qui comptent le plus de sujets du groupe A, auxquels s'ajoute une proportion modérée d'individus de groupe B.

Mais si le groupe A est une mutation du groupe O apparue pour contrecarrer les multiples maladies infectieuses liées à des concentrations de populations plus élevées et à des changements nutritionnels majeurs, il en va différemment du groupe B.

B COMME « BARBARES »

Le groupe sanguin B est né quelque part entre dix mille et quinze mille ans avant Jésus-Christ, sur les hauts plateaux de l'Himalaya (aujourd'hui divisés entre l'Inde et le Pakistan).

Il est probable que cette mutation génétique ait notamment résulté de l'adaptation de populations venues des chaudes et fertiles savanes d'Afrique de l'Est au climat beaucoup plus froid et rude de cette région d'Asie. Le groupe B fit pour la première fois son apparition au sein de tribus originaires du Caucase et de Mongolie. Ce nouveau groupe sanguin devint vite caractéristique des hordes nomades qui régnaient à l'époque sur les steppes eurasiennes.

Quand les Mongols colonisèrent le reste de l'Asie, le groupe B était déjà bien implanté en leur sein. Ce peuple progressa vers le nord, apportant avec lui sa culture fondée sur la capture et la domestication du bétail et les habitudes alimentaires qui en découlaient, à base de viande et de produits laitiers.

Certains de ces pasteurs nomades se sédentarisèrent dans le sud et l'est du continent asiatique, adoptant un mode de vie agro-pastoral, tandis que les autres, plus guerriers, demeuraient nomades et conquéraient le nord et l'ouest de l'Asie. Au cours de leurs incursions en Occident, ils pénétrèrent fort avant en Europe orientale, ce qui explique que le gène du groupe B soit encore très présent dans nombre de populations de cette région.

Le fossé séparant les tribus guerrières du nord de l'Asie de leurs paisibles cousins sédentarisés du Sud était profond. Il se reflète encore aujourd'hui dans les traditions culinaires du Sud-Est asiatique, qui utilisent peu, voire pas du tout, de produits laitiers, aliments de «barbares». C'est fort dommage, car leur régime alimentaire convient beaucoup moins bien à des individus de groupe B qu'une alimentation «barbare».

De tous les groupes sanguins, c'est le groupe B qui possède les limites géographiques les mieux définies. Sa zone de diffusion enserre telle une ceinture géante les plaines eurasiennes pour s'étendre jusqu'au sous-continent indien. On recense les plus fortes concentrations de groupe B au Japon, en Mongolie, en Chine, en Corée, en Inde – pays qui compte la plus grande proportion au monde d'individus du groupe B – et dans toute la partie asiatique de l'ex-Union soviétique. Le groupe A est en revanche plus rare dans ces régions. L'Oural franchi, l'incidence du groupe B va s'amenuisant à mesure que l'on progresse vers l'ouest, pour atteindre son point le plus bas en Europe occidentale.

La présence d'individus de groupe B au sein des peuples européens rappelle les grandes invasions nomades. C'est pourquoi ce groupe sanguin est nettement plus répandu à l'est de l'Europe, notamment en Allemagne et en Autriche, avec un maxima le long du cours supérieur et moyen de l'Elbe, fleuve longtemps considéré comme la frontière entre les contrées civilisées et les régions «barbares».

Le cas particulier des populations juives fascine les anthropologues. On dénote en effet, aussi bien chez les ashkénazes que chez les sépharades, une incidence supérieure à la normale du groupe B. On sait aussi que les Juifs babyloniens d'avant la Diaspora se distinguaient notamment de la population arabe de la région (l'Irak moderne) par leur groupe sanguin : alors que les ancêtres des Irakiens appartenaient en général au groupe O, la minorité juive était le plus souvent de groupe B, ou parfois de groupe A.

Origines et déplacements des groupes sanguins A et B.

Le gène du groupe A, né en Asie ou au Moyen-Orient, fut apporté en Europe occidentale et septentrionale par les peuples indo-européens. D'autres mouvements migratoires l'introduisirent en Afrique du Nord, où il se diffusa au sein des populations sahariennes. Apparu sur les contreforts occidentaux de l'Himalaya, le groupe B suivit quant à lui les tribus mongoles en Asie du Sud-Est et dans les plaines et les steppes asiatiques. D'autres individus du groupe B émigrèrent également vers l'Europe de l'Est. À cette époque, le niveau des mers s'était élevé, supprimant toute possibilité de communication par voie terrestre entre l'Asie et l'Amérique du Nord, ce qui interdit aux nouveaux groupes sanguins d'essaimer sur le continent américain. Les peuples amérindiens demeurèrent donc exclusivement de groupe O.

AB COMME « MODERNITÉ »

Le groupe sanguin AB est rare : il regroupe moins de 5 % de la population mondiale. Issu d'unions de populations européennes de groupe A et de populations mongoles de groupe B, il est aussi très « jeune », puisqu'il n'existe que depuis dix à douze siècles. À la suite des grandes invasions barbares consécutives au déclin de l'Empire romain, l'union de conquérants et d'Européens donna naissance à un nouveau groupe sanguin, le groupe AB.

Les premières traces du groupe AB ne remontent guère au-delà de l'an 900. Les fouilles effectuées en Hongrie dans des nécropoles datant du IVe au VIIe siècle n'ont mis au jour aucun individu appartenant à ce groupe sanguin, ce qui semble indiquer qu'à cette époque les populations de groupe A et de groupe B n'étaient guère en contact ou, en tout cas, ne se métissaient pas.

Le groupe sanguin AB ayant hérité à la fois des caractéristiques du groupe A et de celles du groupe B, il affiche un système immunitaire particulièrement performant et apte à produire des anticorps spécifiques en cas d'agression microbienne. De plus, le fait que, seuls parmi les humains, les AB ne produisent ni anticorps anti-A, ni anticorps anti-B rend les individus de groupe AB beaucoup moins sujets aux allergies et aux autres maladies auto-immunes telles que l'arthrite, les inflammations ou le lupus. Ils sont en revanche relativement prédisposés à certains cancers car le groupe AB considère tout agent ou cellule ressemblant au groupe A ou au groupe B comme ami, si bien qu'il fabrique beaucoup moins d'anticorps.

À bien des égards, le groupe AB est déroutant : s'il a adopté certaines caractéristiques immunitaires propres à rendre l'individu plus résistant, il en a aussi sélectionné d'autres qui se contrecarrent mutuellement. Au fond, il est parfaitement à l'image de la vie moderne, dans toute sa complexité et ses contradictions.

LES SITES DE MÉTISSAGE
DES GROUPES SANGUINS

L'identité de chaque être humain combine son groupe sanguin, son origine géographique et son origine ethnique. Les différences culturelles paraissent bien superficielles au regard de tout ce qui rapproche les porteurs d'un même groupe sanguin. Ce dernier est plus ancien que le groupe racial ou l'ethnie auxquels on appartient, et bien plus fondamental, car l'apparition des groupes sanguins n'est pas le fruit du hasard. Chacun d'eux constitue la réponse apportée par le processus d'évolution de l'espèce à des bouleversements survenus dans les conditions de vie de nos ancêtres – tout comme les premières différenciations raciales, quoique celles-ci soient sans doute advenues dans un monde encore presque exclusivement peuplé d'individus de groupe O.

Voilà pourquoi le groupe sanguin est bien plus déterminant qu'un quelconque critère ethnique. D'ailleurs, un Africain et un Européen de groupe A peuvent mutuellement se donner du sang ou des organes, leur système digestif et leur système immunitaire respectifs se ressemblent comme des frères – alors que ces systèmes diffèrent chez leur voisin au type ethnique pourtant identique au leur, mais qui appartient au groupe B. En clair, nous sommes tous des frères de sang potentiels.

Si l'on jette aujourd'hui un regard en arrière sur l'admirable révolution permanente que constitue le processus d'évolution de l'espèce humaine, il apparaît sans conteste que nos ancêtres disposaient d'un code biologique unique les rendant capables de s'adapter parfaitement à leur environnement. On doit garder cette leçon présente à l'esprit lorsque l'on étudie les groupes sanguins, car les caractéristiques génétiques de nos aïeux coulent encore aujourd'hui dans nos veines.

LE GROUPE O :   Le plus ancien et le plus basique des groupes sanguins, celui des chasseurs paléolithiques parvenus au sommet de la chaîne alimentaire, dotés d'un système immunitaire puissant et rebelle, prêt à détruire ami ou ennemi – et capable de le faire.

LE GROUPE A : Celui des premiers immigrants, obligés par la nécessité à s'adapter à un mode de vie et une alimentation plus agricoles... et à assouplir leur personnalité pour apprendre à vivre en communauté.

LE GROUPE B : L'assimilateur, capable de s'adapter à un nouveau climat et aux mélanges de populations. Il incarne la quête sans relâche d'un meilleur équilibre entre les tensions de l'esprit et les exigences du système immunitaire.

LE GROUPE AB : Le délicat produit d'une rare fusion entre le tolérant groupe A et l'originellement « barbare », mais en réalité plus équilibré, groupe B.

Nos ancêtres ont légué à chacun d'entre nous un héritage spécifique, enfoui au plus profond de notre groupe sanguin, et qui vit à tout instant dans le noyau de nos cellules. Et c'est ainsi que l'anthropologie et la science du sang s'entremêlent.

2

Le code sanguin :

*l'empreinte génétique
du groupe sanguin*

L e sang représente la force première de la nature, l'élan vital qui nous a soutenus depuis les temps immémoriaux. Une minuscule goutte de sang invisible à l'œil nu renferme le code génétique complet d'un être humain. Et notre empreinte ADN est reproduite à l'infini dans notre sang.

Le liquide rouge qui coule dans nos veines transporte aussi une éternité de mémoire génétique, des bribes d'informations spécifiques léguées par nos ancêtres et libellées sous forme de codes que nous cherchons encore à décrypter. L'une de ces « banques de données » – peut-être la plus importante de toutes – se dissimule dans notre groupe sanguin.

À première vue, le sang est un liquide homogène de couleur rouge. Mais, si on l'examine sous la lentille d'un microscope, il se révèle composé de plusieurs éléments. Les nombreux globules rouges contiennent un certain type de fer que l'organisme utilise pour véhiculer l'oxygène et qui donne au sang sa couleur caractéristique. Les globules blancs, nettement moins nombreux, parcourent nos vaisseaux sanguins, telles des sentinelles, nous protégeant sans relâche contre les agressions infectieuses.

Ce liquide complexe et vivant contient aussi des protéines qui apportent les nutriments aux tissus, des plaquettes qui l'aident à coaguler, et du plasma qui véhicule les gardiens de notre système immunitaire.

L'IMPORTANCE DU GROUPE SANGUIN

Si vous n'avez jamais donné de sang, ni subi de transfusion, vous ne connaissez peut-être même pas votre groupe sanguin. Et peut-être le considérez-vous, à l'image de beaucoup de vos congénères, comme un simple liquide, qui n'entre en scène qu'en cas d'accident ou d'intervention chirurgicale. À présent que vous connaissez la fabuleuse saga de l'évolution des groupes sanguins et de leur rôle dans la survie de l'espèce humaine comme dans son adaptation à son environnement, vous devez cependant commencer à prendre conscience de l'importance du sang.

Pourquoi notre groupe sanguin est-il tellement essentiel? Quel rôle crucial joue-t-il encore aujourd'hui – et pas seulement à l'échelle historique – dans notre subsistance?

Le groupe sanguin constitue la clé de tout le système immunitaire de l'organisme. C'est lui qui détermine l'influence sur vous et sur votre santé des virus, des bactéries, des infections, des produits chimiques, du stress et de tous les autres agents et facteurs susceptibles d'agresser vos défenses immunitaires.

Le terme «immunitaire» vient du mot latin *immunis*, qui qualifiait les cités de l'Empire romain exemptées d'impôts. (Si seulement un groupe sanguin pouvait conférer une telle immunité!) Le rôle du système immunitaire est de dépister les éléments étrangers à l'organisme et de les détruire. Cette fonction de dépistage est essentielle car, en son absence, votre système immunitaire pourrait s'attaquer par erreur à vos propres tissus ou, au contraire, laisser un dangereux envahisseur accéder à vos organes vitaux. En dépit de sa complexité extrême, ce système se résume donc à deux fonctions de base : « nous » reconnaître et « les » tuer. Un corps humain peut se comparer à une réception très privée : seuls les détenteurs d'invitation en bonne et dues forme seront admis et conviés à s'amuser, alors que les faussaires seront impitoyablement refoulés.

COMPRENDRE SON GROUPE SANGUIN

La nature a doté notre système immunitaire de moyens très sophistiqués pour lui permettre de déterminer le caractère étranger ou non d'une substance. L'une de ces méthodes repose sur des marqueurs chimiques appelés antigènes que l'on trouve sur les cellules de l'organisme.

On appelle antigène toute substance chimique dont le contact avec le système immunitaire suscite la production d'anticorps. Les marqueurs chimiques qui déterminent le groupe sanguin sont considérés comme des antigènes car les autres groupes sont susceptibles de créer des anticorps à leur encontre.

On trouve également des antigènes à la surface des micro-organismes, qui permettent au système immunitaire de détecter la présence de ces intrus. Les cellules cancéreuses produisent souvent des antigènes spécifiques, que l'on appelle antigènes tumoraux.

Beaucoup d'antigènes de micro-organismes et de cancers sont d'excellents imitateurs capables de singer le groupe sanguin de l'organisme dans lequel ils s'introduisent pour mieux s'y dissimuler.

Chaque être vivant, depuis le plus simple des virus jusqu'à l'homme, possède des antigènes spécifiques, qui constituent un élément de son empreinte biologique. De même, les globules rouges sont porteurs d'antigènes qui déterminent le groupe sanguin. Le groupe O constitue un cas à part car il ne possède aucun véritable antigène. Il tire d'ailleurs son nom de cette carence car les premiers scientifiques qui ont étudié les groupes sanguins l'ont baptisé O pour évoquer le chiffre zéro – un moyen mnémotechnique pour se rappeler que ce groupe possède « zéro antigène ».

Les antigènes correspondant aux divers groupes sanguins comptent parmi les plus puissants de l'organisme. Ils sont si sensibles que lorsqu'ils fonctionnent correctement, ils constituent le meilleur de tous nos systèmes de sécurité. C'est pourquoi, dès que le système immunitaire repère un intrus suspect – par exemple l'antigène d'une bactérie –, l'une des premières vérifications qu'il effectue fait appel aux antigènes du groupe sanguin. Le nom de votre groupe sanguin est celui de l'antigène dont vos globules rouges sont porteurs (voir tableau ci-dessous).

SI VOUS APPARTENEZ AU GROUPE	VOUS POSSÉDEZ LE OU LES ANTIGÈNES SUIVANTS
A	A
B	B
AB	A et B
O	Pas d'antigènes

La structure chimique des groupes sanguins s'apparente à un système d'antennes partant de la surface de nos cellules. Ces antennes sont faites de longues chaînes glucidiques. Lorsque le sucre de base de ces structures est seul présent, on obtient le plus simple de tous les groupes sanguins, le groupe O. Dans le cas des autres groupes sanguins, d'autres sucres viennent s'amarrer aux antennes glucidiques.

– Le groupe A apparaît lorsque au sucre de base vient s'ajouter un autre sucre, le N-acétyl-galactosamine, ou antigène A. En résumé : sucre de base + N-acétyl-galactosamine = groupe sanguin A.

– Dans le cas du groupe B, le sucre de base est combiné à un autre sucre appelé D-galactosamine, ou antigène B. En résumé, donc: sucre de base + D-galactosamine = groupe sanguin B.

– Le groupe AB, enfin, combine le sucre de base et les deux sucres qui caractérisent les autres groupes sanguins, c'est-à-dire les antigènes A et B. En clair: sucre de base + N-acétyl-galactosamine + D-galactosamine = groupe sanguin AB.

Les quatre groupes sanguins et leurs antigènes

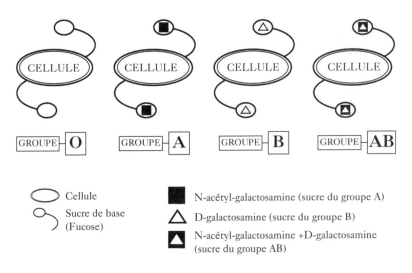

Pour le groupe O, le plus rudimentaire, seul est présent le sucre de base (fucose); pour le groupe A, sucre de base et N-acétyl-galactosamine; pour le groupe B, sucre de base et D-galactosamine; et pour le groupe AB, le sucre de base, le sucre du groupe A et celui du groupe B.

À présent, vous vous interrogez sans doute sur les autres éléments identifiants du groupe sanguin, tels que le Rhésus positif ou négatif ou le statut sécréteur – moins connu. De fait, lorsqu'on donne son groupe sanguin, on annonce généralement : « Je suis A+» ou « Je suis O négatif» : vous trouverez des précisions à ce sujet en annexe C (p. 417). Ces variantes ou sous-groupes jouent cependant un rôle relativement insignifiant. Plus de 90 % des caractères liés au groupe sanguin découlent en effet simplement du groupe de base O, A, B ou AB. Nous concentrerons donc notre étude sur ces groupes sanguins, dans le système de classification dit ABO.

LES ANTIGÈNES CRÉENT DES ANTICORPS : LES BOMBES À TÊTE CHERCHEUSE DU SYSTÈME IMMUNITAIRE

Quand les antigènes de votre groupe sanguin détectent la présence d'un antigène étranger dans votre organisme, ils produisent immédiatement des anticorps pour combattre l'intrus. Ces anticorps, agents chimiques spécialisés fabriqués par les cellules du système immunitaire, fonctionnent en se collant à l'antigène étranger pour l'identifier avant de le détruire.

Les anticorps sont l'équivalent cellulaire des bombes à tête chercheuse des militaires. Les cellules de notre système immunitaire en fabriquent une infinie variété, chaque catégorie étant conçue pour répondre à un antigène étranger spécifique. Une guerre permanente oppose nos défenses immunitaires aux envahisseurs potentiels, qui s'efforcent de changer ou de muter de manière à ce que notre organisme ne les reconnaisse plus comme tels. De son côté, le système immunitaire vient contrer cette démarche en élargissant sans cesse l'éventail de ses anticorps.

Lorsqu'un anticorps est confronté à un antigène étranger, il se produit une réaction d'agglutination, c'est-à-dire que l'anticorps s'agrège aux intrus, les rendant «collants», si bien que ceux-ci viennent s'agglutiner en une masse plus commodément repérable, ce qui facilite d'autant leur élimination. La stratégie d'attaque des envahisseurs reposant largement sur leur capacité à passer entre les mailles du filet tendu pour les repousser, c'est là un système de défense très efficace. Cela équivaut un peu à menotter deux prisonniers l'un à l'autre : ils sont beaucoup moins dangereux ainsi que si on les laisse seuls. Les anticorps regroupent donc tous les indésirables – cellules, virus, parasites ou bactéries – afin de les identifier et de s'en débarrasser plus aisément.

Agglutiner : Dérivé du latin *agglutinare*, lui-même issu du mot *glutinum*, qui désignait la colle. Processus par lequel des cellules se collent les unes aux autres, en général sous l'action d'une agglutinine telle qu'un anticorps ou une lectine. Certains virus et bactéries peuvent aussi agglutiner les cellules sanguines.

Agglutinine : Substance – anticorps ou lectine – qui provoque l'agglutination de certaines cellules contenant l'agglutinogène – le « récepteur » – correspondant. Beaucoup d'agglutinines, notamment les lectines alimentaires, n'agissent que sur certains groupes sanguins. Certains aliments provoquent donc une agglutination des cellules de tel groupe sanguin, tandis qu'ils sont neutres pour les autres.

Agglutinogène : Substance (antigène) située à la surface des globules rouges et qui provoque leur agglutination en présence de l'agglutinine correspondante.

Cela dit, le rôle des antigènes et des anticorps sanguins va bien au-delà de la simple lutte contre les agents microbiens et les autres envahisseurs. Voici près de cent ans, le Dr Karl Landsteiner, un brillant médecin et chercheur autrichien, a établi que les groupes sanguins produisaient également des anticorps contre d'autres groupes sanguins. Cette découverte révolutionnaire a enfin expliqué pourquoi certaines personnes pouvaient échanger du sang alors que d'autres ne le pouvaient pas. Jusque-là, les transfusions sanguines étaient fort aléatoires : parfois elles « prenaient » et parfois pas, sans que nul ne comprenne pourquoi. Grâce au Dr Landsteiner, on sait quels groupes sanguins sont perçus comme amis par certains autres, eux aussi identifiés, et quels groupes sanguins sont considérés comme des ennemis – et ce qui motive cette attitude.

Les travaux du Dr Landsteiner ont ainsi montré que :

- Les individus appartenant au groupe sanguin A sont porteurs d'anticorps anti-B. Ils agglutinent le sang de groupe B, donc le rejettent.

- Les individus appartenant au groupe sanguin B sont porteurs d'anticorps anti-A, ce qui signifie qu'ils rejettent le sang de groupe A.

Une personne du groupe A ne peut donc donner son sang à une personne du groupe B, et vice versa.

- Le groupe sanguin AB ne produit pas d'anticorps contre les autres groupes sanguins. Receveur universel, il peut accueillir tous les groupes sanguins ! En revanche, comme il est à la fois porteur d'antigènes A et d'antigènes B, il est rejeté par tous les autres groupes sanguins.

Un individu appartenant au groupe AB peut donc recevoir du sang de tout le monde, mais ne peut en donner à personne – sauf, bien entendu, à un autre individu du groupe AB.

- Le groupe sanguin O produit des anticorps anti-A et anti-B. Il agglutine donc les sangs de groupe A, B et AB.

Une personne appartenant au groupe O ne peut donc recevoir de sang que d'une autre personne de groupe O. Mais, comme son sang est exempt d'antigènes A ou B, il convient à tous les autres groupes sanguins : le groupe O est donneur universel !

SI VOUS APPARTENEZ AU GROUPE	VOUS ÊTES PORTEUR D'ANTICORPS CONTRE
A	Le groupe B
B	Le groupe A
AB	Personne
O	Les groupes A et B et donc le groupe AB

Les anticorps « anti-autre groupe sanguin » sont les plus puissants de tout le système immunitaire. Leur capacité à agglutiner les cellules sanguines d'un groupe sanguin ennemi est si puissante qu'elle peut être observée à l'œil nu sur une plaque de verre. De plus, alors que la plupart de nos autres anticorps ne sont sécrétés qu'en présence d'une certaine stimulation – telle qu'une vaccination ou une infection –, les anticorps sanguins sont produits automatiquement dès la naissance. Un enfant âgé de six mois en possède quasiment autant qu'un adulte.

Et ce n'est pas tout : on a aussi remarqué que nombre d'aliments suscitaient un processus d'agglutination similaire à celui qui se produit en présence d'un antigène étranger, mais rarement chez tous les groupes sanguins à la fois. Ce qui signifie qu'un aliment exerçant une action néfaste sur les cellules sanguines d'un groupe peut être bénéfique à celles d'un autre. Comme par un fait exprès, la plupart des antigènes des dits aliments ressemblent beaucoup aux antigènes A ou B. Un lien tangible unit donc bien les groupes sanguins et l'alimentation. Il fallut cependant attendre plus d'un demi-siècle pour qu'une poignée de chercheurs, de médecins et de nutritionnistes se penchent enfin sur les implications d'une telle corrélation.

LES LECTINES : LE LIEN ALIMENTAIRE

Les aliments que vous absorbez induisent une réaction chimique au niveau de votre sang, qui diffère en fonction de votre héritage génétique.

Eh oui ! si étonnant que cela puisse paraître, votre système immunitaire et votre tube digestif de la fin du XXe siècle préfèrent toujours les aliments dont les ancêtres de votre groupe sanguin se nourrissaient.

Le processus de réaction chimique provoqué dans votre sang par ce que vous ingérez fait appel à des protéines appelées lectines, présentes dans les aliments, et qui possèdent des propriétés agglutinantes. Dans la nature, elles permettent à deux organismes de se lier l'un à l'autre. Nombre de micro-organismes recourent à cette super-colle naturelle. Notre système immunitaire aussi. Ainsi, la surface des cellules de nos canaux biliaires est garnie de lectines qui contribuent à l'interception des bactéries et des parasites. Ces envahisseurs utilisent eux aussi les lectines de leur surface pour adhérer aux glissantes muqueuses internes de notre corps – les lectines font alors office de ventouses. Bref, les lectines peuvent être bénéfiques ou néfastes. Et, lorsque vous consommez un aliment contenant des lectines incompatibles avec vos antigènes sanguins, ces lectines prennent pour cible un de vos organes ou de vos systèmes (les reins, le foie, le cerveau, le système digestif, etc.) et se mettent à agglutiner des cellules sanguines dans cette zone.

De même que les lectines des virus et des bactéries sont spécifiquement plus nocives pour certains groupes sanguins – ce qui rend ces virus et bactéries plus agressifs pour les personnes appartenant au groupe sanguin en cause –, beaucoup de lectines alimentaires ressemblent tellement à certains antigènes sanguins qu'elles peuvent figurer des ennemies pour les autres groupes sanguins. Ainsi en est-il du lait, qui ressemble à un antigène B : dès qu'une personne du groupe sanguin A en boit, son organisme entame un processus d'agglutination pour le rejeter.

On appelle lectine toute substance – en général, une protéine – susceptible d'interagir avec les antigènes de surface des cellules de l'organisme pour provoquer un processus d'agglutination. On trouve souvent des lectines dans les aliments, et beaucoup d'entre elles n'agressent que certains groupes sanguins. Les cellules cancéreuses fabriquant énormément d'antigènes, de nombreuses lectines les agglutinent de préférence aux autres cellules.

Voyons de manière plus détaillée comment les lectines s'agglutinent en nous. Lorsqu'une personne du groupe A mange une assiette de haricots beurre (de Lima), ceux-ci sont soumis dans son estomac à un processus d'hydrolyse acide, auquel les lectines résistent. N'étant donc pas digérées, elles vont agir directement sur la muqueuse gastrique ou intestinale ou être absorbées par le flux sanguin en même temps que les nutriments des haricots digérés. Suivant les cas, elles s'attaqueront à différents organes et systèmes.

Une fois qu'une lectine nocive s'installe dans une partie du corps, elle agit sur les cellules de cette zone comme un aimant. Celles-ci s'agglutinent alors et sont vouées à l'élimination comme si elles aussi étaient étrangères à l'organisme. Ce phénomène peut se traduire au niveau de l'intestin par un syndrome de côlon irritable ou par une cirrhose du foie, ou bien encore il peut bloquer le flux sanguin traversant les reins – pour ne citer que quelques-uns des méfaits possibles des « mauvaises » lectines.

LES LECTINES : UNE COLLE DANGEREUSE

Peut-être vous rappelez-vous l'étrange assassinat de Gyorgi Markov, en 1978, à Londres. Markov fut tué par un agent du KGB alors qu'il attendait le bus, mais les médecins légistes ont mis un certain temps à déterminer les causes de sa mort. Enfin, ils ont trouvé une petite bille d'or dans la jambe du défunt. Cette bille se révéla imprégnée de ricine, une lectine toxique extraite des graines de ricin. La ricine est une agglutinine tellement puissante que même une dose infinitésimale suffit à provoquer la mort par coagulation des globules rouges, qui forment des caillots et obstruent les artères. Ce poison agit en outre instantanément.

Fort heureusement, la plupart des lectines présentes dans les aliments sont beaucoup moins dangereuses, même si elles peuvent susciter une kyrielle de problèmes, surtout quand elles prennent pour cible un certain groupe sanguin. Notre système immunitaire nous protège en grande partie contre l'action des lectines : 95 % de celles que nous absorbons sont neutralisées par notre organisme. Mais les 5 % restant passent dans notre flux sanguin – où elles attaquent et détruisent nos globules blancs et rouges – ou agressent notre tube digestif de manière parfois violente. Les lectines provoquent souvent des inflammations intestinales aiguës, qui peuvent faire croire à tort à une allergie alimentaire. Même une petite quantité de lectines est capable d'agglutiner un grand nombre de cellules si le groupe sanguin du sujet l'y prédispose.

N'en déduisez pas que vous devez désormais redouter chaque bouchée que vous portez à vos lèvres, encore moins fuir absolument toutes les lectines. Celles-ci sont présentes dans tant de légumineuses, de fruits de mer, de noix, de graines et de légumes qu'il serait presque impossible de ne jamais en absorber. La bonne tactique consiste à connaître et à éviter celles qui agglutinent vos cellules, et dont la liste dépend de votre groupe sanguin. Par exemple, le gluten – la lectine la plus commune –, que l'on trouve dans le blé et les autres céréales, agit sur la muqueuse de l'intestin grêle des personnes du groupe O, provoquant une réelle inflammation et de douloureuses irritations, mais ne génère aucun trouble chez les personnes du groupe A. C'est pourquoi certains aliments sont nocifs pour certains groupes sanguins et bénéfiques pour d'autres.

Les tissus nerveux sont en règle générale très sensibles à l'action agglutinante des lectines alimentaires. Cela explique peut-être pourquoi certains scientifiques pensent que les régimes antiallergiques peuvent favoriser le traitement de certains types d'affections nerveuses, telles que l'hyperactivité. Des chercheurs russes ont d'ailleurs remarqué une sensibilité accrue du cerveau des schizophrènes à certaines lectines alimentaires courantes. De même, l'injection de lectine de lentille dans l'articulation du genou de lapins a provoqué chez eux une arthrite parfaitement similaire à une arthrite rhumatoïde. Beaucoup de personnes qui souffrent de ce mal pensent qu'éviter les légumes de la famille des solanacées tels que les tomates, les aubergines ou les pommes de terre peut les soulager. Cela n'est guère surprenant car la plupart des végétaux de cette famille sont très riches en lectines.

Les lectines alimentaires peuvent aussi interagir avec les récepteurs présents à la surface des globules blancs, en incitant ceux-ci à se reproduire rapidement. On dit alors que ces

Les lectines alimentaires liées au groupe sanguin

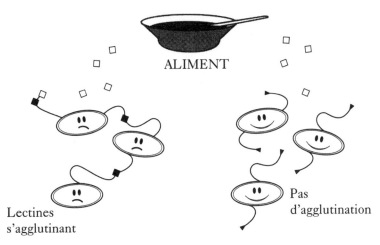

Chaque antigène correspondant à un groupe sanguin possédant une conformation spécifique, beaucoup de lectines interagissent avec un groupe sanguin parce qu'elles s'adaptent à sa structure particulière. Dans l'exemple illustré ci-dessus, les lectines d'un plat de haricots beurre (de Lima) agissent sur les cellules d'un individu du groupe A (à gauche) parce qu'elles se moulent sans peine à la forme de l'antigène A. L'antigène du groupe B (à droite), de forme différente, n'est en revanche pas affecté par ces lectines. À l'inverse, une lectine telle que celle de la farine de sarrasin, qui agglutine les cellules des individus du groupe B, n'est pas adaptée à la forme des cellules de leurs congénères du groupe A.

lectines sont mitogènes, car elles provoquent chez les globules blancs un processus de mitose, c'est-à-dire de reproduction. Au lieu de coaguler le sang en incitant les globules rouges à s'agglutiner ensemble, ces lectines se bornent à s'agripper aux cellules comme une puce à un chien. Il arrive régulièrement aux médecins d'urgence nord-américains de se trouver confrontés à un enfant très malade mais sans autre symptôme notable qu'une numération de globules blancs extraordinairement élevée. Même si un tel indice évoque immédiatement une leucémie, un bon praticien pensera à demander aux parents si leur enfant a joué dans le jardin récemment et, si oui, s'ils l'ont vu porter des herbes ou des plantes à sa bouche. Bien souvent, on découvrira que le cher petit a simplement absorbé des feuilles ou des pousses de raisin d'Amérique, aussi appelé teinturier (*Phytolacca americana*), une plante qui contient une lectine stimulant puissamment la production de globules blancs.

COMMENT DÉTECTER VOS MAUVAISES LECTINES

Il m'arrive fréquemment d'entendre des patients m'affirmer qu'ils suivent à la lettre le régime alimentaire préconisé pour leur groupe sanguin et fuient sans relâche toutes les lectines néfastes pour eux... et de savoir qu'ils n'en font rien. D'ailleurs, dès que j'insiste un peu, leur belle assurance s'effondre et ils me demandent, stupéfaits: «Mais comment le savez-vous?»

Je le sais parce que l'influence de certaines lectines sur certains groupes sanguins n'est pas uniquement une théorie: il s'agit d'une réalité scientifique. J'ai testé l'influence sur le sang de presque tous les aliments courants, à la fois par des méthodes cliniques et par des examens de laboratoire. J'ai examiné au microscope l'effet de lectines extraites d'arachides, de lentilles, de viande ou de blé, et j'ai vu les cellules d'un sang sensible à leur action s'agglutiner sous mes yeux.

Il existe même un moyen de mesurer la présence de lectines dans l'organisme. On utilise pour ce faire un simple examen des urines appelé test d'indican, qui mesure la putréfaction intestinale. Quand le foie et l'intestin ne métabolisent pas correctement les protéines, ils fabriquent des résidus toxiques appelés indoles. Le test d'indican mesure le niveau de ces substances.

Si vous évitez les aliments contenant des lectines toxiques et ceux que votre groupe sanguin digère avec difficulté, votre score sur l'échelle d'indican sera bas. Si, en revanche, vous absorbez régulièrement des mets riches en lectines ou difficiles à digérer, il sera élevé, ce qui signifie que votre organisme contient un fort pourcentage de substances carcinogènes.

Mes patients qui obtiennent un score élevé au test d'indican protestent en général, affirmant suivre la plupart du temps le régime adapté à leur groupe sanguin et ne s'accorder que des entorses occasionnelles. Ils sont stupéfaits de l'influence de tels écarts – en apparence anodins – sur leur métabolisme.

Le test d'indican montre qu'un élément carcinogène est jusqu'à quatre-vingt-dix fois plus dangereux pour un individu prédisposé à souffrir de l'action de la lectine qu'il contient que pour un autre individu pour lequel cet aliment n'est pas toxique. Prenons un exemple : quand une personne du groupe A mange des aliments salés ou conservés dans la saumure, l'impact nocif des nitrites qu'elle ingère est quatre-vingt-dix fois plus important qu'il ne le serait pour un sujet appartenant à un autre groupe sanguin – parce que le groupe A est particulièrement vulnérable au cancer de l'estomac et aux effets toxiques des nitrites.

Le patient moyen arrive dans mon cabinet avec un score de 2,5 sur l'échelle d'indican, ce qui représente un degré d'intoxication plus que suffisant pour indiquer un problème. Mais la bonne nouvelle est qu'après seulement deux semaines d'un régime alimentaire approprié, ce chiffre tombe à 1, voire à 0.

Peut-être est-ce la première fois que vous entendez parler du test d'indican, or cet examen s'utilise couramment en médecine conventionnelle depuis cinquante ans et tous les laboratoires savent le réaliser. Il était un peu tombé en désuétude, mais je suis persuadé que, lorsque le grand public comprendra le lien groupe sanguin-lectines, ce test retrouvera les feux de la rampe. En attendant, demandez à votre généraliste ou à votre médecin naturopathe de le pratiquer sur vous.

Le test d'indican

  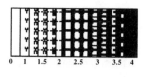

1) On mélange un échantillon d'urine du patient avec de l'acide chlorhydrique et du fer. La réaction chimique qui s'ensuit produit de la fumée.

2) On laisse le mélange reposer pendant deux minutes, puis on ajoute trois gouttes de chloroforme. Un nouveau dégagement de fumée se produit, d'une couleur bleue plus ou moins soutenue.

3) On mesure la couleur de l'échantillon sur l'échelle d'indican (graduée de 0 à 4) afin d'obtenir un score chiffré.

0-2 = bon

2,5 = problème

3-4 = danger

UN CAS CLINIQUE QUI PARLE DE LUI-MÊME : L'HISTOIRE DU RABBIN JACOB

Au fil des années, j'ai été le témoin de nombreuses renaissances dues au régime Groupe sanguin, mais peu d'entre elles m'ont autant ému et fasciné que mon expérience avec un vieux et sage rabbin de Brooklyn.

Au début de l'année 1990, j'ai reçu un appel urgent d'un médecin new-yorkais qui apprécie mon travail. Il m'a demandé de rendre visite à l'un de ses patients, un rabbin hassid* réputé qui était cloué au lit.

– Le rabbin Jacob est un homme extraordinaire, m'a-t-il annoncé. Il devrait être pour vous un patient passionnant – et, je l'espère pour lui, réceptif à vos traitements.

Il m'expliqua alors que ce rabbin, âgé de soixante-treize ans, souffrait depuis longtemps de diabète, contrôlé tant bien que mal par des injections d'insuline. Un violent accident vasculaire cérébral l'avait laissé partiellement paralysé.

Quand je lui ai rendu visite, j'ai immédiatement constaté que mon nouveau patient était en effet un homme impressionnant, dont émanait une profonde sagesse, empreinte de spiritualité et de compassion. Cet homme qui avait visiblement été un colosse gisait à présent, amaigri et épuisé, dans son lit, sa luxuriante barbe blanche dissimulant presque sa poitrine. En dépit de la maladie, son regard était clair, vif et empreint de bonté, et il ne songeait qu'à retrouver ses forces pour pouvoir reprendre son travail. Le malheureux souffrait terriblement – sans jamais se plaindre – et sa jambe gauche ne lui obéissait plus.

Je ne m'étonnai pas d'apprendre que son groupe sanguin était le groupe B, relativement rare aux États-Unis mais très répandu au sein de la communauté juive hassidique, en majorité originaire d'Europe orientale.

Je compris que, pour aider le rabbin, il me fallait avant tout en savoir plus long sur son mode de vie et sur la manière dont il se nourrissait, et agir sur ces éléments en tenant compte du rôle symbolique des aliments dans la tradition judaïque. J'ai donc interrogé la femme et la fille du rabbin. Peu au fait de la médecine naturopathique, elles étaient cependant toutes prêtes à s'informer pour aider leur époux et père.

---

* Le hassidisme est un courant religieux juif orthodoxe.

J'appris ainsi que le rabbin mangeait presque toujours les mêmes plats : du poulet bouilli, du *tcholent* – une sorte de pot-au-feu aux haricots et au sarrasin – et du *kasha* – une préparation à base de sarrasin grillé. Voilà qui expliquait tout... Je résolus de pousser plus avant mes investigations.

– Et comment prépare-t-on le *kasha*? ai-je innocemment demandé.

Après un bref dialogue ponctué d'éclats de rire en yiddish, la plus jeune de mes deux interlocutrices m'expliqua qu'on le faisait cuire, après quoi, on le servait, on rendait grâces à Dieu et on le mangeait.

– Vous n'utilisez aucun assaisonnement?

Nouvel échange en yiddish.

– Juste un peu de graisse de poulet, a répondu la jeune femme. Pour la préparer, on prend la graisse recueillie en cashérisant* le poulet, puis on la met dans une cocotte avec juste un soupçon d'oignon haché, et on la laisse réduire. On écume au fur et à mesure et on obtient de la graisse de poulet bien pure que l'on ajoute au *kasha*. On tartine le reste sur du pain *challah* tout frais et on saupoudre d'un peu de sel : c'est délicieux! Les enfants en sont fous. C'est bon à en mourir.

Et cela risque fort de vous arriver, si vous continuez à en manger... ai-je songé en moi-même.

– Quand la graisse s'est entièrement consumée, il reste au fond de la cocotte des oignons caramélisés tout croquants que nous appelons *gribbenes*. On les sert avec le *kasha*. C'est meilleur que des chips. Le rabbin adore cela !

Je devais découvrir par la suite qu'il s'agissait là de plats très couramment consommés par la communauté hassidique, notamment le jour du sabbat. Mais, pour mon rabbin de patient, ce repas rituel revenait bien plus d'une fois par semaine... Cet homme pieux et détaché des contingences

---

*   Cashériser un aliment signifie le rendre casher, c'est-à-dire autorisé.

terrestres absorbait sans y penser presque le même repas deux fois par jour et sept jours sur sept !

Bien qu'elles relèvent de traditions vieilles de plusieurs siècles, les habitudes alimentaires de cet homme ne convenaient pas à une personne du groupe sanguin B. Les lectines présentes dans le poulet, le sarrasin et les haricots (sans même parler des *gribbenes*!) incitaient les cellules de son sang à s'agglutiner et portaient sans nul doute une part non négligeable de responsabilité dans l'accident vasculaire cérébral qui l'avait laissé handicapé. De plus, ces lectines spécifiques peuvent contrer les effets de l'insuline, ce qui expliquait que le diabète de mon patient soit de plus en plus difficile à contrôler.

Les juifs orthodoxes respectent les règles de la *casherout*, c'est-à-dire les principes diététiques énoncés dans l'Ancien Testament qui déterminent si un aliment est casher – autorisé – ou non. Certains mets leur sont formellement interdits, et ils ne consomment jamais de la viande et des produits laitiers au cours du même repas. Les plus traditionalistes vont jusqu'à utiliser des ustensiles de cuisine, une vaisselle et des couverts différents pour ces deux types d'aliments, voire des éviers distincts pour les laver.

Redoutant de heurter les préceptes religieux et les traditions de mes deux interlocutrices, j'ai abordé le problème de l'alimentation du rabbin avec la plus extrême prudence. J'ai également pris soin de ne pas suggérer d'aliments « impurs ».

Fort heureusement, il existait des aliments de substitution acceptables à tous égards. J'ai demandé à la femme du rabbin de diversifier le régime alimentaire de sa famille en réservant le menu habituel de son époux au repas du sabbat. Les autres jours, elle lui servirait de l'agneau, du poisson ou de la dinde en lieu et place du poulet, remplacerait le *kasha* par du riz ou du millet et varierait les légumes secs utilisés pour préparer le *tcholent*. Enfin, j'ai prescrit au rabbin des vitamines et des préparations à base d'herbes pour accélérer sa guérison.

Le rabbin accomplit des progrès inouïs au cours de l'année qui suivit : huit semaines après le début du traitement, il marchait de nouveau et pouvait faire un peu d'exercice, ce qui améliora grandement sa circulation sanguine. Il fit preuve d'une vigueur remarquable pour un homme de son âge et ne tarda pas à se remettre de son attaque. Mieux encore, au bout de six mois, il put abandonner les injections d'insuline pour passer à un traitement par voie buccale – un succès d'autant plus remarquable qu'il était traité par piqûres depuis de longues années. Depuis, il n'a plus souffert d'accidents vasculaires et son diabète est demeuré stable.

Soigner le rabbin Jacob m'a fait à nouveau mesurer à quel point la sagesse ancestrale des groupes sanguins était fondamentale. Cela m'a également confirmé que les aliments choisis pour des motifs religieux ou culturels ne sont pas forcément les plus sains pour les personnes appartenant à ladite culture ! Une tradition vieille de cinq mille ou six mille ans peut paraître avoir fait ses preuves, mais bien des caractéristiques de notre groupe sanguin lui sont antérieures de plusieurs millénaires.

Lorsque vous étudierez le régime adapté à votre groupe sanguin, pensez au rabbin. Il ne s'agit pas d'enfermer votre alimentation dans un carcan rigide, ni de vous priver des mets emblématiques de vos traditions culturelles ou familiales. Percevez plutôt ce régime comme le moyen de respecter pleinement l'aspect le plus fondamental de votre identité et de vous aider à retrouver les vraies valeurs inscrites dans chacune de vos cellules, qui vous relient à votre héritage ancestral et à la grande chaîne de l'évolution.

3

La solution
«groupe sanguin» :

un fil conducteur

Adopter un régime convenant à votre groupe sanguin vous permettra de concentrer votre attention sur les informations médicales et nutritionnelles correspondant à votre profil biologique précis. Ces nouvelles données vous mettront en mesure d'effectuer des choix basés sur les forces dynamiques naturelles qui animent votre corps, en matière d'alimentation, d'activité physique et de santé. Les quatre chapitres qui suivent détaillent pour chacun des quatre groupes sanguins un régime alimentaire, des conseils de supplémentation et un programme sportif spécifiques. Puis, dans la troisième partie de ce livre, nous nous pencherons sur les maladies les plus courantes, sur votre degré de vulnérabilité à ces affections en fonction de votre groupe sanguin, et sur les remèdes qui vous sont le mieux adaptés.

Grâce au régime Groupe sanguin, vous pourrez :

– prévenir bon nombre d'affections bactériennes et virales ;

– perdre du poids, au fur et à mesure que votre organisme éliminera les toxines et les graisses ;

– lutter contre des maladies potentiellement mortelles, telles que le cancer, les affections cardio-vasculaires, le diabète ou les atteintes du foie ;

– vous prémunir contre une bonne partie des facteurs responsables de la détérioration rapide des cellules humaines et, par là, ralentir le processus de vieillissement de votre corps.

Le régime Groupe sanguin n'est pas une panacée, mais simplement le moyen de rétablir les fonctions protectrices naturelles de votre système immunitaire, de régler votre horloge métabolique et de débarrasser votre sang de dangereuses lectines agglutinantes. Fort de mon expérience et de celle de mes collègues – qui ont utilisé ce système avec des milliers de patients –, j'ose en outre affirmer que c'est à l'heure actuelle la meilleure politique pour ralentir le processus de détérioration des cellules, responsable des symptômes du vieillissement. Si vous êtes en bonne santé, le régime Groupe sanguin vous aidera à le rester et, si vous êtes malade, il peut faire toute la différence.

Dans un premier temps, je vais présenter brièvement les principaux éléments des quatre régimes adaptés aux quatre groupes sanguins. Nous étudierons successivement :

– les aliments et le régime alimentaire proprement dit ;

– la conception des menus ;

– l'art de perdre du poids ;

– l'opportunité d'une supplémentation en vitamines et en oligo-éléments ;

– la gestion du stress et l'activité sportive ;

– quelques remarques relatives aux liens entre la personnalité et le groupe sanguin.

Lorsque vous aurez lu ce chapitre et pris ensuite connaissance du régime adapté à votre groupe sanguin, je vous suggère de ne pas omettre la troisième partie de ce livre, qui vous apportera une vision plus complète des implications médicales du régime Groupe sanguin.

4 PROTOCOLES NUTRITIONNELS POUR 4 GROUPES SANGUINS

Adopter un régime alimentaire convenant à son groupe sanguin équivaut à retrouver son rythme génétique naturel. Le travail préparatoire à la base des protocoles nutritionnels qui suivent s'est effectué de lui-même voici bien des millénaires. Peut-être notre condition physique actuelle serait-elle très différente si nous avions continué à suivre notre instinct et les messages implicites de notre organisme ; nous ne le saurons jamais. Entre-temps, la diversification des populations humaines et les innovations technologiques ont bouleversé le décor.

Comme nous l'avons vu, la plupart des premiers hommes, sinon tous, appartenaient au groupe sanguin O. Vivant du produit de leur chasse et de leur cueillette, ils se nourrissaient d'animaux, d'insectes, de baies, de racines et de feuilles. L'éventail des choix diététiques qui s'offrait à nos ancêtres s'élargit considérablement lorsqu'ils apprirent à domestiquer les animaux et à cultiver la terre. Mais cette évolution ne se fit pas toujours de manière harmonieuse, car toutes les peuplades primitives ne s'adaptèrent pas aussi bien aux nouvelles données. Ainsi, chez les Amérindiens de la vallée du Missouri – qui appartenaient au groupe O –, le passage d'une alimentation carnée à une alimentation végétale s'est accompagné de modifications de la formation du crâne et a fait apparaître les premières caries dentaires. Ce qui tend à prouver que ces nouveaux aliments ne convenaient pas du tout à leur organisme.

Mais, même si l'on tient compte de ce dernier facteur, on doit cependant admettre que ces mets fournissaient à l'humanité les nutriments nécessaires pour éviter la malnutrition et nourrir des populations en expansion. Tout cela changea quand les progrès agricoles et l'industrialisation des méthodes de production modifièrent les aliments, les éloignant de plus en plus de leur état naturel. L'introduction, au XXe siècle, de méthodes modernes de raffinage du riz se traduisit par exemple par une recrudescence du béribéri – une maladie provoquée par une carence en thiamine (vitamine B1) – en Asie, qui fit des millions de morts. Plus récemment, dans les pays en développement du tiers-monde, le passage de l'allaitement maternel à l'alimentation au biberon avec des laits maternisés industriels ultraraffinés porte la responsabilité de bien des cas de diarrhée, sans parler de la perte, pour les bébés ainsi nourris, de la couverture immunitaire qui aurait résulté de l'absorption, avec son lait, des anticorps de la mère.

Chacun admet aujourd'hui que notre façon de nous nourrir et les produits que nous ingurgitons influent directement sur notre état de santé et sur notre bien-être général. Mais on nous fournit tant d'informations souvent contradictoires en matière nutritionnelle que le consommateur soucieux de sa santé s'y perd un peu. Alors, comment déterminer quels conseils suivre et quel régime adopter?

À dire vrai, nous ne sommes pas plus en mesure de choisir un régime alimentaire que de choisir notre sexe ou la couleur naturelle de nos cheveux! Il a déjà été présélectionné pour nous voici des millénaires.

Je crois qu'une bonne part de la confusion qui règne actuellement résulte du postulat simpliste qui voudrait qu'une alimentation identique convienne à tous. Même si chacun de nous a pu constater de ses propres yeux que certaines personnes réagissaient très bien à certains régimes alors que ceux-ci ne convenaient pas du tout à d'autres, les scientifiques et les nutritionnistes ne se sont en vérité jamais sérieusement penchés sur les caractéristiques propres à une population ou à certains individus susceptibles d'expliquer ces disparités. Trop occupés à analyser les aliments, nous avons négligé les spécificités des êtres.

Le régime Groupe sanguin fonctionne parce qu'il propose un plan d'action clair, logique, scientifiquement établi et prouvé, et correspondant à votre profil cellulaire. Dans chacun des quatre protocoles nutritionnels, les aliments sont répartis en treize groupes :

1) viandes et volaille
2) poisson, crustacés et mollusques
3) œufs et produits laitiers
4) huiles et corps gras
5) noix et graines
6) légumineuses
7) céréales et produits céréaliers
8) légumes
9) fruits
10) jus de fruits et de légumes
11) épices, condiments et additifs culinaires
12) tisanes
13) autres boissons

Au sein de chacun de ces groupes, on distingue trois catégories d'aliments : ceux qui sont **très bénéfiques**, ceux qui sont **neutres** et ceux qu'il faut **éviter**.

– Un aliment **très bénéfique** agit comme un **médicament**.

– Un aliment **neutre** agit comme un **aliment**.

– Un aliment **à éviter** agit comme un **poison**.

Ne vous laissez pas obnubiler par le terme « éviter ». Chacun des quatre régimes qui suivent repose sur un éventail d'aliments suffisamment vaste pour prévenir toute frustration.

Dès que vous le pouvez, préférez les aliments «très bénéfiques» aux autres, mais ne vous privez pas pour autant des aliments «neutres». Ces derniers ne contiennent pas de lectines nocives pour vous et renferment en revanche des nutriments utiles au bon équilibre de votre alimentation. Au début de chaque sous-chapitre consacré à une catégorie d'aliments, vous trouverez un tableau récapitulatif de ce type:

GROUPE O				
Aliment	*Portion*	*Par semaine si vous êtes d'origine...*		
		européenne	*africaine*	*asiatique*
Tous les poissons, les crustacés et les mollusques recommandés	115-170 g (4-6 oz)	3 à 5 fois	1 à 4 fois	4 à 6 fois

Les portions données dans ces tableaux sont détaillées en fonction de l'origine ethnique de chacun. En effet, même si des personnes appartenant à des populations et à des cultures différentes peuvent posséder le même groupe sanguin, la répartition des gènes déterminant ce groupe varie suivant les peuples. Un individu du groupe A peut posséder deux gènes de ce groupe sanguin (AA) – ce qui signifie que ses deux parents étaient du groupe A –, ou un gène du groupe A et un gène du groupe O (AO), si l'un de ses parents appartenait au groupe O. Idem pour les personnes du groupe B, qui sont soit BB, soit BO. En règle générale, les personnes du groupe A d'ascendance purement européenne sont plus souvent AA que AO. De même, leurs congénères d'origine asiatique qui appartiennent au groupe A ou au groupe B sont plus souvent AA ou BB que AO ou BO. En revanche, posséder des aïeux africains augmente la probabilité pour un individu d'être porteur d'un gène O*.

---

* Le gène du groupe O étant récessif par rapport à ceux des groupes A et B, une personne porteuse de gènes A et O (AO) appartient au groupe A, et une personne porteuse de gènes B et O (BO), au groupe B.

Cela explique notamment pourquoi les sujets d'origine africaine sont souvent intolérants au lactose, même lorsqu'ils appartiennent au groupe B (groupe sanguin qui tire normalement bénéfice de l'absorption de produits laitiers).

On doit aussi tenir compte d'éléments géographiques et culturels. Par exemple, les personnes d'origine asiatique, peu habituées par tradition aux produits laitiers, devront, même lorsqu'elles appartiennent au groupe B, veiller à introduire ces aliments dans leur régime de manière très progressive, afin de laisser à leur organisme le temps de s'y accoutumer.

Les portions spécifiques adaptées aux divers groupes ethniques prennent également en considération les caractéristiques morphologiques typiques de ces groupes. Elles ne constituent pas des règles strictes, mais seulement des indications destinées à vous aider à affiner encore un peu plus votre régime en fonction de votre hérédité. Mon conseil : utilisez-les si elles vous semblent utiles et ignorez-les si ce n'est pas le cas. En tout état de cause, vous devrez apprendre à déterminer vous-même les portions qui vous conviennent le mieux.

À l'examen méthodique des aliments succèdent pour chaque groupe sanguin trois exemples de menus destinés à vous aider à mieux cerner les implications pratiques du régime Groupe sanguin.

PERDRE DU POIDS

Chez nos ancêtres primitifs, le surpoids n'existait pas car leur corps était une machine performante qui consommait tout le carburant alimentaire absorbé pour assurer leurs dépenses énergétiques. Aujourd'hui, l'obésité est devenue un problème majeur de santé publique dans la plupart des nations industrialisées. Perdre du poids étant pour nos contemporains une véritable obsession, bon nombre de mes patients s'intéressent évidemment de très près à l'aspect amincissement du régime Groupe sanguin. Je leur rappelle toujours que ce régime n'a pas été conçu dans le but de faire maigrir mes patients, mais pour aider leur organisme à fonctionner de manière optimale. Après quoi, j'ajoute que la perte des kilos excédentaires est l'une des conséquences naturelles de la remise en état du corps. De plus, le régime Groupe sanguin étant – à l'inverse des habituels protocoles valables pour tous – parfaitement adapté à la composition cellulaire de votre corps, il permet de distinguer des aliments qui susciteront chez vous une perte ou un gain de poids, tandis qu'ils produiraient un effet différent chez un individu appartenant à un autre groupe sanguin.

Mes patients m'interrogent également souvent sur les derniers régimes amincissants à la mode. On reparle beaucoup en ce moment des régimes hyperprotéinés, qui visent, en limitant strictement l'apport en glucides, à déclencher la combustion des graisses corporelles pour soutenir l'activité de l'organisme, produisant au passage des cétones, indices d'une activité métabolique intense. Je ne m'étonne jamais de constater que ceux qui disent avoir perdu du poids grâce à de tels régimes appartiennent généralement aux groupes O ou B. Les personnes du groupe A réagissent moins bien à ce type d'alimentation car leur organisme est biologiquement moins apte à métaboliser efficacement la viande. Les personnes du groupe AB ne perdront elles non plus guère de poids avec un régime hyperprotéiné, car celui-ci ne comporte pas suffisamment d'éléments du régime adapté au groupe A, indispensables à leur équilibre.

À l'inverse, une alimentation macrobiotique basée sur l'absorption d'aliments naturels tels que les légumes, le riz, les céréales complètes, les fruits et le soya convient fort bien aux individus du groupe A, pourvu qu'ils veillent à absorber les quantités de légumineuses recommandées à ce groupe – mais pas au groupe O !

Considérez d'un œil sceptique tout régime miracle qui affirme fonctionner de manière identique pour tous. Écoutez votre groupe sanguin. Appréciez votre individualité.

Cela établi, sachez que le principal problème que la plupart de mes patients rencontrent est une perte de poids trop rapide qui m'oblige à réajuster leur régime pour ralentir le processus ! Sans doute pensez-vous – surtout si vous menez un combat incessant contre les kilos depuis de longues années – que perdre trop de poids n'est pas un problème, mais rappelez-vous que le but ultime du régime Groupe sanguin est de vous conduire vers une santé et une énergie optimales. Ce qui implique de parvenir à un équilibre idéal entre votre stature, votre silhouette et votre poids. Une minceur excessive est signe de dénutrition, état qui affaiblit les défenses immunitaires, et qui produit donc exactement l'effet inverse de ce que vous recherchez. Sachez faire preuve de modération.

Une perte de poids accompagnera naturellement les changements qui surviendront en vous dès que votre alimentation s'adaptera enfin à votre patrimoine génétique. Deux facteurs entrent en jeu. Tout d'abord, lorsqu'on bouleverse son alimentation en éliminant les aliments difficiles à digérer ou toxiques pour l'organisme, ce dernier se met à chasser les toxines déjà présentes. Or, celles-ci étant pour la plupart stockées dans les tissus adipeux, s'en débarrasser implique de perdre des graisses. En second lieu, votre nouveau régime va supprimer, en même temps que certains aliments, leur effet néfaste sur les mécanismes corporels de régulation du poids. Suivant les groupes sanguins, les lectines nocives peuvent en effet induire les méfaits suivants :

– inflammation de la paroi du tube digestif ;
– désorganisation du processus de digestion, qui provoque des ballonnements ;
– ralentissement du métabolisme des aliments, qui empêche de brûler efficacement les calories ;
– production d'insuline compromise ;
– rupture de l'équilibre hormonal, qui se traduit par une rétention d'eau (œdème), des problèmes thyroïdiens et d'autres troubles.

Les aliments en cause diffèrent selon les groupes sanguins. Vous trouverez la liste de ceux qui favorisent chez vous la prise de kilos excédentaires dans le chapitre consacré à votre groupe sanguin. Dès que vous aurez adopté le régime Groupe sanguin, vous découvrirez comment votre organisme réagit à ses préceptes.

Attention : j'ai remarqué que beaucoup de personnes entamaient un régime comme on entre en religion. Au début, elles consomment exclusivement des aliments « très bénéfiques », dédaignant même les aliments « neutres ». Le résultat inévitable d'une telle approche est un amincissement malsain car trop rapide. Le sujet est pâle et fatigué car il manque de nutriments essentiels à son équilibre. Mieux vaut donc procéder en éliminant de votre assiette tous les aliments figurant sur la liste intitulée « à éviter » et en réduisant ou en abandonnant la consommation de ceux des aliments « neutres » qui favorisent la prise de poids pour votre groupe sanguin. Vous obtiendrez ainsi un régime équilibré et une méthode d'amincissement plus saine.

LE RÔLE DES SUPPLÉMENTS NUTRITIONNELS

Le régime Groupe sanguin recommande aussi la prise de certaines vitamines, d'oligo-éléments et de suppléments végétaux qui peuvent intensifier ses bienfaits. Voilà encore un domaine où la confusion et la désinformation sont au rendez-vous. Qui, de nos jours, ne prend ses petites pilules, ses remèdes exotiques ou ses concentrés végétaux ? Il est bien difficile de résister aux attraits des remèdes jonchant les rayonnages des magasins de produits naturels... ou à leurs promesses ! Regain d'énergie, amincissement, disparition des douleurs chroniques, vigueur sexuelle renouvelée, vitalité, longévité ou acuité mentale accrue, etc. : qui ne voudrait croire à ces mirages ? Et les traitements « naturels » de la migraine, du rhume, de la nervosité, des maux d'estomac, de l'arthrite, de la fatigue chronique, des affections cardiaques et de toutes les autres maladies imaginables constituent une alléchante panacée qui semble répondre à tous nos problèmes. Et pourtant un problème demeure, et de taille!

Tout comme les aliments, les suppléments nutritionnels ne fonctionnent pas de manière identique pour tous. Chaque vitamine, oligo-élément ou herbe médicinale joue un rôle spécifique dans votre corps. Et le remède miracle dont votre amie du groupe B vous rebat les oreilles risque fort de s'avérer inefficace – voire néfaste – pour votre organisme du groupe A. C'est pourquoi il est extrêmement dangereux de s'autoprescrire des vitamines ou des oligo-éléments. N'oubliez pas que nombre d'entre eux agissent comme de véritables médicaments. Par exemple, les vitamines A et B3, quoique en vente libre à certains dosages, ne devraient jamais être prises sans avis médical.

Le règne végétal recèle bien des substances naturelles, appelées substances phytochimiques, qui sont plus efficaces et beaucoup moins nocives que les vitamines ou les oligo-éléments de synthèse. Le régime Groupe sanguin en recommande un assortiment adapté aux besoins de chacun.

Peut-être ignoriez-vous l'existence de ces principes actifs présents dans ce que l'on appelait autrefois familièrement les «herbes» ou les «simples». Ces plantes sont de véritables concentrés de composés biologiques actifs. Nombre d'entre elles possèdent des propriétés antioxydantes*, parfois beaucoup plus puissantes que celles des vitamines. Plus intéressant encore, ces composés végétaux traitent de manière préférentielle certains tissus – ce qui n'est pas le cas des vitamines. Ainsi, le chardon Marie (*Silybum marianum*) ou le curcuma (*Curcuma longa*) joignent à un pouvoir antioxydant des centaines de fois supérieur à celui de la vitamine E la capacité de se déposer de

---

* Antioxydant: Vitamine ou autre substance dont on pense qu'elle renforce les défenses immunitaires et prévient l'apparition de cancers en combattant l'action destructrice de substances toxiques appelées radicaux libres sur les cellules.

manière préférentielle sur les tissus du foie. Ces deux plantes sont donc fort bénéfiques pour les personnes souffrant d'affections qui se caractérisent par une inflammation du foie – comme l'hépatite ou la cirrhose.

Un programme de supplémentation personnalisé complète donc le régime adapté à votre groupe sanguin.

GESTION DU STRESS ET ACTIVITÉ PHYSIQUE

Votre bien-être ne résulte pas uniquement de ce que vous mangez. Il dépend aussi de ce que votre organisme fait des nutriments absorbés : les utilise-t-il à bon ou à mauvais escient ? C'est à ce niveau que le stress intervient. On évoque souvent le stress dans nos sociétés modernes et nul ne s'émeut plus d'entendre : « Je suis trop stressé » ou « Mon problème, c'est l'excès de stress. » Et force est de constater qu'on retrouve un stress mal géré à l'origine de bien des maladies. Peu de personnes comprennent cependant que ce n'est pas le stress lui-même qui affaiblit nos défenses immunitaires et nous fait tomber malades, mais la manière dont nous réagissons aux situations de stress générées par notre environnement. Ce dernier processus est aussi vieux que l'espèce humaine. Il s'agit d'une réponse chimique naturelle qui entre en action dès que nous percevons un danger, quel qu'il soit. Pour mieux la décrire, prenons un exemple.

Visualisez la scène suivante : vous, homme des premiers âges de l'humanité, dormez à même le sol, blotti contre les autres membres de votre tribu. Soudain, un gigantesque animal sauvage surgit de la nuit. Vous sentez son haleine fétide et brûlante sur votre peau. D'un coup de griffe, il s'empare de votre voisin et plante ses crocs dans sa chair. Deux solutions s'offrent alors à vous : vous emparer d'une arme pour tenter de combattre le monstre ou détaler à toutes jambes pour sauver votre peau. Laquelle choisissez-vous ? Il ne s'agit d'ailleurs pas à proprement parler d'un choix, mais plutôt d'un réflexe, d'un instinct animal.

La façon dont notre corps réagit au stress et nos mécanismes de défense se sont développés et affinés au fil des millénaires écoulés depuis l'apparition de l'espèce humaine, mais ils demeurent gérés par cette alternative simple : faire face à ce qui nous effraie ou le fuir – mentalement ou physiquement.

Considérons à présent un autre scénario. Vous dormez paisiblement dans votre lit quand une violente explosion fait trembler murs et fenêtres. Vous voilà réveillé en sursaut... et probablement très effrayé. Gageons que votre cœur bat à tout rompre.

Sous l'effet de la frayeur, votre hypophyse (ou glande pituitaire) et vos glandes surrénales sécrètent des hormones excitantes qui se mêlent à votre sang. Votre pouls s'accélère, vos poumons inspirent un volume d'oxygène accru afin que vos muscles soient mieux irrigués, votre taux de sucre sanguin grimpe pour vous donner un surcroît d'énergie, votre digestion se ralentit et vous vous couvrez de sueur. Toutes ces réactions biologiques se déclenchent en un éclair en cas de stress. Elles vous préparent – tout comme elles le faisaient pour vos lointains ancêtres – à combattre ou à fuir.

Puis quelques instants s'écoulent et le danger s'éloigne. Un processus inverse intervient alors. Au cours de cette seconde phase – dite de résistance – du processus de gestion du stress, votre corps commence à se calmer et à retrouver ses marques après la tempête hormonale qu'il vient de vivre. En général, on passe à cette phase lorsque l'on a identifié la cause de sa peur et que l'on a réglé le problème. Si ce qui a initialement généré le stress a disparu, toutes les réactions engendrées par lui se dissipent et les fonctions corporelles reprennent leur cours normal. Si, en revanche, les causes du stress perdurent, notre organisme épuise rapidement sa capacité de s'y adapter et se bloque.

À l'inverse de nos ancêtres, qui étaient confrontés à des situations de stress intenses mais intermittentes, telles que la crainte des prédateurs ou de la famine, nous vivons en état de stress chronique. Et même si nos coups de stress sont moins violents que ceux de nos aïeux, leur fréquence les rend encore plus néfastes. Les experts s'accordent en général à considérer cette situation et les maladies « de société » – du corps, de l'esprit et de l'âme – qui en résultent comme des conséquences de la surindustrialisation et de notre mode de vie antinaturel. Les pressions et le stress constants que le monde moderne fait peser sur nous surmènent les mécanismes de défense de notre organisme et nous laissent d'autant plus désemparés que nous sommes aujourd'hui conditionnés socialement et culturellement pour brider et faire taire nos instincts les plus naturels. Et notre sang charrie plus d'hormones liées au stress que nous ne pouvons en utiliser.

Bilan des courses : on estime aujourd'hui que les déséquilibres liés au stress causent entre 50 et 80 % des maladies modernes. Nous savons combien le mental influe sur le physique, et vice versa, mais nous ignorons encore l'étendue de ces interactions. On reconnaît ainsi que certaines affections, comme les ulcères gastro-duodénaux, l'hypertension artérielle, les cardiopathies, la migraine, l'arthrite et d'autres maladies inflammatoires, l'asthme ainsi que d'autres problèmes respiratoires, l'insomnie et les troubles du sommeil, l'anorexie et les autres troubles du comportement alimentaire, ainsi que toute une série d'affections cutanées allant de l'urticaire à l'herpès en passant par l'eczéma ou le psoriasis, sont aggravés par le stress. Ajoutons à cela que le stress est un véritable poison pour le système immunitaire et, à ce titre, qu'il ouvre la porte à une kyrielle d'affections opportunistes.

Certains stress, toutefois, comme ceux qui résultent d'une activité physique ou créatrice, induisent un état émotionnel agréable que le corps perçoit comme une expérience physique ou intellectuelle exaltante.

Bien que chacun de nous réagisse au stress de manière spécifique, nul n'est immunisé contre ses méfaits, à plus forte raison contre ses atteintes durables. Une bonne part des réactions de notre organisme relèvent d'anciens réflexes apparus pour répondre aux agressions environnementales – cataclysmes climatiques ou bouleversements alimentaires – qui ont façonné l'histoire des groupes sanguins. Ces schémas sont imprimés dans la mémoire génétique de chacun des groupes, et déterminent aujourd'hui encore nos réactions en cas de stress.

Mon père a consacré les trente-cinq dernières années à étudier les réactions au stress de ses patients et leur niveau d'énergie, en rapportant ces données à leur groupe sanguin, puis à mettre au point des programmes sportifs adaptés au profil biologique de chacun. Ses observations, quoique empiriques, portent sur des milliers de cas – adultes et enfants –, ce qui leur confère une valeur scientifique certaine. Il a ainsi établi que les personnes appartenant à des groupes sanguins différents avaient besoin, pour gérer au mieux leur stress, d'activités physiques différentes.

Le régime Groupe sanguin décrit pour chaque groupe les schémas de réaction au stress et donne des conseils destinés à vous aider, grâce à un programme sportif approprié, à transformer votre stress en une force positive. Il s'agit là d'un complément essentiel au régime proprement dit.

GROUPE SANGUIN ET PERSONNALITÉ

À la lumière des liens que nous venons d'évoquer, il est inévitable que certains s'interrogent sur une éventuelle corrélation entre le groupe sanguin et d'autres caractères moins tangibles tels que la personnalité ou le comportement. J'ai moi-même maintes fois fait les frais de ce type de raisonnement depuis que j'ai suivi les traces de mon père en devenant à mon tour naturopathe. « Tu es bien le fils de ton père », m'annonce-t-on, ou bien : « Tu as dû hériter de ton père la passion de guérir », ou encore : « On dirait que les D'Adamo ont des gènes médicaux. » Même si mes interlocuteurs plaisantent, je devine qu'au fond d'eux-mêmes ils pensent que j'ai hérité de mon père un peu plus qu'une simple ressemblance physique et que ce n'est pas le fruit du hasard si je me suis engagé dans la même voie que lui.

L'idée que certains traits de caractère, gestes, mimiques, qualités émotionnelles ou préférences soient enfouis dans notre patrimoine génétique est généralement admise, même si l'on ignore encore comment mesurer scientifiquement le phénomène. Nous ne connaissons pas (pour l'instant!) de gènes de la personnalité. D'aucuns objecteront que notre comportement résulte plus de notre éducation que de notre nature. À moins que toutes les deux se combinent.

Récemment, Beverly, une patiente que je traite depuis longtemps, m'a amené sa fille en consultation. Beverly m'avait auparavant raconté qu'elle était très jeune lorsque cette enfant est née et qu'elle avait dû se résoudre à l'abandonner. Elle n'avait plus rien su d'elle pendant trente ans, jusqu'à ce qu'une jeune femme aux traits familiers frappe un beau matin à sa porte. La fille de Beverly avait été élevée en Californie, dans un environnement bien différent de celui de sa mère et pourtant, lorsqu'on les voyait côte à côte, on ne pouvait douter un seul instant qu'elles fussent mère et fille : mêmes gestes, même accent (alors qu'elles habitaient des régions fort éloignées) et même sens de l'humour. Plus étonnant encore, la fille de Beverly avait sans le savoir choisi la même profession que sa mère, la gestion des ressources humaines. S'il existait une corrélation entre le patrimoine génétique et la personnalité, elle était présente dans mon cabinet !

Je suis bien entendu conscient du caractère plus anecdotique que scientifique d'une telle coïncidence. Et je sais bien que l'essentiel des recherches effectuées sur les liens unissant le groupe sanguin et la personnalité est entaché du même défaut. Pourtant, ces corrélations nous intriguent, tant il paraîtrait logique que notre structure cellulaire, exprimée par notre groupe sanguin, rejaillisse ainsi sur nos tendances mentales et émotionnelles.

Au fil du processus d'évolution, le système immunitaire et le tube digestif des humains se sont adaptés, et les divers groupes sanguins sont apparus. Mais, dans le même temps, nos mécanismes mentaux et émotionnels ont eux aussi été malmenés, et, parallèlement aux antigènes A et B, des structures psychologiques et des comportements spécifiques se sont dessinés. Chaque groupe sanguin a mené son propre – et rude – combat pour exister. Le chasseur solitaire du groupe O, par exemple, aurait fort mal réussi au sein des communautés fondées sur l'ordre et la coopération qui ont vu la naissance du groupe A. Voilà bien l'un des principaux motifs d'adaptation des groupes sanguins. Mais serait-il tellement étonnant que les disparités psychologiques issues des premiers âges demeurent tapies au fond de nos êtres ?

La croyance dans l'influence déterminante du groupe sanguin sur la personnalité est fort répandue au Japon. L'analyse du groupe sanguin, appelée *ketsu-eki-gata*, est là-bas une affaire sérieuse. Les chefs d'entreprise l'utilisent pour recruter leurs employés, les responsables marketing pour prédire les tendances du marché, et tout un chacun, ou presque, y recourt pour sélectionner ses amis, ses amants ou son conjoint. On ne compte plus les automates analysant le groupe sanguin dans les gares, les grands magasins, les restaurants et autres lieux publics. Il existe même une organisation respectée, l'ABO Society, dont l'objet est d'aider les entreprises et les individus à effectuer les meilleurs choix en fonction des groupes sanguins.

Le plus célèbre défenseur de cette théorie se nomme Toshikata Nomi. Digne héritier de son père, qui, le premier, a développé la thèse d'un lien entre le groupe sanguin et la personnalité, il a publié en 1980 avec Alexandre Besher un livre intitulé *Vous êtes votre groupe sanguin**, qui s'est vendu à plus de six millions d'exemplaires au Japon. Cet ouvrage définit pour chaque groupe sanguin un profil psychologique suivi de suggestions de vie, allant jusqu'à indiquer aux lecteurs quel métier préférer et quel genre de personne épouser ou à évoquer les

---

* *You Are Your Blood Type.*

conséquences catastrophiques qui pourraient se produire s'ils ignorent ces conseils.

C'est un ouvrage amusant qui ressemble beaucoup aux manuels d'astrologie, de numérologie ou d'autres techniques visant à vous aider à trouver votre place dans le grand schéma universel. Je ne pense cependant pas qu'il faille prendre au premier degré les conseils qu'il contient. Ainsi, je ne crois pas qu'on doive choisir ses amis intimes et la femme (ou l'homme) de sa vie en fonction de son groupe sanguin. J'appartiens au groupe A et je suis profondément épris de ma femme, Martha, qui appartient au groupe O. Je déteste penser que nous aurions pu être séparés à jamais à cause d'une incompatibilité psychique de nos groupes sanguins respectifs. Nous sommes très heureux... même si nos repas sont parfois un peu compliqués !

De plus, comme toutes les tentatives de catégorisation des êtres, celle qui fait appel aux groupes sanguins possède des relents nauséabonds. Dès lors que l'on affirme : «Les groupes A sont ceci» ou «Les groupes B sont cela», il n'y a qu'un pas pour en arriver à des déclarations du genre : «Le groupe B est supérieur aux autres» ou «Seul un individu du groupe O peut devenir président»... Et on en vient très vite à un système de castes. On observe d'ailleurs des phénomènes de ce type au Japon, où certaines offres d'emploi mentionnent un groupe sanguin préférentiel.

Pourquoi, alors, faire mention de cette théorie ? me demanderez-vous. Pour la simple raison que même si le *ketsu-eki-gata* japonais est beaucoup trop poussé à l'extrême, il repose à mon sens sur un fond de vérité. La science et la médecine modernes ont clairement admis l'existence de liens entre l'esprit et le corps et nous avons déjà démontré la corrélation entre le groupe sanguin et la manière dont nous gérons les situations de stress. L'idée selon laquelle la personnalité résulterait en partie du groupe sanguin n'est donc pas si fantaisiste. Et d'ailleurs, lorsqu'on considère chaque groupe sanguin, un profil psychologique distinct – héritage de nos atouts ancestraux – se dégage. Peut-être est-ce seulement une autre façon pour nous de mettre ces qualités à profit.

Sans doute comprendrons-nous mieux un jour ce qu'il en est. Peut-être découvrirons-nous un plan général éclairant tous ces éléments ; peut-être pas. Il y a tant de choses qui échappent à notre compréhension et tant d'autres que nous ne comprendrons sans doute jamais. Mais nous savons réfléchir, comparer et étudier les possibilités diverses qui s'offrent à nous. C'est ainsi que notre espèce a affûté son intelligence.

Tous les facteurs évoqués dans ce chapitre – l'alimentation, le contrôle du poids, les suppléments nutritionnels, la gestion du stress et la personnalité – constituent les éléments essentiels du régime personnalisé adapté à votre groupe sanguin. Pensez à vous y référer régulièrement lorsque vous étudierez ce dernier.

Mais avant de poursuivre plus avant, je vous suggère un nouvel exercice : si ce n'est déjà fait, faites analyser votre groupe sanguin !

DEUXIÈME PARTIE

4 GROUPES SANGUINS = 4 RÉGIMES

1

Plan d'action
pour le groupe
O

GROUPE O : **le chasseur**

- Mangeur de viande
- Tube digestif robuste
- Système immunitaire hyperactif
- Intolérant aux changements nutritionnels
ou environnementaux
- Contrôle mieux son stress
par une activité physique intense
- A besoin d'optimiser son métabolisme
pour rester mince et énergique

GÉNÉRALITÉS SUR LE RÉGIME DU GROUPE O

Pour les personnes du groupe O, le mode de vie idéal associe une activité physique soutenue et une alimentation riche en protéines animales rappelant celle de leurs ancêtres de Cro-Magnon. Entre leur régime très protéiné et leur existence extrêmement physique, les chasseurs préhistoriques se trouvaient probablement en permanence en état de cétonémie légère.

La cétonémie est un état métabolique caractérisé par la présence de corps cétoniques dans le sang – d'où son nom – qui résulte d'une alimentation riche en protéines et en lipides et pauvre en glucides. Pour maintenir son taux de glucose sanguin – indispensable à sa survie et à son énergie –, l'organisme doit puiser dans ses réserves adipeuses. En restituant le glucose de ces réserves, l'organisme élimine au passage des corps cétoniques (indices d'un métabolisme rapide).

Combiné avec un faible apport calorique global et une activité physique constante, ce phénomène faisait de nos premiers ancêtres de minces chasseurs – et il a sans doute permis à notre espèce de survivre. Le tube digestif des personnes du groupe O a en quelque sorte conservé la mémoire de ces temps héroïques.

Les nutritionnistes contemporains déconseillent en général d'absorber trop de protéines animales car les graisses saturées qui les accompagnent favorisent les maladies cardio-vasculaires et les cancers. De fait, la plupart des viandes consommées aujourd'hui sont trop grasses et contaminées par la quantité abusive d'hormones et d'antibiotiques dont les éleveurs font usage. L'adage « Vous êtes ce que vous mangez » prend alors un sens quelque peu sinistre. Fort heureusement, on trouve de plus en plus aisément des viandes issues de l'agriculture biologique et de bétail élevé en liberté. Le succès du régime du groupe O repose sur l'utilisation de viandes, de volailles et de poissons maigres et exempts de produits chimiques.

Les individus du groupe O supportent moins bien les produits laitiers et les céréales car leur système digestif n'est toujours pas complètement adapté à ces « nouveaux » aliments. Un bol de blé ou un verre de lait ne se chassant pas, ces aliments ne firent leur apparition dans les écuelles humaines qu'assez tardivement à l'échelle historique.

PERDRE DU POIDS POUR LE GROUPE O

Adopter le régime du groupe O vous fera d'emblée perdre du poids car ce régime restreint l'apport en céréales, en pain et en légumineuses. Or, c'est le gluten présent dans le germe de blé et dans les aliments à base de blé entier qui favorise le plus le gain pondéral chez les personnes de ce groupe sanguin. Le gluten agit sur votre métabolisme pour susciter un état opposé à la cétonémie. En inhibant la sécrétion d'insuline, ses lectines bloquent l'utilisation efficace des calories et leur transformation en énergie. Tout se passe comme si vous mettiez le mauvais carburant dans une voiture : au lieu de lui permettre de rouler, vous bloquez son moteur. Le maïs produit sur vous les mêmes méfaits mais dans une moindre mesure ; il est aussi moins dangereux pour votre ligne que le blé. J'ai vu des personnes chez qui tous les autres régimes amincissants s'étaient révélés inefficaces perdre du poids sans effort simplement en éliminant le blé de leurs menus.

D'autres facteurs contribuent aux excédents pondéraux des individus du groupe O. Certaines légumineuses, en particulier les lentilles et les haricots rouges, contiennent des lectines qui se déposent dans les tissus musculaires, les rendant plus alcalins et moins vigoureux en cas d'effort physique. Les individus du groupe O restent plus minces quand leurs tissus musculaires se maintiennent en légère acidité métabolique, car cet état permet à leur organisme de brûler les calories plus rapidement. N'en tirez pas pour autant de conclusions hâtives, ni de généralisations abusives : ce processus ne concerne que le groupe O. Rappelez-vous que chaque groupe sanguin possède un métabolisme spécifique.

Le troisième élément régulant le poids des sujets du groupe O est lié à l'action de la glande thyroïde. Le groupe O prédispose en effet à l'hypothyroïdie – sécrétion insuffisante d'hormones thyroïdiennes – car les personnes de ce groupe souffrent plus souvent que les autres de déficits en iode ; or cet oligo-élément est indispensable à la production d'hormones thyroïdiennes. L'hypothyroïdie se traduit notamment par une prise de poids assortie de rétention d'eau, de fonte musculaire et de fatigue.

Pour contrôler leur poids de manière optimale, les personnes du groupe O doivent donc veiller non seulement (bien entendu) à modérer la taille des portions qu'elles absorbent et à choisir des viandes aussi maigres que possible, mais aussi à mettre l'accent sur certains aliments particulièrement bénéfiques pour elles et en éviter d'autres, qui contrecarreraient leurs efforts. En voici un rapide aperçu.

LES ALIMENTS QUI FAVORISENT LA PRISE DE POIDS DU GROUPE O

GLUTEN DE BLÉ	Inhibe l'efficacité de l'insuline Ralentit le métabolisme
MAÏS	Inhibe l'efficacité de l'insuline Ralentit le métabolisme
HARICOTS ROUGES	Empêchent une utilisation efficace des calories
HARICOTS « NAVY »	Empêchent une utilisation efficace des calories
LENTILLES	Inhibent le métabolisme normal des nutriments
CHOU	Inhibe les hormones thyroïdiennes

CHOU DE BRUXELLES	Inhibe les hormones thyroïdiennes
CHOU-FLEUR	Inhibe les hormones thyroïdiennes
FEUILLE DE MOUTARDE	Inhibe les hormones thyroïdiennes

LES ALIMENTS QUI FAVORISENT LA PERTE DE POIDS DU GROUPE O

VARECH VÉSICULEUX («KELP»)	Contient de l'iode Accroît la production d'hormones thyroïdiennes
FRUITS DE MER	Contiennent de l'iode Accroissent la production d'hormones thyroïdiennes
SEL IODÉ*	Contient de l'iode Accroît la production d'hormones thyroïdiennes
FOIE	Source de vitamine B Favorise un métabolisme efficace
VIANDE ROUGE	Favorise un métabolisme efficace
CHOU FRISÉ, ÉPINARDS, BROCOLI	Favorisent un métabolisme efficace

Prenez note de ces conseils et veillez à les intégrer au régime du groupe O qui suit.

---

*   N'en abusez pas : préférez au sel les aliments riches en iode tels que les fruits de mer ou les varechs vésiculeux («kelp»), car le sodium du sel peut contribuer aux problèmes d'hypertension artérielle et de rétention d'eau.

LE RÉGIME DU GROUPE O

(Dans les catégories d'aliments «À ÉVITER», le signe
«▼» indique les aliments qui contiennent des lectines.)

Viandes et volailles

GROUPE O

Aliment	Portion*	Par semaine si vous êtes d'origine...		
		européenne	*africaine*	*asiatique*
Viande rouge maigre	115-180 g (4-6 oz) (hommes) 60-140 g (2-5 oz) (femmes et enfants)	4 à 6 fois	5 à 7 fois	3 à 5 fois
Volaille	115-180 g (4-6 oz) (hommes) 60-140 g (2-5 oz) (femmes et enfants)	2 ou 3 fois	1 ou 2 fois	3 ou 4 fois

*   *Les portions recommandées dans ce tableau (et dans ceux consacrés aux autres catégories d'aliments) sont purement indicatives et destinées à vous aider à affiner le régime adapté à votre groupe sanguin en fonction des caractéristiques liées à votre hérédité.*

Mangez du bœuf maigre, de l'agneau, de la dinde, du poulet ou des poissons recommandés aussi souvent que vous le souhaitez. Plus le travail que vous exercez est stressant et plus vous intensifiez votre activité physique, plus il vous faut absorber de protéines. Mais prenez garde à la taille des portions que vous consommez : nos ancêtres ne se gavaient pas de steaks de 450 grammes (1 lb) car la viande était bien trop rare et précieuse pour cela. Efforcez-vous donc de ne pas dépasser 180 grammes (6 oz) de viande par repas.

Les personnes du groupe O digèrent et métabolisent efficacement la viande parce qu'elles ont en général un taux d'acidité gastrique élevé. Cet atout fut un élément essentiel de la survie de leurs lointains aïeux. Il faut toutefois veiller à équilibrer les protéines animales, les légumes et les fruits afin d'éviter une hyperacidité gastrique génératrice d'irritations et d'ulcérations de la paroi stomacale.

Une précision : si vous êtes d'origine africaine, préférez les viandes rouges maigres et le gibier aux mets « domestiqués » plus gras, comme l'agneau ou le poulet. Le gène du groupe O est né en Afrique et vos ancêtres étaient aussi ceux de ce groupe sanguin. Vous devez donc idéalement opter pour les sources de protides dont ces aïeux disposaient.

Comme nous l'avons vu, certains aliments sont plus ou moins recommandés pour chaque groupe sanguin. En voici la liste pour le groupe O.

Très bénéfiques

Agneau	Foie
Bison	Gibier à poil
Bœuf	Mouton
Cœur	Veau
Dinde*	

Neutres

Caille	Lapin
Canard	Perdrix
Faisan	Poulet

À éviter

Bacon	Oie
Jambon	Porc

---

* En présence d'un surplus de poids ou d'une inflammation, cet aliment devient neutre.

Poisson, crustacés et mollusques

GROUPE O

Aliment	Portion	Par semaine si vous êtes d'origine...		
		européenne	*africaine*	*asiatique*
Tous les poissons, les crustacés et les mollusques recommandés	115-180 g (4-6 oz)	3 à 5 fois	1 à 4 fois	4 à 6 fois

Le poisson, les crustacés et les mollusques, sources de protéines animales presque aussi denses que la viande, sont tout particulièrement recommandés aux personnes du groupe O originaires de régions côtières – notamment celles issues d'ancêtres asiatiques ou eurasiens – car ils constituaient la base de l'alimentation de leurs ancêtres.

Les poissons gras des mers froides comme la morue, le hareng ou le maquereau sont excellents pour tous les individus du groupe O, quoique leurs acides gras tendent à fluidifier le sang, ce qui est inutile pour ces personnes. Certains facteurs de coagulation du sang qui n'existaient pas dans le sang des premiers humains sont apparus au cours du processus d'évolution, à mesure que l'homme s'adaptait à son environnement. C'est pourquoi le groupe O se caractérise souvent par un sang très fluide qui coagule difficilement. Malgré leurs propriétés fluidifiantes, les huiles de poisson ne semblent toutefois pas nocives pour les sujets du groupe O, probablement parce que ces huiles et les gènes des groupes sanguins agissent sur la viscosité du sang par des processus différents. Le groupe sanguin détermine en effet les facteurs de coagulation tandis que les huiles de poisson modifient l'agglutination des plaquettes.

Ces corps gras marins se révèlent également très efficaces pour traiter les affections inflammatoires de l'intestin telles que les colites ou la maladie de Crohn, auxquelles les individus du groupe O sont prédisposés. La plupart des produits de la mer constituent en outre une excellente source d'iode, qui, comme on l'a vu, contribue à la régulation de l'activité thyroïdienne. Rappelons que les personnes du groupe O souffrent souvent de dérèglements thyroïdiens.

Conclusion : mangez du poisson et des fruits de mer. Mais, comme toujours, choisissez-les à bon escient, en privilégiant les aliments les plus bénéfiques pour vous.

Très bénéfiques

Alose	Merluche
Baudroie*	Morue
Brochet	Perchaude
Capitaine	Sardine
Corégone	Saumon
Éperlans*	Sériole
Espadon	Sole
Esturgeon	Tassergal
Flétan	Thon*
Hareng frais	Tile
Maquereau	Truite arc-en-ciel
Merlu	Vivaneau

Neutres

Acoupa royal	Grenouilles
Aiglefin	Homard
Anchois	Huîtres
Anguille	Langouste
Bar commun	Mahimahi
Calmar	Mérou
Carpe	Moules

---

* En présence d'un surplus de poids ou d'une inflammation, cet aliment devient neutre.

Coquilles Saint-Jacques
Crabe
Crevettes
Dorade
Doré
Écrevisses
Escargots
Grand sébaste

Ormeaux
Palourdes
Perche
Pétoncles
Plie
Requin
Truite de mer

À éviter

Barracuda
Barbotte
Barbue de rivière
Bigorneaux

Caviar
Hareng mariné ou fumé
Pieuvre
Saumon fumé

Œufs et produits laitiers

GROUPE O

Aliment	Portion	Par semaine si vous êtes d'origine...		
		européenne	*africaine*	*asiatique*
Œufs	1 œuf	3 ou 4 fois	0 fois	5 fois
Fromage	60 g (2 oz)	0 à 3 fois	0 fois	0 à 3 fois
Yogourt	115-180 g (4-6 oz)	0 à 3 fois	0 fois	0 à 3 fois
Lait	115-180 ml (4-6 oz)	0 ou 1 fois	0 fois	0 à 2 fois

Les personnes appartenant au groupe O doivent restreindre au maximum leur apport en produits laitiers car leur organisme et leur métabolisme sont mal adaptés à ces produits, ce qui se traduit souvent par des phénomènes d'allergie ou d'intolérance digestive. Ce groupe d'aliments ne comporte d'ailleurs aucun aliment très bénéfique pour elles. Celles d'origine africaine doivent carrément éliminer les œufs et les produits laitiers, qui sont encore plus difficiles à digérer pour elles que pour les autres personnes du groupe O – ce qui est logique car leurs aïeux chasseurs n'absorbaient jamais de lactose.

À ce sujet, il ne faut pas confondre les allergies alimentaires et les troubles digestifs. Les premières sont une réaction du système immunitaire à certains aliments. Lorsque cela se produit, le système immunitaire produit un anticorps qui combat l'intrus ingéré. En revanche, les intolérances alimentaires sont des réponses digestives qui peuvent apparaître pour maintes raisons – conditionnement culturel, associations psychologiques, aliment de mauvaise qualité, additifs, ou tout simplement un aléa biologique tel un manque d'enzymes.

En tout état de cause, sachez que la boisson de soya et le fromage de soya constituent d'excellents substituts des produits laitiers.

Si vous êtes d'origine européenne ou asiatique, vous pouvez sans problème manger jusqu'à quatre ou cinq œufs par semaine, mais n'oubliez pas que, tout comme les produits laitiers, ils représentent une source protidique médiocre pour votre groupe sanguin. Veillez aussi à absorber une supplémentation en calcium, surtout si vous êtes une femme, car ces produits laitiers que vous digérez si mal, et dont vous devez par conséquent limiter la part, sont la meilleure source de calcium alimentaire.

Très bénéfiques
Boisson de riz*

Neutres

Beurre	Fromage de soya** (sans caséine)
Boisson d'amande**	Féta
Boisson de soya**	Mozzarella
Crème glacée (à base de boisson de soya ou de riz)	

À éviter

Bleu	Kéfir
Brie	Lait de chèvre
Camembert	Lait de coco
Caséine	Lait demi-écrémé
Cheddar	Lait écrémé
Colby	Lait entier
Cottage	Monterey Jack
Crème glacée	Munster
Édam	Neufchâtel
Emmenthal	Parmesan
Fromage à la crème	Petit-lait (lactosérum)
Fromage de chèvre	Provolone
Fromage frais	Ricotta
Gouda	Suisse
Gruyère	Yogourt (toutes variétés)
Jarlsberg	

---

*   En présence d'un surplus de poids ou d'une inflammation, cet aliment devient neutre.

**   Ce ne sont pas des produits laitiers, mais ils représentent de bons substituts.

Huiles et corps gras

GROUPE O

Aliment	Portion	Par semaine si vous êtes d'origine...		
		européenne	*africaine*	*asiatique*
Huiles	1 c. à table (15 ml)	4 à 8 fois	1 à 5 fois	3 à 7 fois

Les huiles conviennent bien aux individus du groupe O, pour qui elles constituent une bonne source de nutriments. Elles facilitent de plus l'élimination des déchets par leur organisme. Vous en accroîtrez encore les bienfaits si vous usez de préférence d'huiles mono-insaturées comme l'huile d'olive ou l'huile de lin. Celles-ci sont en effet excellentes pour le cœur et les artères et pourraient même contribuer à la baisse du taux de cholestérol sanguin.

Très bénéfiques

Huile d'olive   Huile de lin

Neutres

Huile de canola (colza)   Huile de noix

Huile de foie de morue   Huile de sésame

À éviter

Huile d'arachide   Huile de maïs ▼

Huile de carthame   Huile de palme

Huile de coco (coprah)   Lard

Huile de coton   Saindoux

Noix et graines

GROUPE O

Aliment	Portion	Par semaine si vous êtes d'origine...		
		européenne	africaine	asiatique
Noix et graines	6-8 noix	3 ou 4 fois	2 à 5 fois	2 ou 3 fois
Beurre de noix	1 c. à table (15 ml)	3 à 7 fois	3 ou 4 fois	2 à 4 fois

Le groupe O peut trouver dans les noix et les graines une utile source complémentaire de protéines végétales. Attention, ces aliments ne doivent toutefois en aucun cas remplacer la viande. À l'inverse de cette dernière, cependant, ils ne sont nullement indispensables à votre alimentation et doivent être consommés avec parcimonie du fait de leur haute teneur en matières grasses. Évitez-les même carrément si vous cherchez à perdre du poids.

Les noix provoquant parfois des troubles digestifs, veillez à bien les mâcher ou utilisez du beurre de noix, plus digeste, surtout si, comme beaucoup de vos congénères du groupe O, vous avez le côlon fragile.

Très bénéfiques

Amandes*   Graines de lin
Beurre d'amande*   Noix de Grenoble
Graines de citrouille

Neutres

Beurre de macadamia   Noisettes (avelines)
Beurre de noisettes (avelines) Noix de macadamia

---

*   En présence d'un surplus de poids ou d'une inflammation, cet aliment devient neutre.

Beurre de tournesol	Pacanes
Châtaignes	Pignons
Graines de sésame	Tahini (beurre de sésame)
Graines de tournesol	

À éviter

Arachides ▼	Noix de cajou
Beurre d'arachide ▼	Noix du Brésil ▼
Beurre de cajou	Pistaches
Graines de pavot	

Légumineuses
et autres protéines végétales

GROUPE O

Aliment	Portion	Par semaine si vous êtes d'origine...		
		européenne	*africaine*	*asiatique*
Toutes les légumineuses recommandées	250 ml (1 tasse) (produit sec)	1 ou 2 fois	1 ou 2 fois	2 à 6 fois

Non seulement les individus du groupe O ne rentabilisent pas très bien les nutriments de cette catégorie d'aliments – quoique ceux d'entre eux qui sont d'origine asiatique s'en tirent un peu mieux que les autres car ils sont culturellement accoutumés à ces aliments –, mais, bien souvent, ceux-ci inhibent le métabolisme d'autres nutriments plus importants, comme ceux de la viande. Ils tendent aussi à alcaliniser les tissus musculaires, ce qui, comme nous l'avons vu, n'est pas une bonne chose. Attention : ne confondez pas ce processus métabolique avec la réaction acido-alcaline qui intervient dans l'estomac.

Quelques rares légumineuses « très bénéfiques » renforcent la vigueur du tube digestif et favorisent la cicatrisation des lésions ulcéreuses – problème fréquent chez les personnes du groupe O à cause de leur taux d'acidité gastrique élevé. Consommez cependant ces mets avec modération, en accompagnement occasionnel d'autres plats.

Très bénéfiques

Doliques à œil noir	Haricots pinto
Haricots aduki	

Neutres (si occasionnels)

Fèves de soya	Haricots noirs
Fèves mung	Haricots northern
Fèves-gourganes	Pois chiches
Flageolets	Pois entiers et cassés
Haricots beurre (de Lima)	(jaunes et verts)
Haricots blancs	Tempeh
Haricots cannellini	Tofu

À éviter

Graines de tamarin	Lentilles rouges et brunes ▼
Haricots « navy »	Lentilles vertes ▼
Haricots rouges	Seitan (gluten de blé) ▼

Céréales et produits céréaliers

GROUPE O

Aliment	Portion	Par semaine si vous êtes d'origine...		
		européenne	africaine	asiatique
Toutes les céréales recommandées	250 ml (1 tasse) (produit sec)	2 ou 3 fois	2 ou 3 fois	2 à 4 fois
Pain	1 tranche	0 à 2 fois/jour	0 à 2 fois/jour	0 à 4 fois/jour
Pâtes	250 ml (1 tasse) (produit sec)	0 à 3 fois	0 à 3 fois	0 à 3 fois
Autres produits céréaliers	250 ml (1 tasse) (produit sec)	0 à 3 fois	0 à 3 fois	0 à 3 fois

Les personnes du groupe O ne tolèrent absolument pas le blé entier et doivent l'éliminer totalement de leur alimentation. Le blé entier contient des lectines qui agissent à la fois sur votre sang et sur votre système digestif et qui empêchent l'assimilation correcte des nutriments utiles à votre santé. Il constitue aussi le principal facteur de prise de poids pour votre groupe sanguin. Les glutens du germe de blé interfèrent en effet avec vos processus métaboliques. Or, avec un métabolisme paresseux ou inefficace, les aliments se convertissent plus lentement en énergie et donc se stockent sous forme de graisses.

Bien que les préparations à base d'avoine figurent sur la liste des aliments à éviter, vous pouvez essayer d'en manger tout de même si vous n'avez pas de difficultés digestives et ne cherchez pas à perdre de poids.

Le pain peut à l'évidence être source de problèmes pour le groupe O puisqu'il contient en général du blé. Il vous paraîtra sans doute difficile de renoncer à votre rôtie du déjeuner ou à votre sandwich du midi. Sachez cependant que même les pains ne contenant pas de blé ne doivent être consommés que de manière occasionnelle car votre organisme n'est pas programmé génétiquement pour digérer les céréales.

Une exception, toutefois : le pain de céréales germées (ou essénien), en vente dans les magasins de produits naturels, qui est assimilable par le groupe O car les lectines du gluten, principalement concentrées dans l'enveloppe du grain de blé, sont détruites au cours du processus de germination. Ce sont des pains « vivants », riches en enzymes bénéfiques. Si vous optez pour du pain de céréales germées, vérifiez bien qu'il ne s'agit pas d'un banal pain complet enrichi d'un soupçon de céréales germées. Faites preuve de vigilance.

Aucune pâte ne peut être considérée comme très bénéfique au groupe O. De plus, les pâtes étant généralement confectionnées à partir de semoule de blé, il vous faudra les choisir soigneusement lorsque vous voudrez vous accorder le plaisir d'un plat de spaghettis ou de lasagnes. Les variétés à base de farine de sarrasin ou de farine de riz sont mieux tolérées, mais rappelez-vous toujours que ces aliments ne sont pas essentiels pour vous et ne doivent qu'occasionnellement prendre la place des plats plus nutritifs à base de viande ou de poisson.

Pour toutes ces raisons, aucun aliment de cette catégorie, à l'exception du pain de céréales germées, n'est « très bénéfique » pour vous.

Très bénéfiques

Pain de céréales germées (essénien) Pain Manna ®

Neutres

Amarante	Millet soufflé
Biscottes de seigle	Orge
Couscous d'épeautre	Pain d'épeautre
Crème d'orge	Pain de kamut
Crème de riz	Pain de seigle
Crème de sarrasin	Pâtes 100 % épeautre

Épeautre	Pâtes 100 % kamut
Farine d'épeautre	Pâtes 100 % riz brun
Farine d'orge	Pâtes 100 % sarrasin (soba)
Farine de kamut	Quinoa
Farine de millet	Riz basmati
Farine de quinoa	Riz blanc
Farine de riz	Riz brun
Farine de sarrasin	Riz sauvage
Farine de seigle	Riz soufflé
Flocons de quinoa	Sarrasin
Galettes de riz	Seigle
Kamut	Son de riz
Kasha	Teff

À éviter ▼ (Tous contiennent des lectines)

Bagels (de blé)	Gluten
Biscuits soda	Gruau
Blé concassé	Maïs
Boulghour	Muffins anglais
Céréales faites de son de blé	Nachos
Couscous	Pain azyme
Crème de blé	Pain complet
Farine au gluten	Pain multicéréales
Farine blanche	Pâtes à la semoule de blé dur
Farine d'avoine	(durum)
Farine de blé	Pâtes au maïs
Farine de blé bise	Pâtes au sarrasin (avec blé)
Farine de blé dur	Pâtes fraîches
Farine de blé entier	Pumpernickel
Farine de blé germé	Semoule de blé

Farine de froment   Semoule de maïs
Farine de maïs   Sept céréales
Flocons d'avoine   Son d'avoine
Flocons de maïs (cornflakes)   Son de blé
Germe de blé   Tortillas

Légumes

GROUPE O

Aliment	Portion	Par jour
		Quelle que soit votre origine ethnique
Légumes crus	250 ml (1 tasse)	3 à 5 fois
Légumes cuits	250 ml (1 tasse)	3 à 5 fois

Les légumes sont une composante essentielle de votre alimentation. N'en déduisez pas pour autant que vous pouvez manger n'importe lesquels, car il en est de très nocifs pour vous. Par exemple, le chou et certains légumes de la même famille – le chou de Bruxelles, le chou-fleur et les feuilles de moutarde – inhibent le fonctionnement thyroïdien, déjà lent chez les individus du groupe O. Les pousses de luzerne (alfalfa) contiennent des composants irritants, qui peuvent aggraver les problèmes d'hypersensibilité digestive du groupe O. Les moisissures des champignons blancs (de Paris), des shiitaké et des olives noires provoquent quant à elles de fréquentes réactions allergiques. Le métabolisme des individus du groupe O n'a pas été conçu pour gérer ces aliments.

Les lectines du maïs agissent sur la production d'insuline, ce qui se traduit souvent par des problèmes de diabète ou d'obésité. Toutes les personnes du groupe O devraient donc éviter de consommer du maïs, surtout quand elles souffrent de problèmes pondéraux ou que l'on recense des cas de diabète dans leur famille.

De même, les légumes de la famille des solanacées, comme l'aubergine, la pomme de terre ou la tomate, déclenchent des réactions arthritiques car leurs lectines se déposent dans les tissus enrobant vos articulations. La tomate constitue cependant un cas particulier car elle est riche en lectines puissantes, appelées panhémagglutinantes, ce qui signifie qu'elles exercent un effet agglutinant sur tous les groupes sanguins. Mais, si cela la rend nocive pour le système digestif des groupes A et B, les personnes du groupe O peuvent en manger car leur organisme les « neutralise ».

Les légumes verts à feuilles riches en vitamine K, comme le chou frisé, la romaine (salade), les brocolis et les épinards, sont en revanche excellents pour vous. La vitamine K favorise en effet la coagulation du sang – et, comme nous l'avons vu, il manque au groupe O certains facteurs de coagulation.

Très bénéfiques

Ail (gousses)	Oignon espagnol
Artichaut	Oignon jaune
Bette à carde	Oignon rouge
Betterave (fanes)	Panais
Brocoli	Patate douce
Chicorée	Persil
Chou cavalier (Collard)	Pissenlit (feuilles)
Chou frisé (Kale)	Poireau
Chou-rave (Kohlrali)	Poivron rouge
Citrouille	Raifort
Épinards	Romaine
Gombos (okras)	Scarole
Navet (Rabiole)	Topinambour

Neutres

Aneth
Asperges
Bambou (pousses)
Betterave
Carottes
Céleri
Cerfeuil
Champignons «abalone»
Champignons collybie («enoki»)
Champignons pleurotes
Champignons portobello
Chou romanesco
Ciboule
Concombre
Coriandre
Courges (toutes variétés)
Courgettes (zucchinis)
Cresson
Crosses de fougère (tête de violon)
Daïkon (radis)
Échalote
Endive

Fenouil
Gingembre
Haricots jaunes et verts
Igname
Laitue
Mesclun
Oignons verts
Olives vertes
Pak-choï
Piment doux
Pois mange-tout
Pois verts
Poivron jaune
Poivron vert
Radicchio
Radis
Radis (fanes)
Rapini
Roquette (arugala)
Rutabaga
Soya (pousses)
Tomate

À éviter

Aubergine ▼
Avocat ▼
Champignons blancs (de Paris)
Champignons shiitaké
Chou
Chou blanc
Chou rouge
Chou-fleur

Choux chinois (toutes variétés)
Choux de Bruxelles
Luzerne (pousses)
Maïs ▼
Moutarde (feuilles)
Olives noires
Pommes de terre ▼

Fruits

GROUPE O

Aliment	Portion	Par jour
		Quelle que soit votre origine ethnique
Tous les fruits recommandés	1 fruit ou 85-140 g (3-5 oz)	3 ou 4 fois

Le régime du groupe O autorise quantité de fruits délicieux, qui représentent à la fois une importante source de fibres, de vitamines et d'oligo-éléments et une merveilleuse alternative au pain et aux pâtes. Manger un morceau de fruit à la place d'une tranche de pain est beaucoup plus bénéfique à votre organisme – et favorise en même temps votre objectif de perte de poids.

Sans doute vous étonnerez-vous de découvrir certains de vos fruits préférés sur la liste des aliments à éviter et des lauréats inopinés sur la liste des aliments très bénéfiques. La raison pour laquelle les prunes, les pruneaux et les figues sont si bons pour vous est que la plupart des fruits de couleur rouge foncée, bleutée ou violette suscitent une réaction plutôt alcaline dans votre système digestif. Et comme le tube digestif des personnes du groupe O est très acide, il a besoin d'apports alcalins pour contrer sa tendance aux ulcères et aux irritations de la muqueuse gastrique. Toutefois, le fait qu'un fruit soit alcalin ne suffit pas à le rendre bon pour vous. Les melons, par exemple, quoique alcalins, sont riches en moisissures, auxquelles le groupe O est très sensible. C'est pourquoi vous devez en consommer avec modération.

Évitez aussi les oranges, les clémentines et les fraises, trop acides pour vous. Le pamplemousse est moins nocif. Fuyez aussi les mûres, qui contiennent une lectine mauvaise pour votre digestion. Sachez enfin que les personnes du groupe O souffrent souvent d'une hypersensibilité à la noix de coco et aux produits qui en contiennent. Vérifiez donc les étiquettes afin de vous assurer que vous ne consommez pas d'huile de coco à votre insu. Cette huile est de surcroît riche en acides gras saturés et présente de ce fait peu d'intérêt sur le plan nutritionnel.

Très bénéfiques

Banane*	Goyave*
Bleuets*	Mangue*
Cerises	Pruneaux
Figues fraîches	Prunes
Figues séchées	

Neutres

Abricots	Kiwi
Ananas	Kumquats
Canneberges	Lime
Carambole	Melon d'eau
Cassis	Nectarine
Citron	Pamplemousse
Dattes	Papaye
Figues de Barbarie	Pêche
Framboises	Poire
Grenade	Pomme
Groseilles	Raisins
Groseilles à maquereau	Raisins secs
Kaki	

À éviter

Banane plantain	Mûres ▼
Cantaloup	Noix de coco

---

*   En présence d'un surplus de poids ou d'une inflammation, cet aliment devient neutre.

Clémentines	Orange
Fraises	Rhubarbe
Litché	Tangerine
Melon miel	

Jus de fruits et de légumes

GROUPE O

Aliment	Portion	Par jour
		Quelle que soit votre origine ethnique
Tous les jus de fruits et de légumes recommandés	250 ml (8 oz)	2 ou 3 fois

Les jus de légumes sont préférables aux jus de fruits dans le cadre du régime du groupe O, car ils sont plus alcalins. Si vous préférez vraiment les jus de fruits, choisissez des variétés pauvres en saccharose et évitez les jus les plus sucrés comme le jus de pomme.

Le jus d'ananas est particulièrement efficace pour prévenir la rétention d'eau et les ballonnements, deux facteurs qui contribuent à la prise de poids. Le jus de cerise noire est lui aussi une boisson très bénéfique et alcaline.

Très bénéfiques

Jus d'ananas	Jus de mangue*
Jus de cerise noire	Jus de pruneau

---

* En présence d'un surplus de poids ou d'une inflammation, cet aliment devient neutre.

Neutres

Jus d'abricot	Jus de pamplemousse
Jus de canneberge	Jus de papaye
Jus de carotte	Jus de poire
Jus de céleri	Jus de raisin
Jus de concombre	Jus de tomate
Jus de légumes autorisés	

À éviter

Jus d'orange	Jus de fraise
Jus de chou	Jus de pomme

Épices, condiments et additifs culinaires

L'emploi d'épices appropriées peut revigorer votre système digestif et votre système immunitaire. Ainsi, les assaisonnements à base de varech vésiculeux («kelp») sont excellents pour les individus du groupe O car sources d'iode, indispensable au bon fonctionnement de la glande thyroïde. Le sel iodé est une autre solution, mais sachez garder la main légère.

Les varechs vésiculeux («kelp») et le petit goémon («dulse») tendent en outre à contrebalancer l'hyperacidité digestive du groupe O et de ce fait à réduire le risque d'ulcères. Le fucose que ces algues contiennent en abondance contribue à la protection des muqueuses gastro-intestinales en empêchant les bactéries génératrices d'ulcères d'y adhérer. Sachez aussi qu'elles sont pour vous d'efficaces régulateurs métaboliques, donc un facteur d'amincissement.

Le persil possède lui aussi des vertus calmantes pour votre tube digestif, tout comme certaines épices a priori échauffantes telles que le cari ou le piment de Cayenne. En revanche, le poivre noir ou blanc et le vinaigre irritent votre estomac.

Les produits sucrés comme le sucre et le miel ne sont pas nocifs pour vous, pas plus que le chocolat, mais limitez-en cependant strictement votre consommation. Utilisez-les occasionnellement, comme des condiments.

Il n'existe pas de condiment particulièrement bénéfique aux personnes du groupe O. Si vous ne pouvez vous passer de moutarde ou à sauce à salade, utilisez-les avec parcimonie et tenez-vous-en aux variétés pauvres en graisses et en sucres.

Comme nous l'avons vu, les tomates vous sont autorisées, mais évitez le ketchup, qui contient aussi du vinaigre. Pour la même raison, oubliez les cornichons et autres conserves vinaigrées qui irritent vos muqueuses digestives. Mon conseil : essayez de vous sevrer peu à peu des condiments, ou remplacez-les par des assaisonnements plus sains pour vous, tels que l'huile d'olive, le citron ou l'ail.

Très bénéfiques

Cari	Varech vésiculeux (« kelp »)
Caroube	Persil
Curcuma	Petit goémon (« dulse »)
Gingembre	Piment de Cayenne

Neutres

Agar-agar	Miso
Ail	Moutarde
Aneth	Origan
Anis	Paprika
Basilic	Piment
Bergamote	Piment de la Jamaïque (« allspice »)
Beurre de pomme	Poivre en grains
Cardamome	Raifort
Carvi	Romarin
Cerfeuil	Safran
Chocolat	Sarriette

Ciboulette
Confiture
    (de fruits autorisés)
Coriandre
Cumin
Essence d'amande
Estragon
Fécule de marante (arrowroot)
Gélatine
Gelée (de fruits autorisés)
Girofle (clous)
Laurier
Malt d'orge
Mayonnaise
(ingrédients autorisés)
Mélasse
Menthe
Miel

Sauce à salade (pauvre en
    lipides et composée
    d'ingrédients autorisés)
Sauce de soya (sans blé)
Sauce Worcestershire
Sauge
Sel de mer
Sirop d'érable
Sirop de riz
Sirop de riz brun
Sucanat ®
Sucre blanc
Sucre roux
Tamari
Tamarin
Tapioca
Thym

À éviter

Cannelle
Câpres
Choucroute
Cornichons (toutes variétés)
Fécule de maïs ▼
Fructose
Gomme acacia (arabique)
Gomme de guar
Ketchup
Noix de muscade

Poivre blanc
Poivre noir moulu
Relish
Sirop de maïs ▼
Vanille
Vinaigre balsamique
Vinaigre blanc
Vinaigre de cidre
Vinaigre de vin rouge

Tisanes

Les recommandations qui suivent reposent sur les prédispositions établies des personnes du groupe O à certaines maladies. Considérez les tisanes comme un moyen de stimuler votre organisme pour l'aider à combattre ses faiblesses naturelles. En ce qui concerne le groupe O, l'impératif premier consiste à calmer les systèmes digestif et immunitaire.

Des tisanes de plantes comme la menthe poivrée, le persil, l'églantier et la salsepareille vous y aideront. En revanche, la luzerne, l'aloès, la bardane ou les barbes de maïs stimulent le système immunitaire et fluidifient le sang, ce qui ne vous convient pas du tout.

Très bénéfiques

Cynorrhodon (baies d'églantier)	Orme rouge
Fenugrec	Persil
Gingembre	Piment de Cayenne
Houblon	Pissenlit
Menthe poivrée	Salsepareille
Mouron des oiseaux	Tilleul

Neutres

Achillée millefeuille	Kava
Actée à grappes noires	Marrube blanc
Aubépine	Menthe verte
Camomille	Molène (bouillon blanc)
Cataire	Ortie (racines)
Coleus	Réglisse (racine)*
Collinsonia	Sauge
Dong quai	Scutellaire

---

*   Ne jamais en absorber sans avis médical.

Écorce de chêne blanc	Sureau
Framboisier (feuilles)	Thé vert
Gingko biloba	Thym
Ginseng	Valériane
Grande camomille	Verveine

À éviter

Aloès	Luzerne
Bardane	Maïs (barbes)
Bourse-à-pasteur	Millepertuis
Chaparral	Patience
Chrysanthème	Psyllium
Consoude	Rhubarbe
Échinacée	Sassafras
Fraisier (feuilles)	Séné
Gentiane	Trèfle rouge
Guggul	Tussilage (pas-d'âne)
Hydraste du Canada	

Breuvages divers

Peu de breuvages sont acceptables pour les personnes du groupe O, qui doivent se limiter à l'eau, plate ou gazeuse, et au thé. La bière vous est autorisée en petite quantité, mais n'est pas une bonne option si vous souhaitez perdre du poids. Vous pouvez aussi boire un peu de vin, mais pas tous les jours. Le thé vert constitue un substitut acceptable des autres breuvages caféinés, mais ne possède pas de propriétés curatives pour le groupe O. Le café ayant pour inconvénient d'accroître l'acidité gastrique, déjà très élevée chez vous, efforcez-vous d'en réduire votre consommation quotidienne progressivement, de manière à éviter les maux de tête, la fatigue et l'irritabilité qui accompagnent souvent le sevrage. Votre objectif final doit être de l'éliminer totalement de votre alimentation. Remplacez-le par du thé vert.

Et, bien sûr, pensez à boire chaque jour au moins sept ou huit grands verres d'eau, de thé vert, de tisane, de jus de fruits ou de légumes.

Très bénéfiques

Eau	Eaux gazeuses

Neutres

Bière	Vin blanc
Thé vert	Vin rouge

À éviter

Alcools forts	Café décaféiné
Boissons gazeuses (toutes)	Cidre
Boissons gazeuses «diète»	Thé déthéiné
Café	Thé noir

EXEMPLES DE MENUS POUR LE GROUPE O AVEC OPTIONS MINCEUR

L'astérisque (*) précédant le mets indique que la recette suit.

Les exemples suivants sont destinés à vous aider à concevoir concrètement le régime dont j'ai brossé les grandes lignes au cours des pages qui précèdent. Ils ont été conçus en collaboration avec une diététiste, Dina Khader, qui utilise avec succès le régime Groupe sanguin pour ses patients.

Ces menus fournissent un apport calorique raisonnable et visent à optimiser l'efficacité du métabolisme des individus du groupe O. Ils permettent au sujet moyen de maintenir son poids sans effort, voire de perdre quelques kilos. Des options alternatives sont proposées pour ceux qui préfèrent des repas plus légers ou souhaitent limiter leur apport calorique tout en conservant une alimentation équilibrée et satisfaisante (ce « deuxième choix » est placé en face de l'aliment qu'il peut remplacer).

Veillez à bien employer pour vos recettes des ingrédients très bénéfiques pour votre groupe sanguin ou à tout le moins neutres. Si d'aventure une pincée d'un ingrédient à éviter se glisse dans un plat (ou vous semble absolument indispensable à la réussite d'une recette), ce n'est pas grave – mais cela doit rester exceptionnel.

À mesure que vous vous familiariserez avec le régime adapté à votre groupe sanguin, vous pourrez mettre au point vos propres menus et adapter vos recettes favorites afin d'améliorer leurs qualités nutritionnelles, à la lumière de vos connaissances nouvelles.

Exemple n° 1

MENU STANDARD	OPTIONS MINCEUR

DÉJEUNER

2 tranches de pain de céréales germées avec du beurre ou du beurre d'amande	1 tranche de pain de céréales germées avec de la confiture pur fruit, légèrement sucrée (sucre naturel)
180 ml (6 oz) de jus de légumes 1 banane Thé vert ou tisane	

DÎNER

180 g (6 oz) de *rôti de bœuf bio * Salade d'épinards 1 bol d'ananas en tranches Eau plate ou gazeuse	60-115 g (2-4 oz) de *rôti de bœuf bio

COLLATION

1 tranche de *pain-gâteau au quinoa à la compote de pommes Galettes de riz avec un peu de miel Thé vert ou tisane	Bâtonnets de carotte et de céleri Fruits coupés en tranches

SOUPER

*Ragoût d'agneau aux asperges Brocolis à la vapeur Patates douces	Artichaut à la vapeur assaisonné de citron
Salade de fruits frais (bleuets, kiwis etc.) Eau plate ou gazeuse, bière ou vin (si vous le souhaitez)	Évitez la bière et le vin

Exemple n° 2

MENU STANDARD	OPTIONS MINCEUR

DÉJEUNER

2 tranches de pain de céréales germées avec du beurre et/ou de la confiture, ou du beurre de pomme	1 tranche de pain de céréales germées avec de la confiture allégée en sucre naturel
2 œufs pochés	1 œuf poché
180 ml (6 oz) de jus d'ananas	
Thé vert ou tisane	

DÎNER

Salade au poulet (blanc de poulet, raisin blanc, noix et mayonnaise)	Blanc de poulet grillé Lamelles d'endive et de tomate en salade
1 tranche de pain de seigle	
2 prunes	
Eau plate ou gazeuse	

COLLATION

Galettes de riz au beurre d'amande ou graines de citrouille et noix ou fruits secs (figues, dattes, prunes)	2 galettes de riz avec de la gelée allégée en sucres naturels 180 ml (6 oz) de jus de légumes
Eau gazeuse, thé vert ou tisane	

SOUPER

Salade de haricots verts	
*Poisson au four, façon arabe avec *sauce au tahini	*Poisson au four
Chou frisé à la vapeur assaisonné de jus de citron	
Eau (ou vin ou bière si vous le désirez, mais pas tous les jours)	Évitez la bière et le vin

Exemple n° 3

MENU STANDARD	OPTIONS MINCEUR

DÉJEUNER

Céréales à déjeuner (avec grains autorisés) Boisson de soya 1 œuf poché 250 ml (8 oz) de jus d'ananas ou de pruneau Thé vert ou tisane	Riz soufflé avec boisson de soya

DÎNER

Hamburger steak maigre de 115-140 g (4-6 oz) 2 tranches de pain de céréales germées Salade composée (romaine, carottes, concombre, oignon rouge et persil) assaisonnée d'huile d'olive et de citron Eau plate ou gazeuse	Hamburger steak maigre de 115 g (4 oz), sans pain

COLLATION

2 *biscuits aux brisures de caroube Thé vert ou tisane	Salade de fruits frais

SOUPER

*Kifta Riz brun avec une noisette de beurre Eau (ou vin ou bière, si vous le désirez)	Endives crues en salade Évitez la bière et le vin

RECETTES POUR LE GROUPE O

Rôti de bœuf bio

1 rôti de bœuf d'environ 1 1/2 kg (3 lb)

6 gousses d'ail

Huile d'olive extra-vierge

Feuilles de laurier

Sel, poivre et piment de la Jamaïque («allspice»), au goût

Enlever le gras autant que possible et déposer le rôti dans un plat allant au four. Assaisonner et pratiquer des entailles dans le rôti afin d'insérer les gousses d'ail et les feuilles de laurier. À l'aide d'un pinceau, badigeonner d'huile d'olive extra-vierge.

Mettre au four sans couvrir à 180° C (350° F) pendant 90 minutes, ou jusqu'à ce que la viande soit tendre.

Donne 6 portions.

Salade d'épinards

2 bottes d'épinards frais

1 botte d'oignons verts, hachés

Jus d'un citron

3 ml (3/4 c. à thé) d'huile d'olive extra-vierge

Sel et poivre, au goût

Bien laver les épinards, égoutter et hacher. Saupoudrer de sel. Après quelques minutes, enlever l'excès d'eau. Ajouter les oignons verts, le jus de citron, l'huile, le sel et le poivre. Servir immédiatement.

Donne 6 portions.

Pain-gâteau au quinoa à la compote de pommes

425 ml (1 3/4 tasse) de farine de quinoa
250 ml (1 tasse) de raisins secs non sulfurés,
ou autres fruits secs autorisés
125 ml (1/2 tasse) de pacanes hachées
2 ml (1/2 c. à thé) de bicarbonate de soude (« baking soda »)
2 ml (1/2 c. à thé) de poudre à pâte (sans aluminium)
2 ml (1/2 c. à thé) de sel
2 ml (1/2 c. à thé) de clous de girofle moulus
125 ml (1/2 tasse) de beurre frais non salé,
ou d'huile de canola (colza) bio
250 ml (1 tasse) de Sucanat ou de sirop d'érable
1 œuf bio (gros)
500 ml (2 tasses) de compote de pommes bio non sucrée

Préchauffer le four à 180° C (350° F). Saupoudrer 50 ml (1/4 tasse) de farine de quinoa sur les fruits et les noix, et mettre de côté. Mélanger le bicarbonate de soude, la poudre à pâte, le sel, les clous moulus et la farine non utilisée. Dans un autre bol, mélanger le beurre – ou l'huile –, le sucre et l'œuf.

Incorporer les ingrédients liquides aux ingrédients secs en ajoutant les fruits et les noix à la fin.

Verser dans un moule carré de 20 cm (8po), et cuire au four pendant 45 minutes, ou jusqu'à ce qu'un cure-dent, inséré au centre du gâteau, en ressorte sec.

Ragoût d'agneau aux asperges

1/2 kg (1 lb) de pointes d'asperges fraîches
250 g (1/2 lb) de viande d'agneau de ferme, coupée en cubes
1 oignon moyen, haché
50 ml (3 c. à table) de beurre frais non salé
250 ml (1 tasse) d'eau
Sel, poivre et piment de la Jamaïque (« allspice »), au goût
Jus d'un citron

Couper les pointes d'asperges en longueur de 5 cm (2 po environ), en enlevant la partie dure à la base. Bien laver et laisser égoutter.

Faire sauter la viande et les oignons dans le beurre jusqu'à l'obtention d'une couleur brun doré. Ajouter l'eau, le sel et les épices. Faire cuire jusqu'à ce que la viande soit tendre. Ajouter les asperges. Laisser mijoter 15 minutes ou jusqu'à tendreté. Ajouter le jus de citron.

Donne 2 portions.

Salade de haricots verts

500 g (1 lb) de haricots verts frais

Jus d'un citron

50 ml (3 c. à table) d'huile d'olive extra-vierge

2 gousses d'ail écrasées

10 à 15 ml de sel (2 à 3 c. à thé)

Laver les haricots verts. Ôter les queues et les fils. Couper en morceaux de 5 cm environ (2 po).

Faire bouillir dans l'eau jusqu'à tendreté. Bien égoutter. Une fois refroidis, placer les haricots dans un bol à salade. Assaisonner avec le jus de citron, l'huile d'olive, l'ail et le sel.

Donne 4 portions.

Poisson au four, façon arabe

1 gros flétan ou poisson à chair blanche autorisé de 1 1/2 à 2 kg (3 à 4 lb)

Sel et poivre, au goût

50 ml (1/4 tasse) de jus de citron

30 ml (2 c. à table) d'huile d'olive extra-vierge

2 gros oignons, hachés et sautés dans l'huile d'olive

500 à 625 ml (2 à 2 1/2 tasses) de sauce au tahini (cf. ci-dessous)

Préchauffer le four à 200° C (400° F).

Laver le poisson et bien assécher. Saler et arroser de jus de citron. Laisser reposer 30 minutes. Bien égoutter. À l'aide d'un pinceau, badigeonner d'huile d'olive et déposer dans un plat allant au four. Laisser cuire pendant 30 minutes.

Recouvrir avec les oignons sautés et la sauce au tahini. Saupoudrer de sel et de poivre. Remettre le plat au four, de 30 à 40 minutes, jusqu'à cuisson complète (la chair du poisson doit pouvoir se détacher facilement à l'aide d'une fourchette).

Dresser le poisson sur un plat et garnir de persil et de quartiers de citron.

Donne de 6 à 8 portions.

Sauce au tahini

250 ml (1 tasse) de tahini bio (beurre de sésame)
Jus de 3 citrons
2 gousses d'ail écrasées
10 à 15 ml (2 à 3 c. à thé) de sel
50 ml (1/4 tasse) de flocons secs de persil bio,
ou de persil frais, haché fin
Eau

Dans un bol, mélanger le tahini et le jus de citron, l'ail, le sel et le persil. Ajouter suffisamment d'eau pour obtenir une sauce consistante.

Poisson au four

1 gros poisson à chair blanche autorisé de 1 à 1 1/2 kg (2 à 3 lb)
Jus de citron et sel, au goût
50 ml (1/4 tasse) d'huile d'olive extra-vierge
5 ml (1 c. à thé) de piment de Cayenne
5 ml (1 c. à thé) de cumin (facultatif)

Préchauffer le four à 180° C (350° F).

Laver le poisson. Saler et arroser de jus de citron. Laisser reposer 30 minutes. Bien assécher.

Badigeonner d'huile le poisson, saupoudrer les épices et déposer dans un plat allant au four. Afin d'empêcher le poisson de devenir trop sec, l'envelopper dans une feuille d'aluminium légèrement huilée. Laisser cuire de 30 à 40 minutes, ou jusqu'à ce que la chair puisse se détacher facilement à l'aide d'une fourchette.
Donne de 4 à 5 portions.

Farce pour poisson au four (facultatif)

75 ml (1/3 tasse) de pignons (noix de pin) ou d'amandes émincées
30 ml (2 c. à table) d'huile d'olive extra-vierge
250 ml (1 tasse) de persil haché
3 gousses d'ail écrasées
Sel et piment de la Jamaïque («allspice»), au goût

Faire sauter les noix dans l'huile d'olive jusqu'à l'obtention d'une couleur brun doré. Ajouter le persil et les épices et faire sauter une minute. Farcir le poisson cru avec le mélange.

Biscuits aux brisures de caroube

75 ml (1/3 tasse) d'huile de canola (colza) bio
125 ml (1/2 tasse) de sirop d'érable
5 ml (1 c. à thé) d'extrait de vanille
1 œuf bio
425 ml (1 3/4 tasse) de farine de riz brun
5 ml (1 c. à thé) de bicarbonate de soude («baking soda»)
125 ml (1/2 tasse) de brisures de caroube
(sans sucre ni produits laitiers)
1 pincée de piment de la Jamaïque («allspice») (facultatif)

Huiler deux plaques de cuisson et préchauffer le four à 190° C (375° F). Dans un bol de taille moyenne, mélanger l'huile, le sirop d'érable et la vanille. Battre l'œuf et l'incorporer au précédent mélange. Ajouter graduellement la farine et le bicarbonate de soude en mélangeant jusqu'à former une pâte consistante. Incorporer les brisures de caroube et, à l'aide d'une cuillère à thé, déposer la pâte sur les plaques de cuisson. Laisser cuire de 10 à 15 minutes, jusqu'à ce que les biscuits prennent une teinte dorée. Retirer du four et refroidir.

Donne environ 4 douzaines de biscuits.

Kifta

1 kg (2 lb) de viande d'agneau hachée fin
1 gros oignon haché fin
10 ou 12 ml (2 ou 2 1/2 c. à thé) de sel
8 ml (1 1/2 c. à thé) de poivre et de piment de la Jamaïque («allspice»)
250 ml (1 tasse) de persil haché fin
125 ml (1/2 tasse) de jus de citron

Bien mélanger tous les ingrédients (on peut utiliser un hachoir à viande). Mettre de côté le persil et le jus de citron.

Pour le barbecue: Confectionner des brochettes avec la viande, en s'assurant bien de leur cohésion.

Pour le gril: Façonner avec la viande des rouleaux d'environ 8 cm (3 po) de long. Faire griller dans un four préchauffé à 260° C (500° F). Quand la viande est brune sur le dessus, retourner les rouleaux et faire griller quelques minutes de plus. Arroser de jus de citron et garnir de persil. Servir chaud.

LES SUPPLÉMENTS NUTRITIONNELS RECOMMANDÉS POUR LE GROUPE O

Le rôle de ces suppléments, qu'il s'agisse de vitamines, d'oligo-éléments ou de plantes médicinales, est de vous apporter les nutriments qui manquent dans votre alimentation et une protection accrue afin de pallier vos points faibles. Pour les personnes du groupe O, on cherchera essentiellement à :

– stimuler le métabolisme ;

– améliorer la coagulation sanguine ;

– prévenir l'inflammation ;

– stabiliser l'activité thyroïdienne.

Les paragraphes suivants mettent en exergue les suppléments qui vous aideront à atteindre ces objectifs, tout en vous signalant ceux qui pourraient se révéler contre-productifs ou néfastes pour vous.

Certains oligo-éléments et vitamines étant présents en quantité suffisante dans les aliments qui vous sont recommandés, il se révèle normalement inutile d'en absorber sous forme de supplément. C'est notamment le cas de la vitamine C ou du fer. Ajouter chaque jour 500 mg additionnels de vitamine C ne peut toutefois pas vous faire de mal. Inutile en revanche de prendre une supplémentation en vitamine D car nombre d'aliments sont aujourd'hui enrichis en cette vitamine. De plus, les rayons du soleil demeurent la meilleure source de vitamine D.

Tous les conseils ci-après s'adressent, bien entendu, aux personnes qui ont adopté le régime convenant au groupe O.

Vitamine B

Mon père a déterminé que les individus du groupe O tirent parti de l'absorption de doses élevées de toutes les vitamines B. Il existe une raison à cela : le groupe O, on l'a vu, a souvent un métabolisme paresseux, héritage des efforts menés par l'organisme de ses ancêtres pour conserver de l'énergie durant les périodes où la nourriture était rare. Cette faculté d'économie d'énergie n'est plus nécessaire aujourd'hui, mais elle demeure inscrite dans la mémoire de votre groupe sanguin. Or, les vitamines du groupe B stimulent le métabolisme. Et, même si les personnes du groupe O qui s'alimentent correctement n'ont presque jamais besoin de recourir à une supplémentation spécifique en vitamine B9 (acide folique) ou B12, j'ai toutefois traité avec succès des cas de dépression, d'hyperactivité et de déficit d'attention chez des individus appartenant à ce groupe sanguin en leur administrant de hautes doses de ces deux vitamines, combinées à un programme sportif adapté.

Si vous souhaitez faire une cure de vitamine B, veillez à choisir des suppléments de bonne qualité, seuls susceptibles d'être correctement absorbés par votre organisme, et évitez les suppléments dont la formule comporte de la levure ou du germe de blé.

Et, bien sûr, consommez beaucoup d'aliments riches en vitamines du groupe B. En voici une liste.

Les meilleurs aliments riches en vitamine B pour le groupe O

Foie	Œufs*
Fruits	Poisson
Légumes verts à feuilles recommandés	Rognons
	Viande
Noix et graines	

---

* En quantité raisonnable.

Vitamine K

Le sang du groupe O contient moins de facteurs de coagulation que celui des autres groupes sanguins, ce qui peut être source de problèmes. Veillez donc à absorber suffisamment de vitamine K dans votre alimentation, car on prescrit rarement celle-ci sous forme de supplément. Privilégiez les aliments suivants :

Les meilleurs aliments riches en vitamine K pour le groupe O

Foie

Jaune d'œuf

Légumes verts à feuilles
(chou frisé, épinards, bette à carde)

Calcium

Les personnes du groupe O doivent absorber quotidiennement une supplémentation en calcium car leur régime alimentaire idéal ne comprend pas de produits laitiers, lesquels constituent la meilleure source de calcium. C'est d'autant plus nécessaire qu'elles sont prédisposées aux problèmes articulaires inflammatoires et à l'arthrite.

La prise de calcium (600 à 1100 mg par jour) est recommandée à toutes les personnes du groupe O, mais elle est essentielle pour les enfants en période de croissance et pour les femmes ménopausées.

Bien que les produits laitiers constituent la meilleure source de calcium alimentaire, d'autres mets en contiennent aussi. Veillez à leur réserver une large place dans votre assiette.

**Les meilleurs aliments riches en calcium
pour le groupe O**
Boissons de soya ou de riz enrichies
Brocoli
Chou cavalier (Collard)
Chou frisé (Kale)
Chou pak-choï
Sardines (avec arêtes)
Saumon en conserve (avec arêtes)

Iode

Les personnes du groupe O souffrent souvent de dérègle-ments thyroïdiens liés à une carence en iode – l'iode est l'unique oligo-élément qui produise des hormones thyroï-diennes. Cela se traduit par divers désagréments tels que la prise de poids, la rétention d'eau et la fatigue. L'absorption d'extraits thyroïdiens est vivement déconseillée, mais une ali-mentation adéquate apporte suffisamment d'iode pour parer à tout problème.

**Les meilleurs aliments riches en iode
pour le groupe O**
Varech vésiculeux (« kelp »)
Poisson, crustacés et mollusques
(surtout les poissons de mer)
Sel iodé*

---

*   À consommer avec modération.

Manganèse (avec prudence)

Le régime du groupe O n'apporte pas toujours assez de manganèse car celui-ci provient principalement des céréales complètes et des légumineuses. Mais cela pose rarement problème et on ne conseille une supplémentation en manganèse que de manière exceptionnelle. Toutefois, bien des douleurs articulaires chroniques (surtout dans le dos et les genoux) s'améliorent avec une cure de manganèse. *Attention: ne vous livrez jamais à l'automédication!* Mal administré, cet oligo-élément peut en effet se révéler toxique. Consultez votre médecin.

LES PLANTES MÉDICINALES ET LES SUBSTANCES PHYTOCHIMIQUES RECOMMANDÉES POUR LE GROUPE O

Enzymes pancréatiques

Si vous n'êtes pas accoutumé à une alimentation riche en protéines, je vous suggère de prendre pendant quelque temps une supplémentation en enzymes pancréatiques lors des repas principaux, jusqu'à ce que votre organisme s'habitue aux concentrations plus élevées de protides que vous absorbez. On trouve ces suppléments en pharmacie et dans la plupart des magasins de produits naturels.

Varech *(Fucus vesiculosus)*

Aussi appelée varech vésiculeux, fucus vésiculeux ou encore laitue marine, cette algue est excellente pour les personnes du groupe O, car elle est riche en iode et en fucose, un sucre qui, vous vous le rappelez peut-être, est l'élément essentiel de l'antigène O. Le fucose du varech protège les muqueuses digestives notamment contre l'*Helicobacter pylori*, une bactérie responsable des ulcères gastro-duodénaux, en agissant sur elle un peu comme de la poussière sur un ruban adhésif : il l'empêche d'adhérer aux parois de l'estomac.

J'ai pu aussi constater l'efficacité de cette algue dans le contrôle du poids des personnes du groupe O, en particulier de celles qui souffrent d'un dérèglement thyroïdien. Le fucose du varech semble contribuer à normaliser leur métabolisme et à faciliter la perte de poids. (Notons à cet égard que si cette algue participe à l'amincissement pour le groupe O, elle n'agit pas de même pour les autres groupes sanguins.)

Plantes énergisantes ayurvédiques

Ces plantes issues de la tradition sacrée ayurvédique, vieille de plus de quatre mille ans, améliorent votre capacité à résister aux facteurs de stress.

Une plante mal connue de la pharmacopée ayurvédique, *Coleus forkolii*, semble en outre présenter un intérêt particulier pour le groupe O : on a constaté qu'elle exerçait sur l'énergie des personnes de ce groupe et sur leur métabolisme une action à bien des égards similaire à celle de la viande rouge. *Coleus forkolii* offre donc une solution aux personnes du groupe O à qui l'ingestion de viande rouge pose un problème philosophique : si elles absorbent régulièrement cette plante, elles pourront se contenter de manger de la volaille et du poisson et se sentir en pleine forme.

Réglisse *(Glycyrrhiza glabra)*

L'acidité gastrique élevée qui caractérise les personnes du groupe O favorise les irritations de l'estomac et les ulcères. Une préparation à base de réglisse déglycyrrhizée (DGL) soulage les douleurs et aide à la cicatrisation des muqueuses. On la trouve couramment dans les pharmacies et dans les magasins de produits naturels sous forme de poudre ou de pastilles. À l'inverse de la plupart des traitements antiulcéreux, la réglisse déglycyrrhizée ne se contente pas de protéger la muqueuse gastrique contre les agressions acides, mais contribue également à sa cicatrisation. Évitez en revanche les préparations à base de réglisse brute, car elles renferment un élément qui peut provoquer des hausses de la tension artérielle (et qui n'est pas présent dans la forme déglycyrrhizée).

LES SUPPLÉMENTS NEUTRES POUR LE GROUPE O

CoEnzyme Q-10
Huile de graines de cassis
Lécithine
N-acétyl-glucosamine (NAG)
Pycnogénol
Quercétine (bioflavonoïde)
Sulfate de glucosamine

LES SUPPLÉMENTS À ÉVITER POUR LE GROUPE O

Algue bleue-verte (« Super Blue Green »)
Chromium picolinate
Colostrum bovin
Créatine
Extrait de thymus
Gelée royale
Guarana
Huile d'onagre
Huile de bourrache
Huile de germe de blé

Huile de ricin

Kombucha

Noix de cola

Petit-lait («whey»)

Shiitaké

Spiruline

Sulfate de chondroïtine

Vitamine A

Votre groupe sanguin se caractérisant par une vitesse de coagulation lente, je vous déconseille d'absorber une supplémentation en vitamine A dérivée d'huiles de foie de poisson sans en référer au préalable à votre médecin, car ces huiles tendent à fluidifier le sang – même si elles semblent a priori dépourvues de danger pour vous. Profitez plutôt de la vitamine A ou du bêta-carotène (ou provitamine A) présents en abondance dans votre alimentation.

**Les aliments riches en vitamine A acceptables
pour le groupe O**

Légumes de couleur jaune ou orange

Légumes verts à feuilles recommandés

Vitamine E

Pour les mêmes raisons, évitez toute supplémentation en vitamine E, susceptible de compliquer vos problèmes de coagulation. Absorbez-la plutôt à travers votre alimentation.

**Les aliments riches en vitamine E acceptables
pour le groupe O**

Foie

Légumes verts à feuilles recommandés

Noix et graines et leurs huiles en première pression à froid

GESTION DU STRESS ET SPORT :
LE PROGRAMME DU GROUPE O

Élimination du stress pour le groupe O

Votre capacité à combattre les effets négatifs du stress est inscrite dans votre groupe sanguin. Comme nous l'avons vu dans le troisième chapitre de la première partie de cet ouvrage, le stress en lui-même n'est pas en cause : il s'agit de la manière dont vous le gérez. Chaque groupe sanguin privilégie une approche spécifique obéissant à un instinct génétiquement programmé.

Si vous appartenez au groupe O, vous réagissez comme vos ancêtres chasseurs, et une situation de stress sollicite directement vos muscles. Votre sang porte en lui un mécanisme de défense qui permet d'intenses explosions d'énergie physique. Lorsque vous vous trouvez confronté à un stress, votre corps prend le contrôle de la situation et vos glandes surrénales sécrètent un flux d'adrénaline qui stimule vos muscles. Si vous avez la possibilité d'évacuer votre stress à ce stade grâce à une activité physique, le plus mauvais stress peut se transformer en expérience positive. C'est pourquoi les personnes du groupe O en bonne santé sont faites pour canaliser la poussée hormonale qui se produit dans leurs veines par le biais d'une activité sportive intense. Leur organisme est littéralement conçu pour cela. Puisque le stress agit sur elles de manière directe et physique, il est donc indispensable pour ces personnes de veiller à conserver une activité physique régulière, à la fois pour améliorer leur moral et pour les aider à contrôler leur poids et leur équilibre émotionnel comme à conserver une bonne image d'elles-mêmes.

Les sujets du groupe O réagissent très bien, à tous points de vue, au sport intensif.

Ceux d'entre vous qui souhaitent perdre du poids doivent plus encore que les autres s'astreindre à une activité physique intensive car cela acidifie les tissus musculaires et accélère de ce fait la combustion des graisses. L'acidification musculaire résulte, rappelons-le, d'un état de cétonémie*, le processus métabolique qui permit la survie de nos ancêtres du groupe O. J'ose affirmer qu'aucun homme de Cro-Magnon n'a jamais connu de problèmes de poids!

Les personnes du groupe O qui n'accordent pas à leur corps la dose d'exercice nécessaire à une bonne gestion des stress quotidiens sont généralement épuisées par la phase de décompression qui suit un coup de stress. Et elles deviennent la proie des divers désagréments psychologiques qui résultent d'un métabolisme ralenti, tels que la déprime, la fatigue ou l'insomnie. Si vous ne redressez pas la barre, vous vous exposerez alors à des maladies inflammatoires ou auto-immunes (arthrite, asthme, etc.) et à un gain de poids insidieux qui risque de vous conduire, à terme, à l'obésité.

CONSEILS SPORTIFS POUR LE GROUPE O

Un programme d'exercice intensif se décline en trois volets: une phase d'échauffement, une phase de cardio-training et une phase de repos. L'échauffement est indispensable pour prévenir les blessures car il accroît l'irrigation des muscles, ce qui les prépare à l'activité physique que vous vous proposez de pratiquer, qu'il s'agisse de marche à pied, de course de fond, de bicyclette, de natation ou d'un sport d'équipe. La phase d'échauffement doit comporter des mouvements d'assouplissement et d'étirement qui préviennent les déchirures des muscles et des tendons.

---

*   Voir Annexe B, p. 413.

Les exercices de gymnastique se subdivisent en deux catégories : les exercices isométriques, qui agissent sur des muscles immobiles, et les exercices isotoniques, comme la course à pied ou la natation, qui provoquent une tension musculaire à travers un mouvement. Les exercices isométriques servent à tonifier des muscles spécifiques, qui pourront parallèlement être stimulés par des exercices isotoniques. Ils se pratiquent par exemple en exerçant une poussée ou une traction sur un objet fixe, ou encore en contractant des muscles antagonistes.

Pour retirer un bénéfice optimal des exercices de cardio-training, il faut élever votre rythme cardiaque jusqu'à environ 70 % du maximum possible. Une fois ce niveau atteint, continuez de manière à vous y maintenir pendant trente minutes. Et prévoyez au moins trois séances hebdomadaires de cardio-training.

Pour calculer votre rythme cardiaque maximal, soustrayez votre âge de 220. Il vous suffira alors, pour connaître la fourchette de rythme cardiaque à maintenir pendant vos séances de cardio-training, de multiplier le résultat obtenu par 0,7 (si vous avez plus de soixante ans ou êtes en mauvaise condition physique, multipliez-le par 0,6), afin d'obtenir le rythme maximal à viser. On multiplie ensuite le rythme cardiaque maximal par 0,5 pour obtenir le rythme minimal à maintenir pour une séance d'exercice efficace.

Par exemple, pour une personne de cinquante ans en bonne santé :

$$220 - 50 = 170.$$

Ce qui signifie que son rythme cardiaque maximal est de 170 battements par minute.

Pour une séance de cardio-training efficace, le rythme cardiaque de cette personne devra être maintenu entre :

$$170 \times 0,7 = 119 \text{ pulsations/minute}$$

et

$$170 \times 0,5 = 85 \text{ pulsations/minute}.$$

Les personnes âgées de moins de quarante ans, sportives et en bonne condition physique et les personnes de moins de soixante ans à faible risque cardio-vasculaire peuvent choisir librement parmi les activités physiques énumérées ci-après.

Rappelez-vous que le but de l'opération est de combattre le stress grâce à une activité physique appropriée. Et sachez que, si étonnant que cela puisse paraître, le meilleur antidote à la fatigue et la déprime est pour vous de faire du sport. Imaginez que votre métabolisme est un feu. Pour l'allumer, vous commencez par utiliser du petit bois, puis, peu à peu, vous ajoutez des branches de plus en plus grosses, jusqu'à obtenir un brasier imposant. De même, si vous vous sentez trop épuisé pour concevoir d'affronter une séance d'aérobie de quarante-cinq minutes, commencez par une activité plus douce, puis à mesure que votre énergie renaît, accélérez votre rythme. À la fin de la séance, votre niveau de stress sera retombé et vous vous sentirez revigoré tant sur le plan physique que psychologique.

Je vous recommande les sports suivants, les plus indiqués pour une personne du groupe O. Veillez tout particulièrement à respecter la durée des séances recommandée car il est indispensable d'accélérer le rythme cardiaque pour obtenir une réelle action métabolique.

Vous pouvez combiner ces exercices à votre guise pourvu que vous en pratiquiez au moins un, au minimum quatre fois par semaine. Un tel rythme assure des résultats optimaux.

ACTIVITÉ	DURÉE DES SÉANCES	FRÉQUENCE HEBDOMADAIRE
Aérobie	40-60 min	3 ou 4 fois
Natation	30-45 min	3 ou 4 fois
Jogging	30 min	3 ou 4 fois
Musculation	30 min	3 fois
Course sur tapis roulant	30 min	3 fois
Stairmaster	20-30 min	3 ou 4 fois
Arts martiaux	60 min	2 ou 3 fois
Sports de combat	60 min	2 ou 3 fois
Gymnastique suédoise	30-45 min	3 fois
Bicyclette	30 min	3 fois
Marche rapide	30-40 min	5 fois
Danse	40-60 min	3 fois
Patin à roulettes	30 min	3 ou 4 fois

POUR FINIR: QUELQUES MOTS SUR LA PERSONNALITÉ DES INDIVIDUS DU GROUPE O

Toute personne appartenant au groupe sanguin O porte en elle la mémoire génétique des chasseurs d'antan, faite de force, d'endurance, de tendance à ne compter que sur soi, de courage, d'intuition et d'optimisme inné. Nos ancêtres du groupe O avaient élevé la concentration, l'action et l'instinct de conservation au rang d'arts. Ils croyaient en eux-mêmes – ce qui est heureux, car sinon, nous ne serions probablement pas là!

Si vous appartenez au groupe O, peut-être vous est-il déjà arrivé de sentir cet héritage vibrer en vous. Ce qui vous apporte santé, énergie ou force diffère fort peu de ce qui produisait le même effet chez vos lointains ancêtres. Vous êtes vigoureux et résistant et vos carburants alimentaires de prédilection sont les protéines. Une activité physique intense vous -

stimule – en fait, vous tendez même à déprimer, à sombrer dans la léthargie et à grossir si l'on vous en prive.

Peut-être avez-vous, en même temps que leur santé de fer et leur optimisme, hérité l'appétit de succès et les qualités de leader des chasseurs des premiers âges...

2

Plan d'action
pour le groupe
A

GROUPE A: **le cultivateur**

- Le premier végétarien
- Récolte ce qu'il sème
- Tube digestif sensible
- Système immunitaire tolérant
- S'adapte bien aux conditions nutritionnelles
et environnementales sédentaires
- Contrôle mieux son stress
par des activités calmantes
- A besoin d'un régime alimentaire
essentiellement végétarien
pour demeurer mince et actif

GÉNÉRALITÉS SUR LE RÉGIME DU GROUPE A

C'est un régime de type végétarien – similaire à celui de leurs ancêtres, les premiers cultivateurs sédentarisés – qui convient le mieux aux personnes du groupe A. Si vous privilégiez actuellement une alimentation classique fondée sur le steak-frites, la perspective de bouleverser brutalement vos habitudes pour remplacer vos mets favoris par des protéines de soya, des céréales et des légumes vous semblera sans doute un brin effarante. De même, peut-être éprouverez-vous quelque difficulté à éliminer de votre assiette les aliments transformés ou sur-raffinés, tant notre alimentation moderne fait une large place aux toxines sous plastique, prêtes à consommer. Il est pourtant capital pour votre organisme sensible que vous appreniez à consommer des aliments aussi proches de la nature que possible, frais, purs et issus de l'agriculture biologique.

Je ne saurais trop insister sur la nécessité absolue de tels choix diététiques pour votre système immunitaire. Comme nous le verrons dans le premier chapitre de la troisième partie, les personnes du groupe A sont biologiquement prédisposées aux affections cardiaques, aux cancers et au diabète. Mais il s'agit là d'un risque, pas d'une fatalité, et si vous suivez le régime adapté à votre groupe sanguin, vous stimulerez votre système immunitaire de manière à pouvoir court-circuiter le développement de ces maladies potentiellement fatales.

L'aspect le plus positif de votre héritage génétique est sans doute votre aptitude à tirer le meilleur parti de ce que la nature vous offre. À vous de réapprendre ce que votre sang sait déjà !

PERDRE DU POIDS POUR LE GROUPE A

Adopter le régime adapté à votre groupe sanguin vous fera naturellement mincir. Si vous mangiez souvent de la viande, vous perdrez du poids très rapidement dès que vous éliminerez les aliments toxiques.

À bien des égards, le groupe A représente l'opposé du groupe O en termes de métabolisme. Alors que les aliments d'origine animale accélèrent le métabolisme du groupe O et le rendent plus performant, ils produisent l'effet inverse sur le groupe A. Peut-être avez-vous remarqué que vous vous sentez plus languissant et moins énergique lorsque vous mangez de la viande rouge que lorsque vous absorbez des protéines végétales. Certaines personnes du groupe A souffrent de surcroît de rétention d'eau pendant que leur organisme digère lentement les aliments qui lui déplaisent.

Le groupe O brûle les nutriments de la viande comme carburant, le groupe A les stocke sous forme de graisses. Cette différence résulte de la composition de leurs sucs gastriques respectifs. Les sujets du groupe O ont en effet, nous l'avons vu, un taux d'acidité gastrique élevé, qui facilite la digestion des mets carnés, tandis que les personnes du groupe A ont l'estomac beaucoup moins acide, héritage de l'adaptation de leurs ancêtres à une alimentation végétale.

Ces dernières digèrent également assez mal les produits laitiers, qui provoquent chez elles des réactions insuliniques, autre facteur de ralentissement du métabolisme. Les produits laitiers sont en outre très riches en graisses saturées, celles qui mettent le cœur et les artères en péril et favorisent l'obésité et le diabète.

Le blé est à la fois un bon et un mauvais aliment pour le groupe A. Les personnes appartenant à ce groupe sanguin peuvent en manger, mais doivent veiller à ne pas en abuser, sinon leurs tissus musculaires deviendront trop acides. Or, à l'inverse de ce qui se passe chez leurs congénères du groupe O, pour qui l'acidité est bénéfique, celle-ci réduit la capacité d'utilisation de l'énergie chez les personnes du groupe A et inhibe le métabolisme des calories. Voilà un excellent exemple des réactions disparates qu'un même aliment peut déclencher suivant le groupe sanguin de la personne qui l'absorbe.

Il s'agit donc pour les personnes du groupe A d'adopter un régime aussi varié que possible, à base d'aliments sains et pauvres en graisses, de céréales et de légumes. Elles doivent aussi veiller à mettre l'accent sur certains aliments particulièrement bénéfiques pour elles, et à en éviter d'autres – surtout si elles souhaitent mincir. En voici la liste :

LES ALIMENTS QUI FAVORISENT LA PRISE DE POIDS DU GROUPE A

VIANDE	Mal digérée Stockée sous forme de graisses Accroît les toxines digestives
PRODUITS LAITIERS	Inhibent le métabolisme Augmentent la sécrétion de mucosités*
HARICOTS ROUGES	Interfèrent avec les enzymes digestives Ralentissent le métabolisme
HARICOTS BEURRE (DE LIMA)	Interfèrent avec les enzymes digestives Ralentissent le métabolisme
BLÉ (EN EXCÈS)	Inhibe l'efficacité de l'insuline Entrave la bonne utilisation des calories

---

* Sécrétions de tissus spécifiques, par les muqueuses, qui servent à lubrifier et à protéger les délicates parois internes du corps humain. Les mucosités contiennent des anticorps destinés à nous prémunir contre les microbes. Chez les individus sécréteurs (voir Annexe C, p. 417), elles renferment aussi beaucoup d'antigènes sanguins qui leur permettent de filtrer les bactéries, les champignons et les parasites ressemblant aux groupes sanguins autres que celui auquel leur porteur appartient.

LES ALIMENTS QUI FAVORISENT LA PERTE
DE POIDS DU GROUPE A

HUILES VÉGÉTALE*S*	Favorisent une digestion efficace Préviennent la rétention d'eau
SOYA ET SES DÉRIVÉS	Favorisent une digestion efficace Se métabolisent rapidement Optimisent les fonctions immunitaires
LÉGUMES	Améliorent l'efficacité du métabolisme Augmentent la mobilité intestinale
ANANAS	Améliore l'utilisation des calories Augmente la mobilité intestinale

Prenez note de ces conseils et veillez à les intégrer au régime du groupe A qui suit.

LE RÉGIME DU GROUPE A

(Dans les catégories d'aliments «À ÉVITER», le signe «▼» indique les aliments qui contiennent des lectines.)

Viandes et volailles

GROUPE A

Aliment	Portion*	Par semaine si vous êtes d'origine...		
		européenne	africaine	asiatique
Viande rouge maigre	115-180 g (4-6 oz) (hommes) 60-140 g (2-5 oz) (femmes et enfants)	0 fois	0 ou 1 fois	0 ou 1 fois
Volaille	115-180 g (4-6 oz) (hommes) 60-140 g (2-5 oz) (femmes et enfants)	0 à 3 fois	0 à 3 fois	1 à 4 fois

*   *Les portions recommandées dans ce tableau (et dans ceux consacrés aux autres catégories d'aliments) sont purement indicatives et destinées à vous aider à affiner le régime adapté à votre groupe sanguin en fonction des caractéristiques liées à votre hérédité.*

Pour tirer un bénéfice maximal de leur alimentation, les personnes du groupe A devraient en éliminer toutes les viandes. Sachons toutefois nous montrer réalistes et admettre qu'une telle recommandation cadre mal avec les coutumes nutritionnelles occidentales. Jamais on n'a tant absorbé de protéines – et de graisses – qu'en cette fin de XXe siècle. Je vous suggère cependant de considérer le régime du groupe A sans vous laisser aveugler par les préjugés. N'oubliez pas qu'il vous aidera à réduire votre risque de maladie cardio-vasculaire et la probabilité de souffrir d'un cancer.

Cela dit, j'admets volontiers qu'il faut un certain temps pour se convertir à une alimentation totalement végétarienne. Commencez en remplaçant plusieurs fois par semaine la viande par du poisson. Et, lorsque vous mangerez de la viande, choisissez les morceaux les plus maigres possible, ou, mieux encore, de la volaille, et cuisinez-les au gril ou au four.

Fuyez impitoyablement les aliments carnés transformés comme le jambon, les saucisses et la charcuterie, car ils contiennent des nitrites qui favorisent l'apparition de cancers de l'estomac chez les personnes ayant un faible taux d'acidité gastrique – caractéristique typique du groupe A.

Voici un bref résumé des aliments tolérés et de ceux à proscrire.

Neutres (si occasionnels)

Dinde	Poulet

À éviter

Agneau	Gibier à poil
Bacon	Jambon
Bison	Lapin
Bœuf	Mouton
Cailles	Oie
Canard	Perdrix
Cœur	Porc
Faisan	Rognons
Foie	Veau

Poisson, crustacés et mollusques

GROUPE A

Aliment	Portion	Par semaine si vous êtes d'origine...		
		européenne	africaine	asiatique
Tous les poissons, les crustacés et les mollusques recommandés	115-180 g (4-6 oz)	1 à 4 fois	0 à 3 fois	1 à 4 fois

Les personnes du groupe A peuvent consommer du poisson et des fruits de mer en quantité modérée trois ou quatre fois par semaine, mais doivent éviter les poissons blancs comme la sole et la plie, qui contiennent une lectine irritante pour leur système digestif.

Pour les femmes du groupe A à risque familial de cancer du sein, les escargots constituent un aliment intéressant car l'escargot comestible *Helix pomatia* contient une puissante lectine qui est attirée par les cellules mutantes de deux des formes les plus répandues de cancer du sein et qui les agglutine spécifiquement. Nous verrons cela plus en détail dans le chapitre 2 de la troisième partie de ce livre. Il s'agit là d'un exemple d'agglutination utile : cette lectine élimine des cellules malades.

Consommez de préférence les poissons, les crustacés et les mollusques cuits au gril ou au four, ou encore pochés, afin de tirer le meilleur parti de leurs nutriments. Et apprenez, grâce aux listes qui suivent, lesquels privilégier.

Très bénéfiques

Baudroie (Lotte)

Carpe

Corégone

Escargots

Maquereau

Perchaude

Perche argentée

Sardines

Saumon

Truite arc-en-ciel

Mérou

Morue

Truite de mer

Vivaneau

Neutres

Acoupa royal

Bar commun

Brochet

Daurade

Éperlans

Espadon

Esturgeon

Grand sébaste

Mahimahi

Ormeau

Perche blanche

Requin

Sériole

Thon

À éviter

Aiglefin (haddock)

Alose

Anchois

Anguille

Bar d'Amérique

Barbotte

Barbue de rivière

Barracuda

Calmar

Caviar

Coquilles Saint-Jacques

Crabe

Crevettes

Écrevisses

Flétan ▼

Grenouilles ▼

Hareng frais

Hareng mariné ou fumé

Homard

Huîtres

Merluche

Moules

Palourdes

Pétoncles

Plie ▼

Poulpe

Rouget

Saumon fumé

Sole ▼

Tassergal

Tile

Tortue

Œufs et produits laitiers

GROUPE A

Aliment	Portion	Par semaine si vous êtes d'origine...		
		européenne	*africaine*	*asiatique*
Œufs	1 œuf	1 à 3 fois	1 à 3 fois	1 à 3 fois
Fromage	60 g (2 oz)	2 à 4 fois	1 à 3 fois	0 fois
Yogourt	115-180 g (4-6 oz)	1 à 3 fois	0 fois	0 à 3 fois
Lait	115-180 ml (4-6 oz)	0 à 4 fois	0 fois	0 fois

Les personnes du groupe A tolèrent les produits laitiers fermentés à petite dose, mais doivent éviter tous les produits confectionnés à partir de lait entier, limiter leur consommation d'œufs, et ne manger que des œufs bio. Cela vous demandera une certaine adaptation tant l'alimentation occidentale est riche en œufs, en beurre et en crème – songez à tous les gâteaux, aux entremets et aux crèmes glacées...

Pour ce qui est des produits laitiers, préférez le yogourt, le kéfir et les autres produits laitiers fermentés. Le lait de chèvre cru constitue un excellent substitut du lait de vache, de même, bien entendu, que les boissons de soya. Songez aussi au fromage de soya, idéal pour vous.

La plupart des autres produits laitiers sont très indigestes tout simplement parce que votre organisme sécrète des anticorps au contact d'un des sucres produits par le métabolisme du lait, le D-galactosamine. Or, comme je l'ai expliqué au début de ce livre, ce D-galactosamine est l'un des composants essentiels, avec le fucose, de l'antigène B. Le système immunitaire du groupe A étant conçu pour rejeter le groupe B et tout ce qui lui ressemble, les anticorps créés pour repousser les antigènes B refouleront aussi les produits à base de lait entier.

Si vous êtes sujet aux allergies ou souffrez de problèmes respiratoires, sachez que la consommation de produits laitiers accroît de manière significative la production de mucosités, ce qui n'est pas utile pour les personnes du groupe A, qui en sécrètent déjà plus que les autres – sans doute parce que cela procure à leur système immunitaire un peu trop conciliant une protection supplémentaire. L'excès de mucosités peut se révéler nocif car il favorise le développement de certaines bactéries. Et il conduit inévitablement à des réactions allergiques, des maladies infectieuses et des troubles respiratoires. Voilà donc une autre bonne raison de limiter votre apport en produits laitiers.

Très bénéfiques

Boisson de soya*   Fromage de soya*

Neutres

Boisson d'amande*   Kéfir

Boisson de riz*   Lait de chèvre cru

Crème glacée à base   Mozzarella (faible en gras)

  de soya ou de riz*   Ricotta (faible en gras)

Féta   Yogourt

Fromage de chèvre

À éviter

Babeurre   Gruyère

Beurre   Jarlsberg

Bleu   Lait de coco ▼

Brie   Lait demi-écrémé

Camembert   Lait écrémé

---

*   Ce ne sont pas des produits laitiers, mais ils représentent d'excellents substituts de ceux-ci.

Caséine	Lait entier
Cheddar	Munster
Colby	Neufchâtel
Cottage	Parmesan
Crème glacée	Petit-lait
Édam	Provolone
Emmenthal	Sorbet
Fromage frais	Suisse
Gouda	

Huiles et corps gras

GROUPE A

Aliment	Portion	Par semaine si vous êtes d'origine...		
		européenne	africaine	asiatique
Huiles	1 c. à table (15 ml)	2 à 6 fois	3 à 8 fois	2 à 6 fois

Les personnes du groupe A ont besoin de très peu de graisses. Cependant, ajouter une cuillerée d'huile d'olive à une salade ou à des légumes cuits à la vapeur favorise la digestion et l'élimination des déchets organiques. En sa qualité de graisse mono-insaturée, l'huile d'olive est en outre bénéfique pour le cœur et susceptible de favoriser une baisse du taux de cholestérol sanguin. Les lectines des huiles de maïs ou de carthame peuvent en revanche susciter chez vous des problèmes digestifs.

Il n'existe en fait que deux huiles réellement recommandées et, à mon avis, l'huile d'olive est de loin la plus agréable des deux sur le plan gustatif. Elle est aussi beaucoup mieux adaptée à la cuisine que l'huile de lin.

Très bénéfiques

Huile d'olive   Huile de noix
Huile de lin

Neutres

Huile de canola (colza)   Huile de foie de morue

À éviter

Huile d'arachide   Huile de palme
Huile de carthame ▼   Huile de sésame
Huile de coco (coprah)   Lard
Huile de coton   Saindoux
Huile de maïs ▼

Noix et graines

GROUPE A

Aliment	Portion	Par semaine si vous êtes d'origine...		
		européenne	*africaine*	*asiatique*
Noix et graines	1 petite poignée	2 à 5 fois	4 à 6 fois	4 à 6 fois
Beurre de noix	1 c. à table (15 ml)	1 à 4 fois	3 à 5 fois	2 à 4 fois

Bien des noix et des graines, telles les graines de tournesol ou de citrouille, les amandes et les noisettes, peuvent constituer des adjuvants intéressants pour le régime du groupe A. Comme celui-ci contient très peu de protéines animales, ces aliments représentent un bon apport en protides. Les arachides sont les plus bénéfiques de toutes car elles contiennent une lectine qui s'attaque aux cellules cancéreuses. Vous pouvez d'ailleurs aussi manger leur peau – mais pas leur écale !

Si vous souffrez de problèmes biliaires, préférez aux noix entières de petites quantités de beurre de noix.

Très bénéfiques

Arachides	Graines de citrouille
Beurre d'arachide naturel	Graines de lin

Neutres

Amandes	Graines de sésame
Beurre d'amande	Graines de tournesol
Beurre de macadémia	Noisettes (avelines)
Beurre de noisettes	Noix de Grenoble
Beurre de tournesol	Noix de macadamia
Châtaignes	Pignons
Graines de pavot	Tahini (beurre de sésame)

À éviter

Beurre de cajou	Noix du Brésil ▼
Noix de cajou	Pistaches

Légumineuses
et autres protéines végétales

GROUPE A

Aliment	Portion	Par semaine si vous êtes d'origine...		
		européenne	africaine	asiatique
Toutes les légumineuses recommandées	250 ml (1 tasse) (produit sec)	3 à 6 fois	4 ou 5 fois	2 à 5 fois

Les protéines végétales des pois et des légumineuses sont idéales pour les personnes du groupe A, tout comme le soya et ses dérivés. Sachez toutefois que tous les aliments de cette catégorie ne vous conviennent pas pour autant. Certains, tels les haricots rouges, les haricots beurre (de Lima), les haricots «navy» ou les pois chiches, renferment une lectine qui peut faire chuter votre production d'insuline, ce qui favorise l'obésité et le diabète.

N'oublions pas non plus le tofu, qui doit devenir l'aliment de base du groupe A. Très complet sur le plan nutritionnel, le tofu rassasie en outre efficacement et ne coûte pas cher. Bien des Occidentaux le détestent a priori, mais je crois que cela vient surtout de la manière dont il est souvent présenté dans les rayonnages des magasins, baignant dans un vilain bac de plastique... J'admets volontiers qu'il ne paraît guère appétissant. Achetez-le de préférence dans un magasin de produits naturels, où il sera sans doute plus frais que dans un supermarché ordinaire, et conservez-le au réfrigérateur. Le tofu étant dépourvu de goût, il prend la saveur des légumes et des épices avec lesquels on le prépare. La meilleure méthode est à mon sens de le faire rapidement revenir dans un wok* avec des légumes, un peu d'ail et de gingembre et de la sauce de soya.

Très bénéfiques

Doliques à œil noir	Haricots pinto
Fèves de soya	Lentilles rouges et brunes
Flageolets	Lentilles vertes
Haricots aduki	Tempeh
Haricots noirs	Tofu

Neutres

Fèves-gourganes	Haricots northern

---

* Poêle chinoise creuse qui peut être remplacée par une poêle ou une sauteuse antiadhésive.

Haricots blancs	Pois entiers et cassés
Haricots cannellini	(jaunes et verts)

À éviter

Graines de tamarin	Haricots rouges
Haricots beurre (de Lima)	Pois chiches
Haricots « navy »	Seitan (gluten de blé)

Céréales et produits céréaliers

GROUPE A

Aliment	Portion	Par semaine si vous êtes d'origine...		
		européenne	africaine	asiatique
Céréales complètes	250 ml (1 tasse) (produit sec)	5 à 9 fois	6 à 10 fois	4 à 8 fois
Pain	1 tranche	3 à 5 fois/jour	2 à 4 fois/jour	2 à 4 fois/jour
Pâtes	250 ml (1 tasse) (produit sec)	4 à 6 fois	3 à 5 fois	3 à 5 fois
Autres produits céréaliers	250 ml (1 tasse) (produit sec)	2 à 4 fois	2 à 4 fois	2 à 4 fois

En général, les céréales et leurs dérivés conviennent très bien aux personnes du groupe A, qui peuvent en manger plusieurs fois par jour. Préférez les céréales complètes, riches en nutriments, aux variétés plus raffinées ou prêtes à l'emploi. Apprenez aussi à apprécier des aliments méconnus comme le millet, la farine de soya, de maïs, ou encore d'avoine complète.

Ceux d'entre vous qui souffrent d'asthme ou d'infections O.R.L. à répétition veilleront à limiter leur apport en blé, car ce dernier favorise la sécrétion de mucosités. Déterminez vous-même par tâtonnements la dose idéale pour vous.

Ceux qui tolèrent bien le blé doivent pour leur part veiller à contrebalancer son apport acide par l'absorption d'aliments alcalins – des fruits, par exemple. Il ne s'agit plus ici d'acidité gastrique mais de l'équilibre acido-alcalin de vos tissus musculaires. Idéalement, les muscles des personnes appartenant au groupe A – à l'inverse de ceux de leurs congénères du groupe O – doivent demeurer légèrement alcalins.

Les recommandations relatives au pain sont identiques à celles concernant les céréales. Le pain vous est en général favorable, mais si vous produisez trop de mucosités ou avez des kilos en trop, évitez le blé. La farine de riz ou de soya le remplace avantageusement. Si vous optez pour du pain de céréales germées, vérifiez qu'il ne s'agisse pas d'un banal pain complet enrichi d'un soupçon de céréales germées. Faites preuve de vigilance.

En ce qui concerne les pâtes, la semoule et les autres préparations à base de céréales, vous n'avez que l'embarras du choix, car tous ces aliments constituent pour vous d'excellentes sources de protéines végétales. Ils vous apportent les nutriments dont l'abandon des aliments carnés vous prive. Évitez cependant les produits industriels tels que les plats cuisinés surgelés, les nouilles prêtes à l'emploi avec leur sauce ou les mélanges de riz et de légumes déshydratés. Les aliments naturels à base de céréales complètes sont beaucoup plus bénéfiques. De même, efforcez-vous de préparer vos gâteaux et vos pâtes vous-même, en utilisant les ingrédients les plus purs possible.

Très bénéfiques

Amarante	Farine de soya
Crème de sarrasin	Galettes de riz
Farine d'avoine	Kasha

Farine de riz

Farine de sarrasin

Farine de seigle

Pain de céréales germées
(essénien)

Pain Manna ®

Pâtes au sarrasin (soba)

Neutres

Bagels

Blé kamut*

Boulghour

Couscous

Crème d'orge

Crème de riz

Épeautre

Farine au gluten

Farine d'épeautre

Farine d'orge

Farine de quinoa

Farine de blé dur

Farine de blé germé

Farine de kamut

Farine de maïs

Farine de millet

Flocons d'avoine

Flocons de maïs (cornflakes)

Galettes de seigle

Gruau

Millet

Millet soufflé

Orge

Pain d'épeautre

Pain de kamut

Pain de seigle

Pain sans gluten

Pâtes d'épeautre

Pâtes de kamut

Pâtes de maïs

Pâtes de riz brun

Quinoa

Riz basmati

Riz blanc

Riz brun

Riz sauvage

Riz soufflé

Seigle

Son d'avoine

Son de blé

---

*   Variété de blé cultivée en Égypte depuis l'époque des pharaons. En vente dans les magasins de produits naturels.

À éviter

Biscuits soda	Pain azyme
Blé concassé	Pain complet
Céréales à déjeuner	Pain multicéréales
faites de son de blé	Pâtes à la semoule de blé dur
Crème de blé	(durum)
Farine blanche	Pâtes fraîches
Farine de blé entier	Pumpernickel
Farine de froment	Sept céréales
Germe de blé	Son de blé
Muffins anglais	Teff

Légumes

GROUPE A

Aliment	Portion	Par semaine si vous êtes d'origine...		
		européenne	africaine	asiatique
Légumes crus	250 ml (1 tasse)	2 à 5 fois	3 à 6 fois	2 à 5 fois
Légumes cuits	250 ml (1 tasse)	3 à 6 fois	1 à 4 fois	3 à 6 fois
Soya et ses dérivés	180-250 g (6-8 oz)	4 à 6 fois	4 à 6 fois	5 à 7 fois

Les légumes doivent constituer l'élément essentiel de l'alimentation des personnes du groupe A, à qui ils fournissent oligo-éléments, enzymes et antioxydants. Afin de préserver leurs nutriments, mangez-les sans trop modifier leur état naturel – c'est-à-dire crus ou cuits à la vapeur.

La plupart des légumes vous sont autorisés, mais retenez ces quelques bémols: les poivrons irritent votre estomac délicat, tout comme les levures présentes dans les olives fermentées.

Les personnes du groupe A sont également très sensibles aux lectines des pommes de terre, des patates douces, des ignames et du chou. Évitez aussi les tomates, qui ont un effet désastreux sur votre intestin. Rappelons que les tomates représentent un cas particulier d'aliment panhémagglutinant, ce qui signifie que ses lectines exercent une action agglutinante sur tous les groupes sanguins. Mais, alors que les personnes du groupe O ne produisent pas d'anticorps à leur encontre et peuvent donc en consommer, elles sont très nocives pour les groupes A et B. (Le groupe AB peut lui aussi, nous le verrons plus tard, consommer des tomates sans dommage.)

Renoncez également au maïs – bien qu'il figure parmi les aliments neutres – si vous souffrez de problèmes digestifs ou luttez contre des kilos excédentaires rebelles.

Les brocolis sont en revanche excellents pour vous, grâce à leurs propriétés antioxydantes. Les antioxydants renforcent le système immunitaire et préviennent les divisions cellulaires anormales. Pour les mêmes raisons, privilégiez aussi les carottes, le chou frisé, la citrouille et les épinards.

Usez et abusez de l'ail, antibiotique naturel, stimulant du système immunitaire et ami du sang. L'ail est bénéfique pour tous les groupes sanguins, mais plus encore pour le groupe A, dont le système immunitaire est plus vulnérable et qui est sujet à diverses affections que l'ail contribue à soulager. Les oignons rouges produisent des effets similaires et renferment eux aussi un antioxydant appelé quercétine.

Très bénéfiques

Artichaut	Navet (rabiole)
Bette à carde	Oignon espagnol
Betterave (fanes)	Oignon jaune
Brocoli	Oignon rouge
Carottes	Panais
Chicorée	Persil

Chou cavalier (Collard)   Pissenlit (feuilles)
Chou frisé (Kale)   Poireau
Chou-rave (Kohlrali)   Raifort
Citrouille   Romaine
Épinards   Scarole
Gombos (okras)   Topinambour
Luzerne (pousses)

Neutres

Algues   Daïkon (radis)
Asperges   Échalote
Avocat   Endive
Bambou (pousses)   Fenouil
Betterave   Haricots (jaunes et verts)
Carvi   Laitue
Céleri   Maïs
Cerfeuil   Mesclun
Champignons « abalone »   Moutarde (feuilles)
Champignons collybie (« enoki ») Oignons verts
Champignons pleurotes   Olives vertes
Champignons portobello   Pak-choï
Chou-fleur   Pois mange-tout
Choux de Bruxelles   Pois verts
Ciboule   Radicchio
Concombre   Radis
Coriandre   Radis (fanes)
Courges (toutes variétés)   Rapini
Courgettes (zucchinis)   Roquette (arugula)
Cresson   Rutabaga
Crosses de fougère (tête de violon)Soya (pousses)

À éviter

Aubergine	Patates douces ▼
Champignons blancs (de Paris)	Piment doux
Champignons shiitaké	Poivron jaune
Chou blanc ▼	Poivron rouge
Chou rouge ▼	Poivron vert
Choux chinois (toutes variétés) ▼	Pommes de terre ▼
Ignames ▼	Tomates ▼
Olives noires	

Fruits

GROUPE A

Aliment	Portion	Par semaine si vous êtes d'origine...
		Quelle que soit votre origine ethnique
Tous les fruits recommandés	1 fruit ou 85-140 g (3-5 oz)	3 ou 4 fois

Les personnes du groupe A devraient consommer des fruits trois fois par jour. La plupart des fruits leur sont autorisés, mais elles s'efforceront de privilégier les variétés les plus alcalines, comme les baies et les prunes, qui équilibrent l'influence acide des céréales sur leurs tissus musculaires. Le melon est lui aussi alcalin, mais sa haute teneur en moisissures le rend plus difficile à digérer pour vous. Évitez-le donc. Limitez aussi votre consommation de melon d'eau.

Les fruits tropicaux, notamment la mangue et la papaye, ne vous conviennent pas très bien. L'enzyme digestive qu'ils contiennent, excellente pour les autres groupes sanguins, ne fonctionne en effet pas dans votre organisme. L'ananas, en revanche, facilite votre digestion.

Évitez aussi les oranges – même si vous les adorez – car elles irritent votre estomac et entravent l'absorption d'oligo-éléments indispensables à votre santé. Le pamplemousse appartient à une espèce très voisine et est lui aussi acide, mais il est bénéfique pour le groupe A car il affiche des tendances alcalines après sa digestion. Les citrons sont eux aussi excellents pour vous car ils facilitent la digestion et l'élimination des mucosités.

La vitamine C étant un important antioxydant, particulièrement utile pour la prévention des cancers de l'estomac, consommez aussi d'autres fruits riches en vitamine C, tels que les kiwis.

Comme la lectine de la banane interfère avec votre processus digestif, je vous conseille de la remplacer par d'autres fruits riches en potassium, tels que les abricots ou les figues.

Très bénéfiques

Abricots	Figues séchées
Ananas	Mûres
Bleuets	Pamplemousse
Canneberges	Pruneaux
Cerises	Prunes
Citron	Raisins secs
Figues fraîches	

Neutres

Carambole	Kiwi
Cassis	Kumquats
Dattes	Lime
Figues de Barbarie	Litché
Fraises	Melon d'eau
Framboises	Nectarine
Goyave	Pêche
Grenade	Poire
Groseilles	Poire asiatique
Groseilles à maquereau	Pomme
Kaki	Raisins

À éviter

Banane ▼	Noix de coco ▼
Banane plantain	Orange
Cantaloup	Papaye
Clémentines	Rhubarbe
Mangue ▼	Tangerine
Melon miel	

Jus de fruits et de légumes

GROUPE A

Aliment	Portion	Par semaine si vous êtes d'origine...
		Quelle que soit votre origine ethnique
Tous les jus de fruits et de légumes recommandés	250 ml (8 oz)	4 ou 5 fois
Jus de ½ citron dans un verre d'eau	250 ml (8 oz)	1 fois (le matin)

Buvez chaque matin au lever un grand verre d'eau chaude dans lequel vous aurez pressé un demi-citron. Cela vous aidera à éliminer les mucosités accumulées pendant la nuit dans votre tube digestif un brin paresseux et favorisera votre transit intestinal.

Préférez les jus des fruits alcalins, comme le jus de cerise noire, aux jus de fruits trop sucrés, qui sont plus acidifiants.

Très bénéfiques

Jus d'abricot	Jus de cerise noire
Jus d'ananas	Jus de citron
Jus de carotte	Jus de pamplemousse
Jus de céleri	Jus de pruneau

Neutres

Jus de canneberge   Jus de légumes autorisés
Jus de chou   Jus de pomme
Jus de concombre   Jus de raisin

À éviter

Jus d'orange   Jus de papaye
Jus de mangue ▼   Jus de tomate ▼

Épices, condiments et additifs culinaires

Ne considérez pas les épices comme de simples exhausteurs de saveur. Adroitement combinées, elles peuvent en effet stimuler efficacement votre système immunitaire. Ainsi les épices à base de soya comme le tamari, le miso ou la sauce de soya sont très bénéfiques pour vous. Et si leur teneur en sodium vous préoccupe, sachez que presque toutes existent aujourd'hui en version appauvrie en sodium.

Les condiments ne sont vraiment recommandés à aucun groupe sanguin, mais les personnes du groupe A doivent tout particulièrement veiller à fuir les produits et les plats contenant du vinaigre ou des condiments, nocifs et irritants pour leur estomac.

La mélasse verte non raffinée (« blackstrap ») constitue une excellente source de fer, un oligo-élément qui fait souvent défaut dans l'alimentation du groupe A. Le varech vésiculeux (« kelp ») vous apporte de l'iode et une foule d'autres oligo-éléments.

Le sucre et le chocolat vous sont autorisés, mais sachez vous montrer raisonnable. Dosez-les comme des condiments. Évitez cependant au maximum le sucre blanc raffiné, car des études récentes démontrent que le système immunitaire fonctionne au ralenti pendant les heures suivant son absorption.

Très bénéfiques

Ail
Gingembre
Malt d'orge
Mélasse verte non raffinée
  («blackstrap»)

Miso
Moutarde
Sauce de soya
Tamari

Neutres

Agar-agar
Aneth
Anis
Basilic
Bergamote
Cannelle
Cardamome
Cari
Caroube
Carvi
Cerfeuil
Chocolat
Ciboulette
Confiture de fruits autorisés
Coriandre
Cumin
Curcuma
Essence d'amande
Estragon
Fécule de maïs
Gelée de fruits autorisés
Girofle (clous)

Noix de muscade
Origan
Paprika
Persil
Piment
Piment de la Jamaïque («allspice)
Raifort
Relish
Romarin
Safran
Sarriette
Sauce à salade (pauvre en
  lipides et composée
  d'ingrédients autorisés)
Sauge
Sel de mer
Sirop d'érable
Sirop de maïs
Sirop de riz
Sirop de riz brun
Sucre blanc
Sucre roux

Laurier	Tamarin
Marjolaine	Tapioca
Menthe	Thym
Menthe poivrée	Vanille
Miel	Varech vésiculeux («kelp»)
Moutarde séchée	

À éviter

Câpres	Piment rouge
Choucroute	Poivre blanc
Cornichons	Poivre en grains
Gélatine	Poivre noir moulu
Gomme acacia (arabique)	Sauce Worcestershire
Gomme de guar	Vinaigre balsamique
Ketchup ▼	Vinaigre blanc
Mayonnaise	Vinaigre de cidre de pomme
Piment de Cayenne	Vinaigre de vin rouge

Tisanes

À l'inverse de leurs congénères du groupe O, qui doivent privilégier les tisanes calmantes, les personnes du groupe A ont avant tout besoin de stimuler leur système immunitaire. La plupart des facteurs de surmortalité de ce groupe sanguin sont en effet liés à ses défenses immunitaires faiblardes, sur lesquelles certaines herbes – telles que l'aloès, la luzerne, la bardane et l'échinacée – peuvent exercer un effet puissant.

Prenez aussi de l'aubépine, tonique cardio-vasculaire, et du thé vert, dont les propriétés antioxydantes au niveau du système digestif préviennent certains cancers.

Il est également utile pour vous d'augmenter votre taux d'acidité gastrique, naturellement assez bas. Pour ce faire, absorbez donc du gingembre.

Les herbes relaxantes comme la camomille ou la valériane vous aideront quant à elles à combattre le stress. La prochaine fois que vous vous sentirez à bout de nerfs, pensez à elles!

Très bénéfiques

Aloès	Gingembre
Aubépine	Ginseng
Bardane	Luzerne
Camomille	Millepertuis
Chardon Marie	Orme rouge
Cynorrhodon (baies d'églantier)	Thé vert
Échinacée	Valériane
Fenugrec	

Neutres

Achillée millefeuille	Marrube blanc
Actée à grappes noires	Menthe poivrée
Astragale	Menthe verte
Boswellia	Molène (bouillon blanc)
Bouleau blanc	Mouron des oiseaux
Bourse-à-pasteur	Mûre
Coleus	Persil
Collinsonia	Pissenlit
Dong quai	Réglisse (racine)*
Écorce de chêne blanc	Salsepareille
Épine-vinette	Sauge

---

*   Ne jamais en absorber sans avis médical.

Fraisier (feuilles)	Scutellaire
Framboisier (feuilles)	Séné (courtes périodes seulement)
Gentiane	Sureau
Grindelia	Thym
Guggul	Tilleul
Houblon	Tussilage (pas-d'âne)
Hydraste du Canada	Verveine
(en gargarismes seulement)	

À éviter

Cataire	Piment de Cayenne
Chapparal	Pollen d'abeille
Consoude	Rhubarbe
Maïs (barbes)	Sassafras
Patience	Trèfle rouge

Breuvages divers

Le vin rouge est excellent pour les sujets du groupe A, à cause de son action positive sur le système cardio-vasculaire. On admet généralement qu'un verre de vin rouge par jour réduit le risque cardio-vasculaire pour les hommes comme pour les femmes.

Le café est sans doute également bon pour vous car il accroît l'acidité gastrique et contient des enzymes identiques à celles du soya. Pour un résultat optimal, alternez café et thé vert.

Évitez en revanche toutes les autres boissons, qui ne conviennent pas à votre système digestif et ne stimulent pas vos défenses immunitaires. À l'exception, bien sûr, de l'eau, que vous pouvez boire à volonté. Veillez à absorber chaque jour au moins huit grands verres d'eau, de thé vert, de tisane ou de jus de fruits ou de légumes autorisés.

Très bénéfiques

Café   Thé vert
Café décaféiné   Vin rouge
Eau

Neutres

Cidre   Vin blanc

À éviter

Alcools forts   Eau gazeuse
Bière   Thé déthéiné
Boissons gazeuses (toutes)   Thé noir
Boissons gazeuses « diète »

EXEMPLES DE MENUS POUR LE GROUPE A AVEC OPTIONS MINCEUR

L'astérisque (*) précédant le mets indique que la recette suit.

Les exemples suivants sont destinés à vous aider à concevoir concrètement le régime dont j'ai brossé les grandes lignes au cours des pages qui précèdent. Ils ont été conçus en collaboration avec une diététiste, Dina Khader, qui utilise avec succès le régime Groupe sanguin pour ses patients.

Ces menus fournissent un apport calorique raisonnable et visent à optimiser l'efficacité du métabolisme des individus du groupe A. Ils permettent au sujet moyen de maintenir son poids sans effort, voire de perdre quelques kilos. Des options alternatives sont proposées pour ceux qui préfèrent des repas plus légers ou souhaitent limiter leur apport calorique tout en conservant une alimentation équilibrée et satisfaisante (ce « deuxième choix » est placé en face de l'aliment qu'il peut remplacer).

Veillez à bien employer pour vos recettes des ingrédients très bénéfiques pour votre groupe sanguin, ou à tout le moins neutres. Si d'aventure une pincée d'un ingrédient à éviter se glisse dans un plat (ou vous semble absolument indispensable à la réussite d'une recette), ce n'est pas grave – mais cela doit rester exceptionnel.

À mesure que vous vous familiariserez avec le régime adapté à votre groupe sanguin, vous pourrez mettre au point vos propres menus et adapter vos recettes favorites afin d'améliorer leurs qualités nutritionnelles, à la lumière de vos connaissances nouvelles.

Exemple n° 1

MENU STANDARD	OPTIONS MINCEUR

DÉJEUNER

1 verre d'eau chaude additionnée de citron pressé (au lever)	
Flocons d'avoine avec de la boisson de soya et du sirop d'érable ou de la mélasse	Flocons de maïs (cornflakes) avec de la boisson de soya et des bleuets (bleuets)
Jus de pamplemousse	
Café ou thé vert	

DÎNER

Salade grecque
  (laitue, concombre, oignons
  verts, céleri et un peu de féta)
  assaisonnée de citron
  et de menthe fraîche
1 tranche de pain de
  céréales germées
1 coupe de bleuets
Tisane

COLLATION

2 galettes de riz avec du beurre d'arachide	2 galettes de riz avec du miel
2 prunes	
Eau ou thé vert	

SOUPER

*Lasagne au tofu et pesto Brocolis	Tofu sauté avec des pois mange-tout, des poireaux, des haricots verts et des pousses de luzerne
Yogourt glacé	
Eau (ou vin rouge si vous le souhaitez)	

Exemple n° 2

MENU STANDARD	OPTIONS MINCEUR

DÉJEUNER

1 verre d'eau chaude additionnée de citron pressé (au lever)	
*Omelette au tofu	1 œuf poché
	1 bol de yogourt maigre avec des baies
Jus de pamplemousse	
Café ou thé vert	

DÎNER

Potage au miso
Légumes verts en salade
1 tranche de pain de seigle
Eau ou tisane

COLLATION

1 bol de yogourt avec des fruits ou *biscuits aux brisures de caroube	Crudités avec *trempette au tofu
Thé vert ou tisane	

SOUPER

*Boulettes de dinde et de tofu
Légumes à la vapeur
*Salade de haricots verts
Tranche d'ananas
Eau (ou vin rouge
  si vous le désirez)

Exemple n° 3

MENU STANDARD	OPTIONS MINCEUR

DÉJEUNER

1 verre d'eau chaude additionnée de citron pressé (au lever)	
*Granola à l'érable et aux noix avec de la boisson de soya	Riz soufflé avec de la boisson de soya
Jus de pruneau, de carotte ou de légumes	
Café ou thé vert	

DÎNER

*Potage aux haricots noirs	Saumon froid en salade
Crudités en salade	Légumes verts assaisonnés
1 tranche de pain de seigle	d'huile d'olive et de citron
Eau	

COLLATION

1 tranche de *gâteau aux abricots	Yogourt nature avec un peu de miel
Café, thé vert ou tisane	

SOUPER

*Poisson au four, façon arabe avec *sauce au tahini	*Poisson au four
*Salade d'épinards	
Salade de fruits frais avec un peu de yogourt	
Eau (ou vin rouge si vous le désirez)	

RECETTES POUR LE GROUPE A

Lasagne au tofu et pesto

500 g (1 lb) de tofu frais, émietté dans 30 ml (2 c. à table)
d'huile d'olive
250 ml (1 tasse) de fromage mozzarella partiellement écrémé, râpé
ou de ricotta partiellement écrémé
1 œuf bio (facultatif)
2 paquets d'épinards hachés congelés – ou frais
5 ml (1 c. à thé) de sel
5 ml (1 c. à thé) d'origan
1 litre (4 tasses) de sauce au pesto
(on peut utiliser une quantité moindre)
9 lasagnes de riz ou d'épeautre, cuites
250 ml (1 tasse) d'eau

Mélanger le tofu et le fromage, ainsi que l'œuf, les épinards et les assaisonnements. Étendre 250 ml (1 tasse) de sauce au pesto dans un plat de 23 X 33 cm (9 X 13 po) allant au four. Disposer, par couches superposées, lasagnes, mélange de tofu et fromage, puis sauce au pesto. Répéter l'opération et terminer par une couche de lasagnes recouverte de sauce au pesto.

Cuire au four à 180° C (350° F) de 30 à 45 minutes, ou jusqu'à point.

Donne de 4 à 6 portions.

Omelette au tofu

500 g (1 lb) de tofu frais, égoutté et émietté
5 ou 6 champignons pleurotes, tranchés
250 ml (1/2 lb) de radis rouges ou blancs râpés
5 ml (1 c. à thé) de sherry ou de mirin pour la cuisson
5 ml (1 c. à thé) de sauce tamari (soya)
15 ml (1 c. à table) de persil frais
5 ml (1 c. à thé) de farine de riz brun
4 œufs bio, légérement battus
15 ml (1 c. à table) d'huile d'olive extra-vierge

Mélanger tous les ingrédients dans un bol, à l'exception de l'huile. Faire chauffer l'huile dans une grande poêle à frire. Verser la moitié du mélange et couvrir la poêle. Cuire à feu doux 15 minutes environ, jusqu'à ce que les œufs soient cuits. Retirer de la poêle et garder au chaud.

Répéter l'opération avec l'autre moitié du mélange.

Donne de 3 à 4 portions.

Biscuits aux brisures de caroube

75 ml (1/3 tasse) d'huile de canola (colza) bio
125 ml (1/2 tasse) de sirop d'érable
5 ml (1 c. à thé) d'extrait de vanille
1 œuf bio
425 ml (1 3/4 tasse) de farine d'avoine ou de riz brun
5 ml (1 c. à thé) de bicarbonate de soude (« baking soda »)
125 ml (1/2 tasse) de brisures de caroube (non sucré)
1 pincée de piment de la Jamaïque (« allspice ») (facultatif)

Huiler deux plaques de cuisson et préchauffer le four à 190° C (375° F). Dans un bol de taille moyenne, mélanger l'huile, le sirop d'érable et la vanille. Battre l'œuf et l'incorporer au précédent mélange. Ajouter graduellement la farine et le bicarbonate de soude en mélangeant jusqu'à former une pâte consistante. Incorporer les brisures de caroube et, à l'aide d'une cuillère à thé, déposer la pâte sur les plaques de cuisson. Laisser cuire de 10 à 15 minutes, jusqu'à ce que les biscuits prennent une teinte dorée. Retirer du four et refroidir.

Donne environ 4 douzaines de biscuits.

Trempette au tofu

250 g (1 tasse) de tofu, émietté
250 ml (1 tasse) de yogourt nature sans gras
15 ml (1 c. à table) d'huile d'olive
Jus d'un citron
30 ml (2 c. à table) de ciboulette hachée
ou 250 ml (1 tasse) d'oignons verts hachés
Sel et ail, au goût

Combiner le tofu, le yogourt, l'huile d'olive et le jus de citron dans un mélangeur, à haute vitesse, jusqu'à l'obtention d'une consistance onctueuse (si le mélange semble trop épais, ajouter quelques gouttes d'eau). Incorporer la ciboulette – ou les oignons verts –, et les assaisonnements. Verser dans un bol et réfrigérer.

Servir dans un récipient en verre au milieu d'un plateau de légumes frais.

Donne environ 750 ml (3 tasses).

Boulettes de dinde et de tofu

500 g (1 lb) de dinde hachée
500 g (1 lb) de tofu
125 ml (1/2 tasse) de farine de châtaigne
375 ml (1 1/2 tasse) de farine d'épeautre
1 gros oignon, haché fin
50 ml (1/4 tasse) de persil frais haché
10 ml (2 c. à thé) de sel de mer
60 ml (4 c. à table) d'ail frais écrasé
Assaisonnements autorisés, au goût

Bien mélanger les ingrédients. Réfrigérer une heure. Confectionner de petites boulettes. Frire dans l'huile, en remuant, jusqu'à l'obtention d'une couleur brun doré, ou cuire au four à 180° C (350° F) une heure environ.

Donne 4 portions.

Salade de haricots verts

500 g (1 lb) de haricots verts frais
Jus d'un citron
50 ml (3 c. à table) d'huile d'olive extra-vierge
2 gousses d'ail écrasées
10 à 15 ml de sel (2 ou 3 c. à thé)

Laver les haricots verts. Ôter les queues et les fils. Couper en morceaux de 5 cm (2 po) environ.

Faire bouillir dans l'eau jusqu'à tendreté. Bien égoutter. Une fois refroidis, placer les haricots dans un bol à salade. Assaisonner avec le jus de citron, l'huile d'olive, l'ail et le sel.

Donne 4 portions.

Granola à l'érable et aux noix

1 litre (4 tasses) de flocons d'avoine
250 ml (1 tasse) de son de riz
250 ml (1 tasse) de graines de sésame
125 ml (1/2 tasse) de canneberges séchées
125 ml (1/2 tasse) de groseilles ou de cassis séchés
250 ml (1 tasse) de noix de Grenoble ou d'amandes émincées
5 ml (1 c. à thé) d'extrait de vanille
60 ml (4 c. à table) d'huile de canola (colza) bio
200 ml (3/4 tasse) de sirop d'érable

Préchauffer le four à 120° C (250° F). Dans un grand bol, mélanger les flocons d'avoine, le son de riz, les graines de sésame, les fruits secs, les noix et l'extrait de vanille. Ajouter l'huile et mélanger bien.

Incorporer le sirop d'érable jusqu'à l'obtention d'une consistance collante et granuleuse. Étaler sur une plaque de cuisson et mettre au four pendant 90 minutes en remuant toutes les 15 minutes jusqu'à ce que le tout soit sec et d'une couleur brun doré.

Laisser refroidir et conserver dans un récipient hermétique.

Potage aux haricots noirs

1/2 kg (1 lb) de haricots noirs
2 litres (8 tasses) d'eau
25 ml (2 c. à table) de bouillon de légumes
60 g (2 oz) d'oignons blancs, coupés en dés
60 g (2 oz) d'oignons verts
125 g (4 oz) de céleri
60 g (2 oz) de poireaux, coupés en dés
7 ml (1/2 c. à table) de sel
30 ml (2 c. à table) de cumin
250 ml (1 tasse) de persil haché fin
30 ml (2 c. à table) d'ail écrasé
1 botte moyenne d'estragon frais, haché
1 botte moyenne de basilic frais, haché
1 botte moyenne d'échalotes

Laisser tremper les haricots pendant la nuit. Vider l'eau et rincer. Ajouter 3 litres d'eau et amener les haricots à ébullition.

Enlever l'eau de cuisson des haricots. Verser le bouillon de légumes dans les deux litres d'eau. Laisser mijoter.

Faire sauter les oignons, le céleri, les poireaux et l'ail dans une poêle. Après en avoir mis de côté 25 ml (2 c. à table) pour en faire une purée, ajouter ce mélange aux haricots et poursuivre la cuisson. Ajouter la purée pour conférer de la consistance et, à la fin, les échalotes en guise de garniture.

Donne environ 8 portions.

Gâteau aux abricots

300 ml (1 1/4 tasse) de yogourt nature sans gras

1 œuf bio

250 ml (1 tasse) d'abricots en conserve (et leur jus)

500 ml (2 tasses) de farine de riz brun

5 ml (1 c. à thé) de cannelle moulue

5 ml (1 c. à thé) de piment de la Jamaïque (« allspice ») moulu

5 ml (1 c. à thé) de muscade moulue

6 ml (1 1/4 c. à thé) de bicarbonate de soude (« baking soda »)

250 ml (1 tasse) d'abricots séchés bio ou non sulfurés hachés

250 ml (1 tasse) de groseilles ou de cassis

Huiler un moule à gâteau de format standard et préchauffer le four à 180° C (350° F). Mélanger dans un bol de taille moyenne le yogourt, l'œuf et les abricots en conserve. Ajouter 250 ml (1 tasse) de farine et la moité des épices, ainsi que le bicarbonate de soude. Brasser jusqu'à l'obtention d'une pâte homogène.

Ajouter l'autre moitié de farine et d'épices. Si la consistance est trop épaisse, ajouter quelques gouttes d'eau froide ou de boisson de soya à la vanille. Incorporer les abricots et les groseilles ou cassis.

Verser la pâte dans le moule à gâteau et faire cuire de 40 à 45 minutes. Démouler et refroidir sur une grille.

Donne environ 8 portions.

Poisson au four, façon arabe

1 gros bar commun ou autre poisson à chair blanche autorisé
de 1 1/2 à 2 kg (3 à 4 lb)

1 pincée de sel, au goût

50 ml (1/4 tasse) de jus de citron

30 ml (2 c. à table) d'huile d'olive

2 gros oignons, hachés et sautés dans l'huile d'olive extra-vierge

500 à 625 ml (2 à 2 1/2 tasses) de sauce au tahini (cf. ci-dessous)

Préchauffer le four à 200° C (400° F)

Laver le poisson et bien assécher. Saler et arroser de jus de citron. Laisser reposer 30 minutes. Bien égoutter. À l'aide d'un pinceau, badigeonner d'huile d'olive et déposer dans un plat allant au four. Laisser cuire pendant 30 minutes.

Recouvrir avec les oignons sautés et la sauce au tahini et saupoudrer de sel. Remettre le plat au four, de 30 à 40 minutes, jusqu'à cuisson complète (la chair du poisson doit pouvoir se détacher facilement à l'aide d'une fourchette).

Dresser le poisson sur un plat et garnir de persil et de quartiers de citron.

Donne de 6 à 8 portions.

Sauce au tahini

250 ml (1 tasse) de tahini bio (beurre de sésame)

Jus de 3 citrons

2 gousses d'ail écrasées

10 à 15 ml (2 à 3 c. à thé) de sel

50 ml (1/4 tasse) de flocons secs de persil bio,
ou de persil frais, haché fin

Eau

Dans un bol, mélanger le tahini et le jus de citron, l'ail, le sel et le persil. Ajouter suffisamment d'eau pour obtenir une sauce consistante.

Poisson au four

1 gros poisson à chair blanche autorisé de 1 à 1 1/2 kg (2 à 3 lb)
Jus de citron et sel, au goût
50 ml (1/4 tasse) d'huile d'olive extra-vierge
5 ml (1 c. à thé) de piment de Cayenne (facultatif)
5 ml (1 c. à thé) de poivre (facultatif)
5 ml (1 c. à thé) de cumin (facultatif)

Préchauffer le four à 180° C (350° F).

Laver le poisson. Saler et arroser de jus de citron. Ajouter les épices si désiré. Laisser reposer 30 minutes. Bien assécher.

Badigeonner d'huile le poisson, saupoudrer les épices et déposer dans un plat allant au four. Afin d'empêcher le poisson de devenir trop sec, l'envelopper dans une feuille d'aluminium légérement huilée. Laisser cuire de 30 à 40 minutes, ou jusqu'à ce que la chair puisse se détacher facilement à l'aide d'une fourchette.

Donne de 4 à 5 portions.

Farce pour poisson au four (facultatif)

75 ml (1/3 tasse) de pignons (noix de pin) ou d'amandes émincées
30 ml (2 c. à table) d'huile d'olive extra-vierge
250 ml (1 tasse) de persil haché
3 gousses d'ail écrasées
Sel, poivre et piment de la Jamaïque («allspice»), au goût

Faire sauter les noix dans l'huile d'olive jusqu'à l'obtention d'une couleur brun doré. Ajouter le persil et les épices et faire sauter une minute. Farcir le poisson cru avec le mélange.

Salade d'épinards

2 bottes d'épinards frais
1 botte d'oignons verts, hachés
Jus d'un citron
3 ml (3/4 c. à thé) d'huile d'olive extra-vierge
Sel et poivre, au goût (facultatif)

Bien laver les épinards, égoutter et hacher. Saupoudrer de sel. Après quelques minutes, enlever l'excès d'eau. Ajouter les oignons verts, le jus de citron, l'huile, le sel et le poivre. Servir immédiatement.
Donne 6 portions.

LES SUPPLÉMENTS NUTRITIONNELS RECOMMANDÉS POUR LE GROUPE A

Le rôle de ces suppléments, qu'il s'agisse de vitamines, d'oligo-éléments ou de plantes médicinales, est de vous apporter les nutriments qui manquent dans votre alimentation et une protection accrue afin de pallier vos points faibles. Pour le groupe A, on cherchera essentiellement à :

– renforcer le système immunitaire ;

– apporter des antioxydants anticancer ;

– prévenir les maladies infectieuses ;

– soutenir le cœur.

Vous trouverez ci-après les suppléments nutritionnels les mieux adaptés à ces objectifs, ainsi que la liste de ceux qui sont nocifs ou contre-productifs dans votre cas.

Tous les conseils qui suivent s'adressent bien entendu aux personnes qui ont adopté le régime du groupe A.

Vitamine B

Les personnes du groupe A sont sujettes aux carences en vitamine B12 non seulement parce que les aliments qui leur conviennent le mieux n'en apportent pas beaucoup (puisqu'on trouve principalement cette vitamine dans les protéines animales), mais aussi parce qu'elles l'absorbent mal. Cela résulte du fait que leur estomac ne sécrète pas assez de facteur intrinsèque, une substance indispensable au métabolisme de la vitamine B12. Chez les sujets âgés, les carences en vitamine

B12 peuvent provoquer une démence sénile et d'autres problèmes neurologiques.

La plupart des autres vitamines du groupe B sont présentes en quantité suffisante dans votre alimentation. En cas d'anémie, prenez une petite supplémentation en vitamine B9 (acide folique). Ceux d'entre vous qui souffrent de problèmes cardiaques peuvent demander à leur médecin de leur prescrire de la vitamine B3 (niacine) à petite dose, car cette vitamine contribue à la réduction du taux de cholestérol sanguin.

Les meilleurs aliments riches en vitamine B pour le groupe A

Arachides avec pelure (niacine)

Céréales complètes (niacine)

Légumineuses

Œufs

Poisson

Vitamine C

Les personnes du groupe A affichent des taux de cancer de l'estomac supérieurs à la moyenne à cause de leur taux d'acidité gastrique trop bas, mais la prise de vitamine C peut rééquilibrer la situation.

Ainsi les nitrites, présents dans les viandes fumées ou salées, sont particulièrement nocifs pour vous car ces composés chimiques sont plus cancérigènes lorsque l'estomac est peu acide ; mais la vitamine C antioxydante bloque cette réaction. Il n'empêche que vous devez tout de même éviter au maximum les viandes fumées et salées ainsi que la charcuterie. Cela ne signifie pas non plus que vous deviez vous gorger de vitamine C. J'ai d'ailleurs constaté que les personnes du groupe A – ou plus exactement leur estomac – toléraient mal les doses supérieures à 1000 mg par jour. Mieux vaut vous en tenir à deux à quatre gélules de 250 mg réparties au fil de la journée (mais pas le soir, sinon vous ne dormirez pas !). Préférez les gélules à base de baies de cynorrhodon (fruits de l'églantier).

**Les meilleurs aliments riches en vitamine C
pour le groupe A**

Ananas

Baies

Brocoli

Cerises

Citron

Pamplemousse

Vitamine E

Certaines études semblent démontrer que la vitamine E protège à la fois du cancer et des affections cardio-vasculaires. Cela justifie à mon sens la prise d'une supplémentation quotidienne, mais ne dépassez pas 400 U.I. (unités internationales) par jour.

**Les meilleurs aliments riches en vitamine E
pour le groupe A**

Arachides

Céréales complètes

Huiles végétales à première pression à froid

Légumes verts à feuilles

Calcium

Votre alimentation comportant quelques produits laitiers, la nécessité d'une supplémentation en calcium est moins cruciale pour vous qu'elle ne l'est pour le groupe O. Je vous conseille cependant d'en absorber un peu (300 à 600 mg par jour) à partir de la cinquantaine.

Attention, tous les suppléments en calcium ne se valent pas pour vous. Le plus commun, le carbonate de calcium, ne vous convient par exemple pas du tout car son absorption dépend du taux d'acidité gastrique, et le vôtre est bas. Préférez-lui le lactate de calcium ou, si vous n'en trouvez pas, du citrate de calcium, voire à la rigueur du gluconate de calcium.

Les meilleurs aliments riches en calcium pour le groupe A

Boisson de soya enrichie

Brocoli

Chou frisé (Kale)

Chou pak-choï

Lait de chèvre

Sardines (avec arêtes)

Saumon en conserve (avec arêtes)

Yogourt

Fer

L'alimentation du groupe A est naturellement pauvre en fer, puisqu'on trouve principalement celui-ci dans les viandes rouges. Les femmes du groupe A doivent donc surveiller de près leurs réserves de fer, surtout si elles ont des règles abondantes.

En matière de supplémentation en fer, ne faites pas d'automédication : consultez votre médecin, de manière à ce qu'il puisse surveiller l'effet du traitement au moyen d'analyses sanguines.

En règle générale, mieux vaut absorber de petites doses de fer et entreprendre des cures de courte durée. Évitez les préparations trop concentrées, comme le sulfate ferreux, qui peuvent irriter l'estomac, et préférez-leur des formules plus douces à base de citrate de fer ou de mélasse non raffinée.

Les meilleurs aliments riches en fer
pour le groupe A

Céréales complètes (amarante, quinoa, etc)

Graines de citrouille

Légumineuses (lentilles, haricots blancs, etc)

Mélasse verte non raffinée (« blackstrap »)

Zinc (avec prudence)

J'ai remarqué qu'une supplémentation minime en zinc (3 mg par jour suffisent) renforçait remarquablement les défenses immunitaires des enfants, notamment contre les otites. Toutefois, le zinc doit être manié avec prudence car si de brèves cures périodiques stimulent le système immunitaire, en prendre trop ou pendant trop longtemps produit l'effet inverse. De plus, la prise de zinc peut inhiber l'absorption d'autres oligo-éléments. Attention, donc : évitez l'automédication et consultez votre médecin.

Les meilleurs aliments riches en zinc
pour le groupe A

Cérèales complètes (amarante, quinoa, etc)

Graines de citrouille

Légumineuses

Sélénium (avec prudence)

Le sélénium, qui semble se comporter comme un composant des antioxydants sécrétés par notre organisme, peut être fort utile pour prévenir les risques accrus de cancer liés au groupe sanguin A. Toutefois, parlez-en d'abord à votre médecin car on a relevé des cas de toxicité à la suite de l'absorption de doses excessives.

Chrome (avec prudence)

Les personnes du groupe A, naturellement plus prédisposées au diabète que les autres groupes sanguins, noteront avec intérêt – surtout si leur famille compte des diabétiques – que le chrome augmente l'efficacité des mécanismes de régulation du taux de glucose sanguin, ce qui accroît l'efficacité de l'insuline. Sachez toutefois que l'on ignore encore tout des effets à long terme d'une supplémentation en chrome ; c'est pourquoi je ne la recommande pas. Vous vous protégerez tout à fait efficacement du diabète en suivant simplement les préceptes du régime adapté à votre groupe sanguin.

LES PLANTES MÉDICINALES ET LES SUBSTANCES PHYTOCHIMIQUES RECOMMANDÉES POUR LE GROUPE A

Aubépine *(Crataegus oxyacantha)*

L'aubépine est un excellent tonique cardio-vasculaire, que les individus du groupe A devraient sans conteste ajouter à leur alimentation, si eux-mêmes ou des membres de leur famille souffrent de problèmes cardiaques. Les principes actifs de cette plante accroissent l'élasticité des artères et tonifient le cœur, tout en réduisant la tension artérielle et en exerçant une légère action solvante sur les plaques d'athérome déposées sur les parois artérielles.

Officiellement inscrite à la pharmacopée allemande, l'aubépine est mal connue dans les autres pays. Elle est cependant facile à trouver sous forme d'extrait ou de teinture mère dans les magasins de produits naturels et les pharmacies. Je ne saurais trop chanter les louanges de cette plante, qui est en outre – et les études toxicologiques officielles allemandes le confirment – totalement dépourvue d'effets secondaires. Si je le pouvais, j'en ajouterais aux céréales pour le déjeuner, comme on le fait déjà pour les vitamines.

Broméline (enzymes d'ananas)

Si vous appartenez au groupe A et souffrez de ballonnements ou d'autres manifestations indiquant un mauvais métabolisme des protéines, prenez une supplémentation en broméline. Cette enzyme attaque légèrement les protéines des aliments, facilitant ainsi leur digestion.

Chardon Marie *(Silybum marianum)*

Le chardon Marie est un efficace antioxydant, qui a l'avantage supplémentaire de se concentrer tout particulièrement dans les canaux du foie et de la vésicule biliaire. Or les personnes du groupe A sont souvent sujettes aux troubles hépatiques et biliaires. Alors, si les affections du foie, de la vésicule biliaire ou du pancréas sont répandues dans votre famille, envisagez d'absorber du chardon Marie (en vente dans les pharmacies et dans les magasins de produits naturels). Les patients atteints de cancer qui suivent une chimiothérapie auront avantage à en absorber aussi pour protéger leur foie.

Plantes calmantes

Les sujets du groupe A peuvent utiliser des calmants phytothérapiques légers, comme la camomille ou la racine de valériane, pour mieux gérer leur stress. Ces herbes s'absorbent sous forme de tisane, à prendre régulièrement. La valériane possède une odeur puissante et caractéristique, mais on s'y habitue en général assez rapidement. Une rumeur courant dans les magasins de produits naturels veut que cette plante soit la version naturelle du Valium. C'est faux. Elle tient son nom de l'empereur romain Valérien, qui fut capturé par les Perses au cours d'un combat puis exécuté, et dont le corps empaillé et teint en rouge est exposé dans un musée.

Plantes stimulant les défenses immunitaires

Votre système immunitaire tendant à se montrer un peu trop conciliant avec ses agresseurs, il est utile de le stimuler grâce à des plantes médicinales appropriées, qui vous aideront à éviter rhumes et grippes et optimiseront peut-être la vigilance de votre organisme à l'encontre des cancers. Je vous conseille l'échinacée (*Echinacea purpurea*), à prendre en comprimés, en gélules ou sous forme d'extrait liquide. Le huangki chinois (*Astragalus membranaceus*) est aussi efficace, mais plus difficile à trouver. Les principes actifs de ces deux plantes sont des sucres qui exercent une action mitogène sur les globules blancs, c'est-à-dire qu'ils en accélèrent la production. Or, ce sont ces globules blancs qui défendent l'organisme contre les agresseurs extérieurs.

Les Japonais chantent également les louanges du maïtaké – un champignon local –, réputé exercer une puissante action stimulante sur le système immunitaire. Des études récentes indiquent que le maïtaké pourrait en outre posséder des propriétés anticancéreuses.

Quercétine

La quercétine est un bioflavonoïde présent en abondance dans le règne végétal, notamment dans les oignons jaunes et rouges. On l'absorbe le plus souvent sous forme de gélules. C'est un très puissant antioxydant. À ce titre, la quercétine complète utilement la stratégie anticancer du groupe A.

Suppléments probiotiques

Si vous venez de découvrir le régime du groupe A, vous avez peut-être remarqué que l'adaptation à une alimentation végétarienne n'était pas toujours aisée et se traduisait souvent par des ballonnements et des flatulences. Les suppléments probiotiques peuvent contrebalancer cet inconvénient en vous apportant les « bonnes » bactéries normalement présentes dans votre tube digestif. Privilégiez les suppléments riches en bifidus, la variété de bactéries la mieux adaptée aux intestins du groupe A.

LES SUPPLÉMENTS À ÉVITER POUR LE GROUPE A

Vitamine A/Bêta-carotène

Mon père évitait toujours d'administrer du bêta-carotène à ses patients du groupe A car il disait que cela irritait leurs vaisseaux sanguins. Je me suis interrogé sur cette information, qui n'avait jamais été corroborée par aucune étude scientifique – il semblait au contraire ressortir de toutes ces dernières que le bêta-carotène pouvait prévenir toutes les maladies. Des études récentes ont cependant démontré que, pris à haute dose, il pouvait se transformer en pro-oxydant, accélérant la détérioration des tissus au lieu de la freiner. Mon père avait donc peut-être raison, au moins en ce qui concerne les personnes de ce groupe. Si c'est le cas, ces dernières auraient avantage à fuir les supplémentations en bêta-carotène et à les remplacer par des aliments riches en caroténoïdes.

Un bémol à ce conseil : à mesure que nous avançons en âge, notre capacité d'absorption des vitamines liposolubles – catégorie à laquelle appartient la vitamine A – semble aller décroissant. C'est pourquoi les plus âgés des individus du groupe A doivent néanmoins absorber une faible supplémentation en vitamine A (10 000 U. I. par jour) pour combattre les méfaits du vieillissement. Parlez-en à votre médecin.

Les aliments riches en vitamine A/Bêta-carotène acceptables pour le groupe A

Brocoli

Carottes

Courge jaune et orangée

Épinards

Œufs

Pissenlit (feuilles)

Algue bleue-verte (« Super Blue Green »)
Bétaïne (HCL)
Chromium picolinate
Colostrum bovin

GESTION DU STRESS ET SPORT : LE PROGRAMME DU GROUPE A

Élimination du stress pour le groupe A

Comme nous l'avons vu dans la première partie de ce livre, nos réactions au stress et notre capacité à le gérer sont largement inscrites dans notre groupe sanguin.

Durant la première phase d'un événement stressant – la phase d'alerte –, les personnes du groupe A ont une réaction essentiellement intellectuelle. Si vous appartenez à ce groupe, votre cerveau fonctionne en accéléré et vous passez par des phases d'anxiété, d'irritabilité et d'hyperactivité. Plus le stress envahit votre organisme, plus vous vous affaiblissez. Votre système nerveux hypersensibilisé fait s'effriter peu à peu vos fragiles anticorps protecteurs. Vous êtes trop faible pour combattre les infections et bactéries qui vous guettent, tel l'agresseur embusqué au détour d'une ruelle sombre. Si vous ne contrez pas vos tensions naturelles, vous risquez maladies cardiaques et cancers. Il est donc vital pour vous d'apprendre à vous détendre.

Adopter des techniques de relaxation comme le yoga ou la méditation peut vous aider à mieux réagir, et à mieux supporter les confrontations prolongées.

Essayez le taï chi – une gymnastique traditionnelle chinoise qui se pratique au ralenti – ou le hatha-yoga – une technique indienne millénaire de stretching. Les exercices isotoniques doux comme la marche à pied, la natation et la bicyclette sont aussi excellents pour vous. Qui dit exercice calmant n'implique pas de ne jamais transpirer ! Le plus important consiste à vous impliquer mentalement dans vos activités physiques.

En revanche, les sports de compétition et les activités trop intensives ne feront que vous épuiser nerveusement, vous laissant encore plus tendu, ouvrant la porte aux maladies.

CONSEILS SPORTIFS POUR LE GROUPE A

Le taï chi est une activité qui renforce la souplesse du corps et des mouvements. Les gestes lents et gracieux des enchaînements de taï chi dissimulent aux yeux du profane le fait qu'il s'agit d'un art martial constitué de coups, d'attaques et de gestes visant à parer les coups d'un adversaire imaginaire. En Chine, le taï chi se pratique au quotidien, en groupe, dans les jardins publics. Cette discipline exige de ses adeptes patience et concentration – surtout au début, lorsqu'il s'agit d'en maîtriser les mouvements de base – mais c'est une merveilleuse technique de relaxation.

Le yoga est lui aussi excellent pour aider les personnes du groupe A à gérer leur stress. Il s'agit d'une discipline mentale qui combine un contrôle de la respiration et des postures spécifiques destinées à permettre une concentration totale dans le cadre de laquelle on ne se laisse plus distraire par les tracas quotidiens. Le hatha-yoga est la variante la plus couramment pratiquée en Occident.

Une fois les postures basiques assimilées, vous pourrez mettre au point un programme parfaitement adapté à votre rythme de vie. Et, à ceux d'entre vous qui s'inquiéteraient de devoir adopter avec la pratique du yoga un mysticisme oriental peu compatible avec leurs convictions religieuses, je répondrai que consommer des plats italiens ne fait pas de vous un Italien! La méditation et le yoga sont ce que l'on en fait. L'efficacité des postures du yoga est reconnue depuis des siècles. Et lorsque vous méditez, c'est à vous qu'il incombe de choisir les images qui vous conviennent le mieux.

Quelques techniques simples de yoga pour vous relaxer

La relaxation est la base du yoga et toute séance commence et s'achève par une phase de relaxation. Alors que nous contractons sans cesse nos muscles, nous songeons rarement à faire l'inverse, c'est-à-dire à nous laisser aller et à les détendre. Pourtant, on se porte beaucoup mieux si l'on prend l'habitude d'évacuer régulièrement les tensions qu'y ont imprimées les soucis et les stress quotidiens.

La meilleure position de relaxation est la suivante : allongez-vous confortablement sur le dos, les bras et les jambes disposés de manière à ce que vous ne ressentiez plus aucune tension au niveau du bassin, des épaules et du dos. L'objectif de l'exercice est de laisser le calme envahir vos membres et votre esprit, telle la surface d'un étang qui redevient peu à peu lisse comme un miroir après l'envol des canards qui s'y agitaient. Commencez à respirer avec votre abdomen, comme un bébé. Seul votre abdomen se soulève; votre poitrine doit demeurer immobile. Retrouvez le véritable centre de la respiration, trop souvent oublié lorsque l'on est stressé. Étudiez votre souffle: est-il rapide, peu profond ou irrégulier? Avez-vous tendance à le bloquer? Efforcez-vous de laisser votre respiration reprendre un rythme plus naturel, profond et régulier. Essayez d'isoler les muscles abdominaux responsables de la respiration. Voyez si vous êtes capable d'inspirer sans soulever votre poitrine. Respirez doucement et sans effort. Placez une main sur votre nombril pour sentir le rythme de votre souffle. Détendez les épaules.

Une fois votre rythme de respiration naturel retrouvé, faites l'exercice suivant. Expirez à fond, puis inspirez lentement, en imaginant qu'un dictionnaire – ou tout autre objet lourd de votre choix – repose sur votre abdomen et que vous le soulevez petit à petit. Puis expirez lentement, en laissant ce poids imaginaire comprimer votre ventre, vous aidant à chasser l'air. Expirez plus complètement que vous ne le feriez normalement, pour vider le plus possible vos poumons. Utilisez vos muscles abdominaux. Recommencez l'exercice en essayant de dissocier au maximum les mouvements abdominaux de la cage thoracique, afin que celle-ci reste parfaitement immobile. Cet exercice de yoga vise à étirer le diaphragme pour mieux en chasser les tensions.

Je vous recommande les sports suivants, les plus indiqués pour une personne du groupe A. Veillez tout particulièrement à respecter la durée des séances indiquée. Pour obtenir un résultat significatif, pratiquez au moins une de ces activités au minimum trois ou quatre fois par semaine.

Et n'oubliez pas, même si vous pratiquez des activités physiques plus intensives, d'essayer d'intégrer à votre programme sportif des séances de relaxation indispensables pour gérer efficacement – en rapport avec votre groupe sanguin – votre stress.

ACTIVITÉ	DURÉE DES SÉANCES	FRÉQUENCE HEBDOMADAIRE
Taï chi	30-45 min	3 à 5 fois
Hatha-yoga	30 min	3 à 5 fois
Arts martiaux	60 min	2 ou 3 fois
Golf	60 min	2 ou 3 fois
Marche rapide	20-40 min	2 ou 3 fois
Natation	30 min	3 ou 4 fois
Danse	30-45 min	2 ou 3 fois
Aérobie (modéré)	30-45 min	2 ou 3 fois
Stretching	15 min	3 à 5 fois

POUR FINIR : QUELQUES MOTS SUR LA PERSONNALITÉ DES INDIVIDUS DU GROUPE A

Le groupe A est né lorsque nos ancêtres ont dû s'adapter à la vie au sein de communautés plus densément peuplées et aux stress nouveaux liés au mode de vie urbain et sédentaire. Certains traits psychologiques se sont peu à peu développés dans ces populations. Pour supporter ce nouvel environnement, il était tout d'abord indispensable de savoir coopérer avec ses voisins, mais aussi de se montrer correct, respectueux des lois, et de faire preuve de maîtrise de soi. La vie en société n'est possible que si chacun respecte les autres et leurs biens. Et une société n'a que faire des réfractaires à ses règles. Si nos ancêtres du groupe A n'avaient pas su oublier l'héritage culturel des chasseurs solitaires du groupe O pour devenir de bons citoyens des nouvelles villes, celles-ci auraient sombré dans le chaos, avant de disparaître. Encore une fois, c'est son adaptabilité qui a permis la survie de l'espèce humaine.

Il fallut à nos ancêtres du groupe A faire preuve d'intelligence, de sensibilité et de bon sens pour prospérer dans ce nouveau contexte, mais toutes ces qualités devaient se soumettre à un cadre rigide. C'est peut-être pour cela que nos contemporains du groupe A sont souvent sujets à la nervosité. Ils tendent à garder leurs problèmes pour eux, afin d'éviter au maximum les conflits – mais quand ils explosent... courez aux abris ! Le meilleur moyen de combattre cette propension naturelle est, nous l'avons vu, de recourir aux techniques de relaxation comme le yoga ou le taï chi.

Pour les mêmes raisons, les personnes du groupe A répugnent à se plier à la compétition tous azimuts de mise dans nos sociétés modernes et tendent souvent à fuir les activités professionnelles trop génératrices de stress.

3

Plan d'action
pour le groupe
B

GROUPE B : le nomade

- Équilibré
- Système immunitaire vigoureux
- Le plus flexible sur le plan diététique
- Mangeur de produits laitiers
- Contrôle idéalement son stress
  par des activités créatrices
- A besoin d'un bon équilibre
  entre son activité physique
  et son activité intellectuelle
  pour demeurer mince et énergique

GÉNÉRALITÉS SUR LE RÉGIME DU GROUPE B

Si le groupe O et le groupe A semblent à bien des égards occuper deux pôles opposés, le groupe B, avec ses caractéristiques uniques, évoque plutôt un caméléon. Au premier abord, il ressemble tellement au groupe O qu'il semble n'en être qu'une variante, puis on s'aperçoit soudain qu'il en est totalement distinct. À bien des égards, on peut dire que le groupe B illustre le raffinement poussé du processus évolutionnel et ses efforts pour concilier et unir des cultures et des peuples différents.

Dans l'ensemble, les personnes du groupe B sont vives et solides et résistent assez bien à la plupart des maladies graves du monde moderne telles que les cancers et les affections cardio-vasculaires. Non seulement elles en sont moins souvent atteintes, mais, quand c'est le cas, elles affichent un taux de survie supérieur à la moyenne. En revanche, elles semblent prédisposées aux maladies auto-immunes comme la sclérose en plaques, le lupus et le syndrome de fatigue chronique (voir troisième partie). Cela dit, d'après mon expérience, un sujet du groupe B qui suit à la lettre le régime adapté à son groupe sanguin échappe souvent à toute maladie grave pour vivre vieux et en pleine santé.

Le régime du groupe B est équilibré et proche de la nature, et inclut un grand éventail d'aliments. Pour reprendre une expression chère à mon père, il englobe « le meilleur du règne animal et du règne végétal ».

PERDRE DU POIDS POUR LE GROUPE B

Les aliments qui favorisent le plus l'excédent pondéral chez les personnes du groupe B sont le maïs, le sarrasin, les lentilles, les arachides et les graines de sésame. Les lectines – toutes différentes –, que chacun de ces ingrédients renferme, affectent l'efficacité de votre métabolisme, ce qui se traduit par des phénomènes de fatigue, de rétention d'eau et d'hypoglycémie (chute brutale du taux de glucose sanguin après un repas). Ceux de mes patients qui souffrent d'hypoglycémie me demandent souvent s'ils doivent suivre le régime classique prescrit en pareil cas et qui repose sur un fractionnement des repas destiné à favoriser le maintien d'un taux de glucose sanguin constant. Je le leur déconseille. En effet, à mon sens, le problème ne découle pas tant du moment où ils mangent que de ce qu'ils mangent. Certains aliments favorisent un effondrement du taux de sucre sanguin, surtout chez les individus du groupe B. Si ces derniers proscrivent ces aliments et adoptent le régime convenant à leur groupe sanguin, leur taux de sucre sanguin demeure généralement normal après les repas. De plus, grignoter toute la journée interfère avec les signaux naturels de faim de votre corps, si bien que l'on finit souvent par ressentir une impression de faim en permanence... ce qui n'est pas une bonne idée si l'on souhaite perdre du poids.

Le gluten du germe du blé et des produits à base de blé entier provoque chez les personnes du groupe B des méfaits du même type que chez leurs congénères du groupe O. Il n'est cependant pas aussi nocif pour vous que pour le groupe O. Mais, si vous consommez aussi du maïs, des lentilles, du sarrasin et des arachides, le résultat final sera tout aussi mauvais car la lectine du gluten aggrave les troubles occasionnés par celles qui ralentissent le métabolisme. Et quand la nourriture n'est pas digérée efficacement, c'est-à-dire lorsque ses nutriments ne sont pas brûlés en guise de carburant de l'organisme, ce dernier les stocke sous forme de graisse corporelle. En résumé, les personnes du groupe B qui souhaitent mincir doivent absolument éviter le blé.

Si vous bannissez de votre assiette les aliments qui contiennent des lectines toxiques pour vous, vous verrez que vous n'éprouverez plus de difficulté à contrôler votre poids. Le groupe B ne pâtit en effet d'aucun frein physiologique à la minceur, n'étant pas prédisposé par exemple aux problèmes thyroïdiens qui handicapent les sujets du groupe O sur ce plan, ni aux difficultés digestives du groupe A. Pour perdre du poids, il vous suffit donc de respecter le régime adapté à votre groupe sanguin !

Certains s'étonneront de m'entendre affirmer que les personnes du groupe B peuvent se maintenir sans effort à un poids idéal tout en absorbant, comme le régime Groupe sanguin les encourage à le faire, des produits laitiers – réputés très nourrissants et riches en matières grasses. Comprenons-nous bien : si vous abusez des aliments ultracaloriques, vous grossirez, bien évidemment ! En revanche, une consommation modérée de produits laitiers vous aidera à équilibrer votre métabolisme. Les véritables coupables de votre excédent pondéral sont les aliments qui entravent l'utilisation efficace des nutriments par votre organisme et qui favorisent le stockage des calories sous forme de graisses.

Voici les grandes lignes du plan minceur du groupe B :

LES ALIMENTS QUI FAVORISENT LA PRISE DE POIDS DU GROUPE B

POULET	Entrave l'efficacité du métabolisme
MAÏS	Inhibe l'efficacité de l'insuline
	Freine le métabolisme
	Provoque une hypoglycémie
	Agglutine les cellules
LENTILLES	Inhibent la bonne absorption des nutriments
	Entravent l'efficacité du métabolisme
	Favorisent l'hypoglycémie
ARACHIDES	Entravent l'efficacité du métabolisme
	Favorisent l'hypoglycémie
	Inhibent les fonctions hépatiques
	Ralentissent les fonctions immunitaires

GRAINES DE SÉSAME	Entravent l'efficacité du métabolisme
	Favorisent l'hypoglycémie
	Agglutinent les cellules
	Inhibent l'absorption des nutriments
SARRASIN	Inhibe la digestion
	Entrave l'efficacité du métabolisme
	Favorise l'hypoglycémie
	Inhibe l'absorption des nutriments
BLÉ	Ralentit la digestion et le métabolisme
	Favorise le stockage des nutriments sous forme de graisses et non leur combustion comme carburant de l'organisme
	Inhibe l'efficacité de l'insuline

LES ALIMENTS QUI FAVORISENT LA PERTE DE POIDS DU GROUPE B

LÉGUMES VERTS	Stimulent le métabolisme
VIANDE	Stimule le métabolisme
FOIE	Stimule le métabolisme
ŒUFS	Stimulent le métabolisme
PRODUITS LAITIERS MAIGRES	Stimulent le métabolisme
TISANE DE RÉGLISSE*	Combat l'hypoglycémie

---

* Ne prenez jamais de supplémentation en réglisse sans avis médical.

Prenez note de ces conseils et veillez à les intégrer au régime du groupe B qui suit.

LE RÉGIME DU GROUPE B

(Dans les catégories d'aliments «À ÉVITER», le signe «▼» indique les aliments qui contiennent des lectines.)

Viandes et volailles

GROUPE B

Aliment	Portion*	Par semaine si vous êtes d'origine...		
		européenne	africaine	asiatique
Viande rouge maigre	115-180 g (4-6 oz) (hommes) 60-140 g (2-5 oz) (femmes et enfants)	2 ou 3 fois	3 ou 4 fois	2 ou 3 fois
Volaille	115-180 g (4-6 oz) (hommes) 60-140 g (2-5 oz) (femmes et enfants)	0 à 3 fois	0 à 2 fois	0 à 2 fois

*   *Les portions recommandées dans ce tableau (et dans ceux consacrés aux autres catégories d'aliments) sont purement indicatives et destinées à vous aider à affiner le régime adapté à votre groupe sanguin en fonction des caractéristiques liées à votre hérédité.*

Un lien de causalité direct semble unir le stress, les maladies auto-immunes et l'apport en protéines au sein des organismes du groupe B. Cela s'explique par le fait que ce groupe sanguin peut aussi bien s'adapter à un régime riche en protéines qu'à un régime pauvre en ce type de nutriment. C'est pourquoi vous devez, si vous vous sentez fatigué ou si vous souffrez d'une affection auto-immune, manger plusieurs fois par semaine de la viande rouge – de préférence de l'agneau, du mouton ou du lapin, plutôt que du bœuf. Si ce n'est pas le cas, privilégiez le poisson et les produits laitiers comme sources de protides.

Le plus difficile sera pour vous – comme pour la plupart de mes patients – de renoncer au poulet. Il le faut pourtant car les tissus musculaires de cet animal contiennent une lectine agglutinante pour votre groupe sanguin. Si vous avez pour habitude de manger plus de volaille que de viande rouge, remplacez le poulet par de la dinde ou du faisan, qui lui ressemblent beaucoup mais sont exempts de lectines nocives. Je le sais, je vous demande là un douloureux bouleversement alimentaire, tant le poulet est peu à peu devenu l'élément de base de bien des traditions culinaires. De plus, on vous répète depuis des décennies de le préférer au bœuf car il serait « meilleur pour la santé ». Voilà un bon exemple de conseil diététique beaucoup trop général : le poulet ne convient en réalité qu'à certains – et pas à vous. Sans doute est-il en effet moins gras que la viande rouge (même si ce n'est pas une règle absolue), mais là n'est pas la question. Il contient aussi une puissante lectine qui répand ses méfaits agglutinants dans vos vaisseaux sanguins, favorisant à terme les accidents cardio-vasculaires et les maladies auto-immunes. Alors, même si vous adorez le poulet, faites l'effort de vous en passer.

Très bénéfiques

Agneau	Lapin
Gibier à poil	Mouton

Neutres

Bison	Faisan
Bœuf	Foie
Dinde	Veau

À éviter

Bacon	Oie
Caille	Perdrix
Canard	Porc
Cœur	Poulet ▼
Jambon	

Poisson, crustacés et mollusques

GROUPE B

Aliment	Portion	Par semaine si vous êtes d'origine...		
		européenne	*africaine*	*asiatique*
Tous les poissons, les crustacés et les mollusques recommandés	115-180 g (4-6 0z)	3 à 5 fois	4 à 6 fois	3 à 5 fois

Le poisson est excellent pour les personnes du groupe B. Je vous recommande tout particulièrement les poissons gras des mers froides comme la morue ou le saumon, riches en corps gras bénéfiques. Mangez aussi des poissons blancs tels que le flétan ou la sole, qui constituent des sources de protéines idéales pour vous. Fuyez en revanche les crustacés comme les crabes, le homard, les crevettes, les moules, etc., qui contiennent des lectines nocives pour vous. On notera avec intérêt à cet égard que les anciennes tribus juives, dont les préceptes alimentaires interdisent la consommation des fruits de mer, représentent une part importante de la souche originelle du groupe B. Il n'est pas impossible que cet interdit alimentaire résulte du fait que l'on savait ces mets difficiles à digérer pour des individus du groupe B.

Il semble aussi, d'après des études préliminaires, que les œufs de saumon agglutinent les cellules du groupe B. N'en abusez donc pas tant que l'on n'en sait pas plus.

Très bénéfiques

Aiglefin (haddock)	Mahimahi
Alose	Maquereau ✓
Baudroie ✓	Merluche
Brochet	Mérou ✓ +
Caviar —	Morue ✓ +
Daurade	Plie —
Esturgeon	Sardine ✓ +
Flétan —	Sole —
Grand sébaste	Truite de mer ✓ +

Neutres

Acoupa royal	Ormeaux
Barbotte	Perchaude ✓ +
Barbue de rivière	Perche ✓ +
Calmar —	Pétoncles
Carpe	Requin
Coquilles Saint-Jacques —	Saumon frais ✓ +
Corégone	Tassergal
Éperlans	Thon ✓
Espadon	Tile
Hareng frais	Truite-arc-en-ciel ✓ +
Hareng fumé et mariné	Vivaneau ✓ +

À éviter

Anchois	Homard ▼ —
Anguille	Huîtres —
Bar commun	Langouste
Barracuda	Moules ▼
Bigorneaux	Palourdes ▼

Crabe ▼   Poulpe
Crevettes ▼   Saumon fumé
Écrevisses   Sériole
Escargots   Tortue
Grenouilles __

Œufs et produits laitiers

GROUPE B

Aliment	Portion	Par semaine si vous êtes d'origine...		
		européenne	*africaine*	*asiatique*
Œufs	1 œuf	3 ou 4 fois	3 ou 4 fois	5 ou 6 fois
Fromage	60 g (2 oz)	3 à 5 fois	3 ou 4 fois	2 ou 3 fois
Yogourt (4-6 oz)	115-180 g	2 à 4 fois	0 à 4 fois	1 à 3 fois
Lait (4-6 oz)	115-180 ml	4 ou 5 fois	0 à 3 fois	2 ou 3 fois

Le groupe B est le seul groupe sanguin qui autorise la consommation régulière d'une grande variété de produits laitiers,
cela parce que l'un des sucres de base de l'antigène du groupe
B est le D-galactosamine, aussi présent dans le lait. L'homme
a commencé à se nourrir de produits laitiers lorsqu'il a appris à
domestiquer le bétail, c'est-à-dire au moment où le groupe B
s'est développé.

Il existe cependant à cet égard des particularités ethniques.
Si vous êtes d'origine asiatique, votre organisme éprouvera peut-
être des difficultés à s'accoutumer aux produits laitiers, non pas
parce que ceux-ci ne lui conviennent pas, mais par suite de réti-
cences culturelles. Cela vient de ce que ces aliments ont été
introduits en Asie par les hordes mongoles et sont de ce fait
aujourd'hui encore assimilés à des aliments « barbares »...
Moyennant quoi, bien des Asiatiques de groupe B – ce groupe

sanguin est largement représenté dans cette région du monde – imposent à leur organisme un régime à base de soya qui, quoique civilisé, ne lui est guère adapté.

Attention : si les produits laitiers sont en général excellents pour les personnes du groupe B, certaines d'entre elles présentent cependant une intolérance au lactose. C'est notamment souvent le cas des gens d'ascendance africaine – région du monde où le groupe B était presque inexistant. Mais il ne faut cependant pas confondre intolérance et allergie. Une allergie est une réaction du système immunitaire au cours de laquelle le sang produit des anticorps à l'encontre d'un aliment. Dans le cas d'une intolérance alimentaire, c'est le système digestif qui est en cause. Les intolérances sont liées aux mouvements migratoires, à l'assimilation au sein d'une culture nouvelle, etc. – par exemple, lorsque des individus du groupe B se sont implantés en Afrique, où la consommation de produits laitiers était rare.

Que faire si vous ne supportez pas les produits laitiers ? Commencez par absorber du lactase, une enzyme qui vous rendra ces aliments plus aisément digestibles. Puis, après quelques semaines de régime du groupe B, introduisez peu à peu des produits laitiers dans votre alimentation. Préférez des produits fermentés, tels que le yogourt ou le kéfir, qui sont en général mieux tolérés que le lait entier ou les produits à base de lait frais comme le fromage frais ou les crèmes glacées. Vous constaterez souvent, comme d'autres avant vous, qu'une alimentation adaptée à votre groupe sanguin fait nettement régresser vos troubles digestifs.

On recommande souvent, en cas d'intolérance aux produits laitiers, de remplacer ceux-ci par des substituts à base de soya. Malheureusement, ces aliments sont neutres pour vous. Ils ne vous apportent pas les bienfaits que les personnes du groupe A en retirent. C'est pourquoi je rechigne pour ma part à conseiller le soya et ses dérivés au groupe B. Je ne voudrais pas en effet que cela incite mes patients à faire de ces mets leur plat principal en lieu et place de la viande, du poisson et des produits laitiers essentiels à leur santé.

À l'inverse du poulet, les œufs vous sont autorisés car ils ne contiennent pas la lectine nocive présente dans les tissus musculaires de ce volatile.

Très bénéfiques

Boisson de riz*	Lait écrémé
Cottage	Mozzarella
Féta	Ricotta
Fromage de chèvre	Yogourt nature
Kéfir	Yogourt aux fruits
Lait de chèvre	Yogourt glacé
Lait demi-écrémé	

Neutres

Babeurre	Gouda
Beurre	Gruyère
Boisson d'amande*	Jarlsberg
Boisson de soya*	Lait entier
Brie	Monterey Jack
Camembert	Munster
Cheddar	Neufchâtel
Colby	Parmesan
Crème sure	Petit-lait
Édam	Provolone
Emmenthal	Sorbets
Fromage de soya*	Suisse
Fromage frais	

À éviter

Crème glacée	Lait de coco ▼
Fromage bleu	

---

*   Ce ne sont pas des produits laitiers, mais ils peuvent les remplacer.

Huiles et corps gras

GROUPE B

Aliment	Portion	Par semaine si vous êtes d'origine...		
		européenne	africaine	asiatique
Huiles (15 ml)	1 c. à table	4 à 6 fois	3 à 5 fois	5 à 7 fois

Convertissez-vous à l'huile d'olive pour améliorer votre digestion et favoriser l'élimination de vos déchets organiques. Absorbez-en au moins une cuillerée à table tous les deux jours. Vous pouvez aussi utiliser, pour cuisiner, du beurre clarifié (ou *ghee*), couramment employé en Inde.

Évitez en revanche les huiles de sésame, de tournesol et de maïs, qui contiennent des lectines nocives pour votre tube digestif.

Très bénéfiques

Huile d'olive

Neutres

Beurre clarifié (*ghee*)   Huile de lin

Huile de foie de morue   Huile de noix

À éviter

Huile d'arachide   Huile de palme

Huile de canola (colza)   Huile de sésame ▼

Huile de carthame   Huile de tournesol ▼

Huile de coco (coprah)   Lard

Huile de coton   Margarine ▼

Huile de maïs ▼   Saindoux

Noix et graines

GROUPE B

Aliment	Portion	Par semaine si vous êtes d'origine...		
		européenne	africaine	asiatique
Noix et graines	6-8 noix	2 à 5 fois	3 à 5 fois	2 ou 3 fois
Beurre de noix	1 c. à table (15 ml)	2 ou 3 fois	2 ou 3 fois	2 ou 3 fois

La plupart des noix et graines sont déconseillées aux sujets du groupe B. Les arachides, les graines de sésame et les graines de tournesol, pour ne citer qu'elles, renferment en effet des lectines qui entravent votre production d'insuline.

Si vous êtes d'origine asiatique, et accoutumé aux traditions culinaires de ce continent, il vous paraîtra sans doute difficile de renoncer au sésame et à ses dérivés, mais songez qu'en pareil cas la voix du sang doit prendre le pas sur celle de la culture.

Neutres

Amandes ✓

Beurre d'amande ✓

Beurre de macadamia ✓

Châtaignes ✓

Graines de lin ✓ +

Noix de Grenoble ✓

Noix de macadamia ✓

Noix du Brésil —

Pacanes

À éviter

Arachides ▼ ✓ +

Beurre d'arachide ▼ ✓ +

Beurre de cajou —

Beurre de noisette ▼

Beurre de tournesol ▼

Graines de citrouille ✓ +

Graines de pavot

Graines de sésame ▼

Graines de tournesol ▼

Noisettes (avelines) ✓

Noix de cajou —

Pignons ✓

Pistaches —

Tahini (beurre de sésame) ▼ ✓

Légumineuses
et autres protéines végétales

GROUPE B

Aliment	Portion	Par semaine si vous êtes d'origine...		
		européenne	africaine	asiatique
Toutes les légumineuses recommandées	250 ml (1 tasse) (produit sec)	2 ou 3 fois	3 ou 4 fois	4 ou 5 fois

Vous pouvez manger des pois et des légumineuses en quantité raisonnable, mais sachez que nombre d'aliments de cette catégorie, tels les lentilles, les pois chiches, les haricots pinto ou les doliques à œil noir, contiennent des lectines qui agissent sur la production d'insuline.

Le soya est pour vous un aliment neutre, dont la consommation n'apporte en général pas aux sujets du groupe B les bénéfices immunitaires que les groupes A et AB en retirent.

Les personnes du groupe B d'origine asiatique tolèrent d'ordinaire mieux que les autres les légumineuses car leurs traditions culinaires les ont accoutumées à ces aliments. Elles doivent cependant se limiter aux quelques produits de cette catégorie qui sont très bénéfiques pour leur groupe sanguin et veiller à ne pas en abuser.

Très bénéfiques
Haricots beurre (de Lima)   Haricots rouges
Haricots « navy »

Neutres
Fèves de soya   Haricots blancs
Fèves-gourganes   Haricots cannellini
Flageolets   Haricots northern

Graines de tamarin   Pois entiers et cassés   ✓
                                  (jaunes et verts)

À éviter

Doliques à œil noir ▼   v +-   Lentilles vertes ▼   v +
Fèves mung ▼   Pois chiches ▼
Haricots aduki ▼   v +   Seitan (gluten de blé) ▼
Haricots noirs ▼   v +   Tempeh   v +
Haricots pinto ▼   v +   Tofu   v +
Lentilles rouges ▼   v +

Céréales et produits céréaliers

GROUPE B

Aliment	Portion	Par semaine si vous êtes d'origine...		
		européenne	*africaine*	*asiatique*
Toutes les céréales recommandées	250 ml (1 tasse) (produit sec)	2 à 4 fois	2 ou 3 fois	2 à 4 fois
Pain	1 tranche	0 à 1 fois/jour	0 à 1 fois/jour	0 à 1 fois/jour
Pâtes	250 ml (1 tasse) (produit sec)	3 ou 4 fois	3 ou 4 fois	2 ou 3 fois
Autres produits céréaliers	250 ml (1 tasse) (produit sec)	3 ou 4 fois	3 ou 4 fois	2 ou 3 fois

Même si un organisme du groupe B bien équilibré – c'est-à-dire qui suit bien le régime adapté à son groupe sanguin – peut en théorie absorber sans dommage des aliments à base de blé, sachez que ces derniers sont généralement mal tolérés. Le blé contient en effet une lectine qui adhère aux récepteurs insuliniques des cellules graisseuses, empêchant ceux-ci de remplir leur fonction. Ce mécanisme réduit l'efficacité de l'insuline et empêche celle-ci de stimuler la combustion des graisses.

Les sujets du groupe B doivent aussi éviter le seigle, porteur d'une lectine qui favorise les troubles sanguins et les accidents cardio-vasculaires. On remarque d'ailleurs que le syndrome appelé « St. Anthony's fire », une maladie vasculaire, atteint avec une fréquence maximale les Juifs originaires d'Europe centrale, population majoritairement de groupe B, et qui compte le pain de seigle au nombre de ses aliments traditionnels.

Le maïs et le sarrasin sont d'importants facteurs de prise de poids pour le groupe B, car ils contribuent plus que tout autre aliment à ralentir le métabolisme et à dérégler la production d'insuline, provoquant rétention d'eau et fatigue.

On ne le répétera jamais assez: pour le groupe B, tout repose sur la notion d'équilibre. Mangez donc des céréales variées, en insistant sur le riz et l'avoine, excellents pour vous. Goûtez également l'épeautre.

En matière de pain, essayez d'adopter les pains de farine de blé germé, en vente dans les magasins de produits naturels. Ces pains « vivants » sont extrêmement nutritifs. Bien qu'ils soient préparés à base de blé, la lectine nocive est détruite par le processus de germination, ce qui fait d'eux des aliments très bénéfiques pour le groupe B. Évitez a priori les pains confectionnés à partir de blé non germé, de maïs, de sarrasin ou de seigle. Vous pouvez cependant vous les autoriser en petite quantité si vous n'avez pas de problème de glycémie sanguine. Procédez par tâtonnements afin de déterminer quelles céréales vous conviennent le mieux.

Modérez également votre consommation de pâtes et de riz car, si vous respectez l'apport en viande, en poisson et en produits laitiers que je vous recommande, vous n'avez nul besoin des nutriments que ces mets apportent.

Très bénéfiques

Avoine	Galettes de riz ✓ +
Céréales à déjeuner à l'avoine	Gruau
Couscous d'épeautre	Millet
Épeautre	Pain de céréales germées ✓ +
Farine d'avoine ✓ +	Pain Manna ® ✓ +
Farine de millet	Riz soufflé
Farine de riz ✓	Son d'avoine
Flocons d'avoine	Son de riz

Neutres

Crème de riz	Pâtes de riz brun
Farine d'épeautre	Pâtes de semoule de blé dur
Farine de quinoa	(durum)
Farine non blanchie	Pâtes fraîches
Flocons de quinoa	Quinoa
Pain d'épeautre ✓	Riz basmati
Pain de soya	Riz blanc
Pain sans gluten ✓	Riz brun

À éviter

Amarante ▼ ✓ +	Nachos ▼
Bagels (de blé)	Orge
Blé concassé	Pain de blé entier ▼ —
Blé kamut*	Pain de kamut ✓
Boulghour	Pain de seigle ▼ ✓
Céréales à déjeuner au son de blé	Pain multicéréales —
Couscous	Pâtes au sarrasin (soba) ▼ ✓ +

---

*   Variété de blé cultivée en Égypte depuis l'époque des pharaons. En vente dans les magasins de produits naturels.

Crème de blé	Pâtes de kamut
Farine au gluten ▼	Pâtes de maïs ▼
Farine d'orge	Pumpernickel ▼
Farine de blé dur (durum)	Riz sauvage
Farine de blé entier ▼	Sarrasin ▼
Farine de kamut	Seigle ▼
Farine de maïs ▼	Sept céréales
Farine de seigle ▼ *V +*	Son de blé ▼
Flocons de maïs (cornflakes) ▼	Teff
Germe de blé ▼	Tortillas ▼
Kasha ▼ *V +*	

Légumes

GROUPE B

Aliment	Portion	Par jour
		Quelle que soit votre origine ethnique
Légumes crus	250 ml (1 tasse)	3 à 5 fois
Légumes cuits	250 ml (1 tasse)	3 à 5 fois

Le règne végétal regorge de légumes aussi succulents que bénéfiques pour les personnes du groupe B, alors, si vous appartenez à ce groupe sanguin, profitez-en et mangez-en en abondance (trois à cinq portions par jour).

Rares sont les légumes nocifs pour vous, mais vous devez cependant en retenir la liste. Commencez par éliminer complètement les tomates de votre alimentation. Comme je l'ai déjà expliqué, il s'agit d'un aliment panhémagglutinant, c'est-à-dire qu'il contient des lectines qui induisent un phénomène d'agglutination chez tous les groupes sanguins. Mais, alors que cette réaction demeure modérée pour les groupes O et AB, elle est beaucoup plus violente pour les groupes A et B, et se traduit en général par une irritation de la muqueuse gastrique.

Bannissez aussi le maïs, à cause de ses lectines nuisibles pour votre métabolisme et pour votre production d'insuline que nous évoquions tout à l'heure, ainsi que les olives, dont les ferments peuvent susciter des réactions allergiques.

Les individus du groupe B qui présentent une vulnérabilité particulière aux virus et aux maladies auront avantage à manger beaucoup de légumes verts à feuilles, riches en magnésium, qui est un efficace agent antiviral. Cet oligo-élément est aussi excellent pour les enfants du groupe B sujets à l'eczéma.

Ces quelques cas particuliers exceptés, le potager est votre royaume. À l'inverse des autres groupes sanguins, vous digérez en effet parfaitement les pommes de terre, les ignames, le chou ou les champignons, pour ne citer qu'eux.

Très bénéfiques

Aubergine		Choux chinois (toutes variétés)	
Betterave	✓	Choux de Bruxelles	✓
Betterave (fanes)	✓ +	Igname	
Brocoli	✓ +	Moutarde (feuilles)	✓
Carottes	✓ +	Panais	+ ✓
Champignons shiitaké		Patate douce	
Chou blanc		Persil	+ ✓
Chou cavalier (Collard)	+ ✓	Piment doux	
Chou frisé (Kale)	+ ✓	Poivron jaune	
Chou rouge		Poivron rouge	
Chou-fleur	✓	Poivron vert	

Neutres

Ail		Épinards	✓ +
Algues	✓	Fenouil	

Aneth
Asperges ✓
Bambou (pousses) ✓
Bette à carde ✓ +
Céleri ✓
Cerfeuil ✓
Champignons « abalone » ✓
Champignons blancs (de Paris)
Champignons collybie (« enoki »)
Champignons pleurotes ✓
Champignons portobello ✓
Chicorée ✓ +
Chou-rave (Kohlrali) ✓ +
Ciboule ✓
Concombre ✓
Courges (toutes variétés) ✓
Courgettes (zucchinis) ✓
Cresson ✓
Crosses de fougère ✓
   (tête de violon)
Daïkon (radis) ✓
Échalote ✓
Endive ✓

Gingembre
Gombos (okras) ✓ +
Haricots jaunes et verts ✓
Laitue ✓
Luzerne (pousses) ✓ +
Mesclun ✓
Navet (rabiole) ✓ +
Oignon jaune ✓ +
Oignon rouge ✓ +
Oignons verts
Pak-choï ✓
Petits pois
Pissenlit ✓ +
Poireau ✓ +
Pois mange-tout ✓
Pomme de terre ___
Radicchio ✓
Raifort ✓ +
Rapini ✓
Romaine ✓ +
Roquette ✓
Rutabaga ✓
Scarole ✓ +

À éviter

Artichaut ✓ +
Avocat ▼ ✓
Citrouille ✓ +
Fèves germées mung
   (« chop suey ») ▼
Maïs ▼ ✓
Olives noires ___

Olives vertes ✓
Radis ✓
Radis (fanes) ✓
Soya (pousses)
Tomate ▼ ___
Topinambour ✓ +

Fruits

GROUPE B

Aliment	Portion	Par jour
		Quelle que soit votre origine ethnique
Tous les fruits recommandés	1 fruit ou 85-140 g (3-5oz)	3 ou 4 fois

Très peu de fruits sont interdits au groupe B et il s'agit d'espèces peu communes. Peu d'entre vous souffriront réellement de devoir renoncer aux kakis, aux grenades ou aux figues de Barbarie.

Les ananas, en revanche, sont excellents pour vous, surtout si vous êtes sujet aux ballonnements, ce qui arrivera d'autant plus fréquemment que vous étiez moins habitué à consommer des produits laitiers avant d'adopter le régime convenant à votre groupe sanguin. Ce fruit contient en effet une enzyme, la broméline, qui facilite la digestion.

Pour le reste, choisissez librement dans les listes qui suivent. Comme vous jouissez en général d'un système digestif robuste et d'un bon équilibre acido-alcalin, vous pouvez absorber des fruits trop acides pour les autres groupes sanguins.

Efforcez-vous de consommer au moins un ou deux fruits très bénéfiques chaque jour, afin de tirer parti de leurs bienfaits.

Très bénéfiques

Ananas	Papaye
Banane	Prunes
Canneberges	Raisins

Neutres

Abricots	Kiwi
Banane plantain	Kumquats

Bleuets

Cantaloup ——

Cassis ✓

Cerises ✓ +

Citron ✓ +

Clémentines ——

Dattes ✓

Figues fraîches ✓ +

Figues séchées ✓ +

Fraises ✓

Framboises ✓

Goyave ✓

Groseilles ✓

Groseilles à maquereau ✓

Lime ✓

Litché ✓

Mangue ——

Melons ✓ eau

Mûres ✓ +

Nectarine ✓

Orange ——

Pamplemousse ✓ +

Pêche ✓

Poire ✓

Pomme ✓

Pruneaux ✓ +

Raisins secs ✓ +

À éviter

Carambole ✓

Figue de Barbarie ✓

Grenade ▼ ✓

Kaki ✓

Noix de coco ▼ ——

Plaquemine

Rhubarbe ——

Jus de fruits et de légumes

GROUPE B

Aliment	Portion	Par jour
		Quelle que soit votre origine ethnique
Tous les jus de fruits et de légumes recommandés	250 ml (8 oz)	2 ou 3 fois

La plupart des jus de fruits et de légumes conviennent aux personnes du groupe B. Si vous voulez vous désaltérer tout en stimulant votre système nerveux et vos défenses immunitaires, prenez chaque matin, au lever, le breuvage suivant, que j'appelle « Cocktail fluidifiant pour les membranes » – et qui réjouira bien plus vos papilles que son nom ne le laisse présager.

Recette du «Cocktail fluidifiant pour les membranes»

Mélangez :

– 1 c. à table (15 ml) d'huile de lin ;

– 1 c. à table (15 ml) de granulés de lécithine ;

– 180 à 250 ml (6-8 oz) de jus de fruits recommandés.

Secouez et buvez.

La lécithine est un lipide présent dans certains aliments d'origine animale ou végétale et doté d'une action stimulante sur le métabolisme et sur le système immunitaire. On la trouve sous forme de granulés dans les magasins de produits naturels et les rayons diététiques des pharmacies et des supermarchés.

Ce cocktail matinal constitue un apport appréciable en choline, en sérine et en éthanolamine, trois phospholipides* très utiles au groupe B. Et, comme la lécithine émulsifie l'huile et lui permet donc de se mélanger au jus de fruits, il est étonnamment savoureux.

Très bénéfiques

Jus d'ananas ✓ +	Jus de papaye —
Jus de canneberge ✓	Jus de raisin ✓
Jus de chou ✓	

---

*   Combinaison de phosphore et de lipides qui est un constituant important des cellules vivantes et qui entre dans la composition d'une enzyme.

Neutres

Jus d'abricot ✓ +-	Jus de concombre
Jus d'orange ——	Jus de légumes autorisés
Jus de carotte ✓ +	Jus de pamplemousse *manquée* —— ✓+
Jus de céleri ✓ +	Jus de pomme ✓
Jus de cerise noire ✓ +-	Jus de pruneau ✓ +
Jus de citron ✓ +-	

À éviter

Jus de tomate ▼ ——

Épices, condiments et additifs culinaires

Les meilleures épices pour les personnes du groupe B sont les variétés « échauffantes », telles que le gingembre, le raifort, le cari ou le piment de Cayenne. Une exception, toutefois : le poivre blanc ou noir, qui contient des lectines nocives pour vous.

Paradoxalement, les substances a priori plus douces tendent à irriter votre estomac. Évitez donc la cannelle, la fécule de maïs et les édulcorants à base de malt d'orge ou de sirop de maïs. Le sucre – blanc ou roux –, le miel et la mélasse sont en revanche des aliments neutres pour votre système digestif. Sachez cependant faire preuve de modération. Même chose pour le chocolat, qui doit rester un condiment... pas votre plat principal !

Très bénéfiques

Cari ✓	Piment de Cayenne ——
Gingembre ✓ +	Raifort ✓
Persil ✓	

Neutres

Agar-agar ✓	Moutarde ✓ +
Ail ✓ +-	Noix de muscade ✓

Aneth ✓

Anis ✓

Basilic ✓

Bergamote ✓

Beurre de pomme

Câpres —

Cardamome ✓

Caroube ✓

Carvi ✓

Cerfeuil ✓

Chocolat ✓

Ciboulette ✓

Confiture (fruits autorisés)

Coriandre ✓

Cornichons —

Cumin ✓

Estragon ✓

Gelée (fruits autorisés)

Girofle (clous) ✓

Laurier ✓

Marjolaine

Mayonnaise maison

Mélasse ✓ +

Menthe ✓

Menthe poivrée ✓

Miel ✓

Miso ✓ +

Origan ✓

Paprika ✓

Piment ✓

Poivre en grains —

Relish ✓

Romarin ✓

Safran ✓

Sarriette ✓

Sauce à salade (pauvre en lipides et composée d'ingrédients autorisés) ✓

Sauce de soya ✓ +

Sauce Worcestershire —

Sauge ✓

Sel de mer ✓

Sirop d'érable ✓

Sirop de riz ✓

Sirop de riz brun ✓

Sucre blanc ✓

Sucre roux ✓

Tamarin ✓

Thym ✓

Vanille ✓

Varech vésiculeux («kelp») ✓

Vinaigre balsamique —

Vinaigre blanc —

Vinaigre de cidre —

Vinaigre de vin rouge —

À éviter

Cannelle ✓

Essence d'amande ✓

Fécule de maïs ▼ ✓

Mayonnaise
   (faite d'huile de canola)

Piment de la Jamaïque («allspice»)

Gélatine —

Gomme d'acacia (arabique)   Poivre blanc ▼ —

Gomme de guar

Ketchup ▼

Malt d'orge

Poivre blanc ▼ —

Poivre noir moulu ▼

Sirop de maïs ▼

Stévia

Tapioca

Tisanes

Les sujets du groupe B ne tirent qu'un bénéfice très modéré de l'absorption de tisanes, mais rares sont celles qui sont nocives pour eux. Pour maintenir votre équilibre, si vous appartenez à ce groupe sanguin, faites preuve de bon sens : prenez une tisane de gingembre pour vous réchauffer, une tisane de menthe pour calmer votre tube digestif, etc.

Le gingembre est particulièrement recommandé pour vous, car il semble exercer un effet positif sur votre système nerveux. Rappelez-vous toutefois qu'il s'agit d'une plante stimulante, à consommer plutôt le matin.

La réglisse est elle aussi excellente pour les personnes du groupe B, à cause de son action antivirale, qui contrecarre votre propension aux maladies auto-immunes. Elle aide aussi à réguler le taux de sucre sanguin, ce qui intéressera les individus – nombreux – du groupe B sujets à des crises d'hypoglycémie après les repas. J'ai aussi découvert récemment qu'elle améliorait notablement l'état des personnes souffrant du syndrome de fatigue chronique (voir troisième partie). Mais attention : n'absorbez jamais de réglisse sans avis médical.

Très bénéfiques

Cynorrhodon (baies d'églantier)   Menthe poivrée

Framboisier (feuilles)

Gingembre

Ginseng

Menthe poivrée

Persil

Réglisse

Sauge

Neutres

Achillée millefeuille ✓	Millepertuis ✓ +
Actée à grappes noires ✓	Mouron des oiseaux ✓
Aubépine ✓+	Mûre ✓
Bardane ✓ +	Orme rouge ✓ +
Bouleau ✓	Ortie dioïque
Camomille ✓ +	Palmier nain
Cataire —	Patience ——
Dong quai ✓	Piment de Cayenne ——
Échinacée ✓ +	Pissenlit
Écorce de chêne blanc ✓	Salsepareille
Fraisier (feuilles) ✓	Sureau ✓
Gingko biloba	Thé vert ✓ +
Luzerne ✓ +	Thym ✓
Marrube blanc ✓	Valériane ✓ +
Menthe verte ✓	Verveine ✓

À éviter

Aloès ✓ +	Molène (bouillon blanc) ✓
Bourse-à-pasteur ✓	Ortie (racines)
Chaparral —	Rhubarbe __
Consoude —	Sassafras __
Éphédra	Scutellaire ✓
Fenugrec ✓ +	Séné —
Gentiane ✓	Tilleul ✓
Houblon ✓	(en gargarisme seulement)
Hydraste du Canada —	Trèfle rouge
Maïs (barbes) ·	Tussilage (pas-d'âne) ✓

Breuvages divers

Pour bien se porter, les sujets du groupe B devraient se limiter à boire de l'eau, du thé vert, des tisanes et des jus de fruits et de légumes, même si le café, le thé ordinaire ou le vin ne sont pas à proprement nocifs pour eux. Rappelons à ce propos que l'objet du régime adapté à votre groupe sanguin est d'optimiser le fonctionnement de votre organisme et non pas de se contenter simplement de le maintenir à son niveau initial. Si vous êtes un gros buveur de boissons caféinées – qu'il s'agisse de café ou de thé –, essayez de les remplacer par du thé vert, qui contient de la caféine, mais possède aussi des propriétés antioxydantes.

N'oubliez pas non plus l'eau ! Et veillez à boire chaque jour au moins huit grands verres d'eau, de thé vert, de tisane ou de jus de fruits ou de légumes.

Très bénéfiques

Eau	Thé vert

Neutres

Bière	Thé
Café	Thé déthéiné
Café décaféiné	Vin blanc
Cidre	Vin rouge

À éviter

Alcools forts	Boissons gazeuses « diète »
Boissons gazeuses (toutes)	Eau gazeuse

EXEMPLES DE MENUS POUR LE GROUPE B AVEC OPTIONS MINCEUR

L'astérisque (*) précédant le mets indique que la recette suit.

Les exemples suivants sont destinés à vous aider à concevoir concrètement le régime dont j'ai brossé les grandes lignes au cours des pages qui précèdent. Ils ont été conçus en collaboration avec une diététiste, Dina Khader, qui utilise avec succès le régime Groupe sanguin pour ses patients.

Ces menus fournissent un apport calorique raisonnable et visent à optimiser l'efficacité du métabolisme des individus du groupe B. Ils permettent au sujet moyen de maintenir son poids sans effort, voire de perdre quelques kilos. Des options alternatives sont proposées pour ceux qui préfèrent des repas plus légers ou souhaitent limiter leur apport calorique tout en conservant une alimentation équilibrée et satisfaisante (ce « deuxième choix » est placé en face de l'aliment qu'il peut remplacer).

Veillez à bien employer pour vos recettes des ingrédients très bénéfiques pour votre groupe sanguin ou à tout le moins neutres. Si d'aventure une pincée d'un ingrédient à éviter se glisse dans un plat (ou vous semble absolument indispensable à la réussite d'une recette), ce n'est pas grave – mais cela doit rester exceptionnel.

À mesure que vous vous familiariserez avec le régime adapté à votre groupe sanguin, vous pourrez mettre au point vos propres menus et adapter vos recettes favorites, afin d'améliorer leurs qualités nutritionnelles, à la lumière de vos connaissances nouvelles.

Exemple n° 1

MENU STANDARD	OPTIONS MINCEUR

DÉJEUNER

Cocktail fluidifiant pour les membranes (si vous le souhaitez)	
2 tranches de pain de céréales germées	1 tranche de pain de céréales germées
*Fromage de yogourt aux fines herbes	
1 œuf poché	
Thé vert	

DÎNER

Salade grecque
(laitue, concombre, oignons verts,
céleri, féta) assaisonnée
d'huile d'olive et de citron

1 banane

Eau

COLLATION

1 tranche de *pain-gâteau au quinoa à la compote de pommes	1 bol de fromage cottage maigre avec 1 poire
Thé vert ou tisane	

SOUPER

*Ragoût d'agneau aux asperges	Côte d'agneau grillée
*Riz brun au safran	Asperges
Légumes à la vapeur (brocoli, choux chinois...)	
Yogourt glacé	
Eau (ou un peu de vin si vous le souhaitez)	

Exemple n° 2

MENU STANDARD   OPTIONS MINCEUR

DÉJEUNER

Cocktail fluidifiant
  pour les membranes
  (si vous le souhaitez)
Céréales au son de riz avec
  1 banane et du lait écrémé
Jus de raisin
Café

DÎNER

MENU STANDARD	OPTIONS MINCEUR
1 tranche (mince) de fromage (suisse ou munster) avec tranches minces de poitrine de dinde	2 tranches de poitrine de dinde
2 tranches de pain d'épeautre	1 tranche de pain d'épeautre
Moutarde ou mayonnaise	Moutarde seulement
Salade verte	
Eau	

COLLATION

1 yogourt sucré
au jus de fruits
Thé vert ou tisane

SOUPER

*Poisson grillé
Légumes à la vapeur
*Ignames rôties au romarin
Salade de fruits frais
Eau (ou vin si vous le désirez)

Exemple n° 3

MENU STANDARD	OPTIONS MINCEUR

DÉJEUNER

Cocktail fluidifiant
  pour les membranes
  (si vous le souhaitez)

*Granola à l'érable et aux noix avec du lait de chèvre	Riz soufflé avec du lait de chèvre

1 œuf à la coque

Jus de pamplemousse

Thé vert

DÎNER

*Salade d'épinards

Thon au naturel (1 boîte) avec de la mayonnaise	Thon sans mayonnaise avec 1 tranche de pain de céréales germées

2 galettes de riz

Eau ou thé vert

COLLATION

1 tranche de *gâteau aux abricots ou 1 pomme	Yogourt faible en gras avec des raisins secs

Café ou thé

SOUPER

*Fettucine Alfredo au parmesan

Salade verte

Tranches d'ananas

Eau (ou vin, si vous le désirez)

RECETTES POUR LE GROUPE B

Fromage de yogourt aux fines herbes

2 litres (8 tasses) de yogourt nature sans gras
2 gousses d'ail, hachées
5 ml (1 c. à thé) de thym
5 ml (1 c. à thé) de basilic
5 ml (1 c. à thé) d'origan
Sel et poivre, au goût
15 ml (1 c. à table) d'huile d'olive extra-vierge

À l'aide d'une cuillère, verser le yogourt dans une mousseline à fromage ou dans un égouttoir. Attacher le tissu avec une ficelle pour permettre au yogourt de s'égoutter au-dessus de l'évier pendant 5 heures environ.

Après avoir enlevé le yogourt du tissu, bien le mélanger dans un bol à tous les ingrédients. Couvrir et refroidir de 1 à 2 heures. Délicieux avec des légumes crus.

Pain-gâteau au quinoa à la compote de pommes

425 ml (1 3/4 tasse) de farine de quinoa
250 ml (1 tasse) de raisins secs non sulfurés,
ou autres fruits secs autorisés
125 ml (1/2 tasse) de pacanes hachées
2 ml (1/2 c. à thé) de bicarbonate de soude (« baking soda »)
2 ml (1/2 c. à thé) de poudre à pâte (sans aluminium)
2 ml (1/2 c. à thé) de sel
2 ml (1/2 c. à thé) de clous de girofle moulus
125 ml (1/2 tasse) de beurre frais bio non salé
250 ml (1 tasse) de Sucanat ou de sirop d'érable
1 œuf bio (gros)
500 ml (2 tasses) de compote de pommes bio non sucrée

Préchauffer le four à 180° C (350° F). Saupoudrer 50 ml (1/4 tasse) de farine de quinoa sur les fruits et les noix, et mettre de côté. Mélanger le bicarbonate de soude, la poudre à pâte, le sel, les clous moulus et la farine non utilisée. Dans un autre bol, mélanger le beurre, le sucre et l'œuf.

Incorporer les ingrédients liquides aux ingrédients secs en ajoutant les fruits et les noix à la fin.

Verser dans un moule carré de 20 cm (8po), et cuire au four pendant 45 minutes, ou jusqu'à ce qu'un cure-dent, inséré au centre du gâteau, en ressorte sec.

Ragoût d'agneau aux asperges

1/2 kg (1 lb) de pointes d'asperges fraîches

250 g (1/2 lb) de viande d'agneau de ferme, coupée en cubes

1 oignon moyen, haché

50 ml (3 c. à table) de beurre frais non salé

250 ml (1 tasse) d'eau

Sel, poivre, au goût

Jus d'un citron

Couper les pointes d'asperges en longueur de 5 cm (2 po environ), en enlevant la partie dure à la base. Bien laver et laisser égoutter.

Faire sauter la viande et les oignons dans le beurre jusqu'à l'obtention d'une couleur brun doré. Ajouter l'eau, le sel et les épices. Faire cuire jusqu'à ce que la viande soit tendre. Ajouter les asperges. Laisser mijoter 15 minutes ou jusqu'à tendreté. Ajouter le jus de citron.

Donne 2 portions.

Riz brun au safran

50 ml (3 c. à table) d'huile d'olive extra-vierge

1 gros oignon espagnol, ou oignon rouge

5 ml (1 c. à thé) de coriandre moulue

5 ml (1 c. à thé) de muscade

2 cosses de cardamome (utiliser seulement les graines à l'intérieur)

5 ml (1 c. à thé) de filaments de safran

30 ml (2 c. à table) d'eau de rose

(cf. magasins de produits du Moyen-Orient)

500 ml (2 tasses) de riz basmati brun

1 litre (4 tasses) d'eau filtrée (bouillante)

Faire sauter dans l'huile l'oignon et toutes les épices, à l'exception du safran, pendant 10 minutes à feu doux. Écraser les filaments de safran et les ajouter au mélange en train de mijoter.

Ajouter la moitié de la quantité d'eau de rose et, après avoir laissé mijoter encore pendant 15 minutes, ajouter le riz ainsi que l'eau bouillante. Faire cuire de 35 à 40 minutes. Juste avant de servir, ajouter le reste de l'eau de rose.

Donne 4 portions.

Poisson grillé

90 ml (6 c. à table) de beurre non salé, de *ghee*
ou d'huile d'olive extra-vierge
5 ml (1 c. à thé) de sauce piquante au poivre
15 ml (1 c. à table) d'ail brun frais
4 filets de poisson, au choix
250 ml (1 tasse) de céréales de riz soufflé, écrasé
30 ml (2 c. à table) de persil frais haché

Faire fondre le beurre et ajouter la sauce au poivre et l'ail. Verser 20 ml (4 c. à thé) de ce mélange au fond d'un plat rectangulaire de verre allant au four. Disposer les filets et les saupoudrer de chapelure. Recouvrir avec le reste du mélange de beurre fondu.

Mettre au gril de 10 à 15 minutes. Saupoudrer de persil. Servir immédiatement.

Donne 4 portions.

Ignames rôties au romarin

5 ou 6 ignames de grosseur moyenne, coupées en quartiers
50 ml (1/4 tasse) d'huile d'olive extra-vierge
15 ml (1 c. à table) de romarin frais
ou 10 ml (2 c. à thé) de romarin séché
Un peu de piment de Cayenne ou d'épices Cajun

Bien mélanger tous les ingrédients et disposer dans un plat de verre allant au four. Faire cuire à 180° C (350° F) pendant une heure. C'est là un merveilleux plat pour accompagner une salade verte ou des légumes rôtis.

Donne 4 portions.

Granola à l'érable et aux noix

1 litre (4 tasses) de flocons d'avoine

250 ml (1 tasse) de son de riz

125 ml (1/2 tasse) de canneberges séchées

125 ml (1/2 tasse) de groseilles ou de cassis séchés

250 ml (1 tasse) de noix de Grenoble ou d'amandes émincées

5 ml (1 c. à thé) d'extrait de vanille

60 ml (4 c. à table) d'huile de canola (colza) bio

200 ml (3/4 tasse) de sirop d'érable

Préchauffer le four à 120° C (250° F). Dans un grand bol, mélanger les flocons d'avoine, le son de riz, les fruits secs, les noix et l'extrait de vanille. Ajouter l'huile et bien mélanger.

Incorporer le sirop d'érable jusqu'à l'obtention d'une consistance collante et granuleuse. Étaler sur une plaque de cuisson et mettre au four pendant 90 minutes en remuant toutes les 15 minutes jusqu'à ce que le tout soit sec et d'une couleur brun doré.

Laisser refroidir et conserver dans un récipient hermétique.

Salade d'épinards

2 bottes d'épinards frais

1 botte d'oignons verts, hachés

Jus d'un citron

3 ml (3/4 c. à thé) d'huile d'olive extra-vierge

Sel et poivre, au goût

Bien laver les épinards, égoutter et hacher. Saupoudrer de sel. Après quelques minutes, enlever l'excès d'eau. Ajouter les oignons verts, le jus de citron, l'huile, le sel et le poivre. Servir immédiatement.

Donne 6 portions.

Gâteau aux abricots

300 ml (1 1/4 tasse) de yogourt nature sans gras
1 œuf bio
125 ml (1/2 tasse) d'abricots en conserve (avec leur jus)
500 ml (2 tasses) de farine de riz brun
5 ml (1 c. à thé) de muscade moulue
6 ml (1 1/4 c. à thé) de bicarbonate de soude («baking soda»)
250 ml (1 tasse) d'abricots séchés bio ou non sulfurés hachés
(ou de tout autre fruit autorisé séché)
125 ml (1/2 tasse) de groseilles ou de cassis

Huiler un moule à gâteau de format standard et préchauffer le four à 180° C (350° F). Mélanger dans un bol de taille moyenne le yogourt, l'œuf et les abricots en conserve. Ajouter 250 ml (1 tasse) de farine et la moité des épices, ainsi que le bicarbonate de soude. Brasser jusqu'à l'obtention d'une pâte homogène.

Ajouter l'autre moitié de farine et d'épices. Si la consistance est trop épaisse, ajouter quelques gouttes d'eau froide. Incorporer les abricots et les groseilles ou cassis.

Verser la pâte dans le moule à gâteau et faire cuire de 40 à 45 minutes. Démouler et refroidir sur une grille.

Donne environ 8 portions.

Fettucine Alfredo au parmesan

225 g (8 oz) de fettucine ou de linguine de riz ou d'épeautre
15 ml (1 c. à table) d'huile d'olive extra-vierge
175 ml (3/4 tasse) de babeurre
125 ml (1/2 tasse) de parmesan râpé
50 ml (1/4 tasse) d'échalotes, tranchées
25 ml (2 c. à table) de basilic frais, haché,
ou 5 ml (1 c. à thé) de basilic séché
1 ml (1/4 c. à thé) de poudre d'ail ou d'ail frais écrasé
1 ml (1/4 c. à thé) de zeste de citron, râpé fin

Faire cuire les pâtes al dente, suivant les instructions fournies sur l'emballage. Égoutter. Remettre immédiatement les pâtes dans la poêle. Ajouter l'huile d'olive. Retourner pour bien recouvrir les pâtes.

Ajouter aux pâtes le babeurre, les trois quarts de la quantité de parmesan, les échalotes, le basilic et l'ail. Faire cuire le tout à feu vif jusqu'à l'apparition de bulles, en remuant constamment.

Garnir avec le reste du parmesan, et du basilic frais. Servir avec du citron.

Donne 4 portions.

SUPPLÉMENTS NUTRITIONNELS RECOMMANDÉS POUR LE GROUPE B

Le rôle de ces suppléments, qu'il s'agisse de vitamines, d'oligo-éléments ou de plantes médicinales, est de vous apporter les nutriments qui manquent dans votre alimentation et une protection accrue afin de pallier vos points faibles. Pour le groupe B, on cherchera essentiellement à :

– affiner une alimentation déjà équilibrée ;

– améliorer l'efficacité de l'insuline ;

– renforcer la résistance aux virus ;

– améliorer la clarté d'esprit ainsi que la capacité de concentration.

Les personnes du groupe B ont de la chance, car elles peuvent en grande partie éviter les maladies graves simplement en suivant le régime adapté à leur groupe sanguin. L'alimentation qui en résulte est si riche en vitamines A, B, C et E, en calcium et en fer qu'il est en principe inutile pour ces personnes d'absorber des suppléments diététiques. Profitez-en – mais suivez bien votre régime !

Voici toutefois les quelques suppléments qui peuvent vous être utiles.

Magnésium

À l'inverse des autres groupes sanguins, qui manquent souvent de calcium, les sujets du groupe B manquent souvent de magnésium. Or, le magnésium joue chez eux un rôle de catalyseur du métabolisme. C'est lui qui leur permet de métaboliser plus efficacement les glucides. Mais, comme ces personnes assimilent très efficacement le calcium, elles risquent de voir apparaître un déséquilibre calcium-magnésium. Lorsque cela se produit, elles sont plus exposées aux virus – et à tous les autres agresseurs potentiels, puisque leurs défenses immunitaires sont affaiblies –, fatiguées, déprimées, et en proie à des troubles nerveux. Dans ce cas, il peut être judicieux de tenter une cure de magnésium (300 à 500 mg par jour). Les enfants du groupe B, sujets à l'eczéma, peuvent eux aussi tirer bénéfice d'une supplémentation en magnésium.

Peu importe la formule que vous choisissez, car toutes sont efficaces. Sachez cependant que plus de patients se plaignent d'effets secondaires laxatifs avec le citrate de magnésium qu'avec les autres suppléments. Et rappelez-vous que, puisqu'un apport accru en magnésium agit – au moins en théorie – sur l'équilibre calcium-magnésium, vous devez veiller dans le même temps à absorber suffisamment d'aliments riches en calcium tels que les produits laitiers. Pensez toujours «équilibre»!

Les meilleurs aliments riches en magnésium pour le groupe B

Tous les légumes verts recommandés

Céréales

Légumineuses

LES PLANTES MÉDICINALES ET LES SUBSTANCES PHYTOCHIMIQUES RECOMMANDÉES POUR LE GROUPE B

Enzymes digestives

Si vous n'avez pas l'habitude de manger de la viande ou des produits laitiers, vous éprouverez peut-être quelque difficulté à vous adapter à votre nouvelle alimentation. Dans ce cas, absorber à chaque repas des enzymes digestives vous permettra de mieux digérer cet apport accru en protéines. Prenez par exemple de la broméline, issue de l'ananas, en vente dans la plupart des magasins de produits naturels et dans les rayons diététiques des pharmacies et des supermarchés.

Lécithine

Cette substance excellente pour le sang et fournie en grande quantité par le soya permet aux antigènes B présents à la surface des cellules de se déplacer plus aisément et, donc, de mieux protéger le système immunitaire. Pour obtenir un meilleur résultat, absorbez des granulés de lécithine plutôt que du soya – ce dernier en contient aussi, mais en concentration plus faible. C'est pourquoi je vous recommande, une fois encore, mon « cocktail fluidifiant pour les membranes », excellent et savoureux stimulant des défenses immunitaires.

Plantes adaptogéniques

Il s'agit de plantes améliorant la concentration et la mémoire, ce qui est souvent utile pour les personnes du groupe B qui souffrent d'affections virales ou nerveuses. Les plus efficaces d'entre elles sont l'éleuthérocoque, ou ginseng russe (*Eleutherococcus senticosus*) et le gingko (*Gingko biloba*), tous deux en vente dans les pharmacies et les magasins spécialisés. Des études russes menées sur des opérateurs de saisie ont démontré que l'éleuthérocoque accélérait leur rapidité de frappe et diminuait le pourcentage d'erreurs effectuées.

Le gingko biloba est actuellement la substance médicinale – toutes catégories confondues – la plus prescrite en Allemagne, où plus de cinq millions de personnes en absorbent chaque jour. Le gingko améliore la microcirculation cérébrale, ce qui explique qu'on en administre souvent aux personnes âgées. On le présente aussi comme un stimulant du cerveau et un remontant pour l'esprit.

Réglisse *(Glycyrrhiza glabra)*

La réglisse est une plante largement utilisée par les phytothérapeutes du monde entier. Elle possède au moins quatre indications curatives : elle soigne les ulcères gastriques ; elle exerce une action antivirale sur le virus de l'herpès ; elle traite le syndrome de fatigue chronique et elle combat l'hypoglycémie.

Attention : comme toute substance active, la réglisse n'est pas inoffensive et, prise en dose excessive, elle peut occasionner chez les sujets prédisposés une hausse de la tension artérielle et une rétention de sodium. Si vous appartenez au groupe B et souffrez d'hypoglycémie (chute du taux de sucre sanguin après les repas) ou du syndrome de fatigue chronique, essayez de boire une ou deux tasses de tisane de réglisse après les repas. À l'exception des tisanes et des préparations à base de réglisse déglycyrrhisée, la réglisse ne doit être absorbée que sous contrôle médical. Il existe un réel risque toxique.

LES SUPPLÉMENTS NEUTRES POUR LE GROUPE B

Complexe B

Extrait de pépins de raisins

Huile de graines de cassis

Huiles de poisson

Pycnogénol

Quercétine

Sulfate de glucosamine

Vitamine E

LES SUPPLÉMENTS À ÉVITER POUR LE GROUPE B

Algue bleue-verte (« Super Blue Green »)
Chromium picolinate
Colostrum bovin
Kombucha
Noix de cola
Sulfate de chondroïtine

GESTION DU STRESS ET SPORT : LE PROGRAMME DU GROUPE B

Élimination du stress pour le groupe B

Les réactions d'un individu du groupe B face à une situation de stress mêlent en les équilibrant l'intense activité mentale du groupe A et la réponse plus physique du groupe O. En somme, le groupe B prend en l'espèce le meilleur de chacun de ces deux groupes sanguins.

Ce mode de gestion du stress reflète la nécessité pour les ancêtres des personnes du groupe B de s'adapter à un environnement multidimensionnel. Il leur fallait joindre à l'endurance physique indispensable à la conquête de nouveaux territoires la patience et le talent nécessaires pour faire ensuite fructifier ceux-ci. N'oublions pas que le groupe B primitif comprenait à la fois des nomades et des agriculteurs.

Votre appartenance au groupe B vous permet en général de bien réagir au stress car vous savez vous adapter à des situations inhabituelles ou imprévues. Vous ne péchez ni par excès d'agressivité – comme vos congénères du groupe O – ni par excès de passivité physique – comme ceux du groupe A. C'est pourquoi il vous faut idéalement, pour gérer votre stress, recourir à des activités sollicitant à la fois vos muscles et votre esprit.

Dans le domaine sportif, vous excellerez donc dans les disciplines qui ne sont ni trop intenses ni trop axées sur la concentration. L'idéal pour vous est de pratiquer des activités de groupe d'intensité moyenne, telles que la randonnée pédestre ou à bicyclette, les moins agressifs des arts martiaux, le tennis, ou encore de suivre des cours d'aérobie. Les sports trop compétitifs comme le squash, le basket-ball ou le football vous conviennent moins bien.

CONSEILS SPORTIFS POUR LE GROUPE B

Eu égard à votre profil sanguin, un programme sportif efficace pour vous doit associer des activités relativement intenses – à pratiquer trois fois par semaine – et de la relaxation – deux fois par semaine.

Conseils pour la phase intensive

Une séance d'activité physique intensive se décline en trois phases : une phase d'échauffement, une phase de cardio-training et une phase de récupération. L'échauffement est essentiel pour prévenir les lésions musculaires car il apporte du sang aux muscles, ce qui les prépare à l'effort, quel qu'il soit – que vous vous disposiez à marcher, à courir, à faire de la bicyclette, à nager ou à jouer au ballon. Un bon échauffement inclut des mouvements d'étirement et d'assouplissement pour éviter tout risque de déchirure musculaire ou ligamentaire.

Les exercices de gymnastique se subdivisent en deux catégories : les exercices isométriques, qui agissent sur des muscles immobiles, et les exercices isotoniques, comme la course à pied ou la natation, qui provoquent une tension musculaire à travers un mouvement. Les exercices isométriques servent à tonifier des muscles spécifiques, qui pourront parallèlement être stimulés par des exercices isotoniques. Ils se pratiquent par exemple en exerçant une poussée ou une traction sur un objet fixe, ou encore en contractant des muscles antagonistes.

Pour retirer un bénéfice optimal des exercices de cardio-training, il faut élever votre rythme cardiaque jusqu'à environ 70 % du maximum possible. Une fois ce niveau atteint, continuez de manière à vous y maintenir pendant trente minutes. Et prévoyez au moins trois séances hebdomadaires de cardio-training.

Pour calculer votre rythme cardiaque maximal, soustrayez votre âge de 220. Il vous suffira alors, pour connaître la fourchette de rythme cardiaque à maintenir pendant vos séances de cardio-training, de multiplier le résultat obtenu par 0,7 (si vous avez plus de soixante ans ou êtes en mauvaise condition physique, multipliez-le par 0,6), afin d'obtenir le rythme maximal à viser. On multiplie ensuite le rythme cardiaque maximal par 0,5 pour obtenir le rythme minimal à maintenir pour une séance d'exercice efficace.

Par exemple, pour une personne de 50 ans en bonne santé :

$$220 - 50 = 170.$$

Ce qui signifie que son rythme cardiaque maximal est de 170 battements par minute.

Pour une séance de cardio-training efficace, le rythme cardiaque de cette personne devra être maintenu entre :

$$170 \times 0,7 = 119 \text{ pulsations par minute}$$

et

$$170 \times 0,5 = 85 \text{ pulsations par minute.}$$

Conseils pour la phase de relaxation

Le taï chi et le yoga sont les activités idéales pour contrebalancer le volet plus physique de votre programme sportif hebdomadaire.

Le taï chi est une activité qui accentue la flexibilité corporelle. Les mouvements lents, gracieux et élégants qui composent les enchaînements de taï chi ne ressemblent plus que de très loin aux coups de pied ou de poing et aux gestes défensifs qu'ils incarnaient à l'origine. En Chine, le taï chi se pratique en groupe, au quotidien, dans les jardins publics. Cette discipline exige de ses adeptes patience et concentration – surtout au début, lorsqu'il s'agit pour eux d'en maîtriser les mouvements de base –, mais c'est une merveilleuse technique de relaxation.

Le yoga est une discipline mentale qui combine un contrôle de la respiration et des postures spécifiques destinées à permettre une concentration totale dans le cadre de laquelle on ne se laisse plus distraire par les tracas quotidiens. Le hatha-yoga est la variante la plus couramment pratiquée en Occident.

Une fois les postures basiques assimilées, vous pourrez mettre au point un programme parfaitement adapté à votre rythme de vie. Et, à ceux d'entre vous qui s'inquiéteraient de devoir adopter avec la pratique du yoga un mysticisme oriental peu compatible avec leurs convictions religieuses, je répondrai que consommer des spaghettis ne fait pas de vous un Italien ! La méditation et le yoga sont ce que l'on en fait. L'efficacité des postures du yoga est reconnue depuis des siècles. Et lorsque vous méditez, c'est à vous qu'il incombe de choisir les images qui vous conviennent le mieux.

Quelques techniques simples de yoga pour vous relaxer

La relaxation est la base du yoga et toute séance commence et s'achève par une phase de relaxation. Alors que nous contractons sans cesse nos muscles, nous songeons rarement à faire l'inverse, c'est-à-dire à nous laisser aller et à les détendre. Pourtant, on se porte beaucoup mieux si l'on prend l'habitude d'évacuer régulièrement les tensions qu'y ont imprimées les soucis et les stress quotidiens.

La meilleure position de relaxation est la suivante : allongez-vous confortablement sur le dos, les bras et les jambes disposés de manière à ce que vous ne ressentiez plus aucune tension au niveau du bassin, des épaules et du dos. L'objectif de l'exercice est de laisser le calme envahir vos membres et votre esprit, telle la surface d'un étang qui redevient peu à peu lisse comme un miroir après l'envol des canards qui s'y agitaient.

Commencez à respirer avec votre abdomen, comme un bébé. Seul votre abdomen se soulève ; votre poitrine doit demeurer immobile. Retrouvez le véritable centre de la respiration, trop souvent oublié lorsque l'on est stressé. Étudiez votre souffle : est-il rapide, peu profond ou irrégulier ? Avez-vous tendance à le bloquer ? Efforcez-vous de laisser votre respiration reprendre un rythme plus naturel, profond et régulier. Essayez d'isoler les muscles abdominaux responsables de la respiration. Voyez si vous êtes capable d'inspirer sans soulever la poitrine. Respirez doucement et sans effort. Placez une main sur votre nombril pour sentir le rythme de votre souffle. Détendez les épaules.

Une fois votre rythme de respiration naturel retrouvé, faites l'exercice suivant. Expirez à fond, puis inspirez lentement, en imaginant qu'un dictionnaire – ou tout autre objet lourd de votre choix – repose sur votre abdomen et que vous le soulevez petit à petit. Puis expirez lentement, en laissant ce poids imaginaire comprimer votre ventre, vous aidant à chasser l'air. Expirez plus complètement que vous ne le feriez normalement, pour vider le plus possible vos poumons. Utilisez vos muscles abdominaux. Recommencez l'exercice en essayant de dissocier au maximum les mouvements abdominaux de la cage thoracique, afin que celle-ci reste parfaitement immobile. Cet exercice de yoga vise à étirer le diaphragme pour mieux en chasser les tensions.

Je vous recommande les activités suivantes, les plus indiquées pour les personnes du groupe B. Pour un résultat optimal, veillez à respecter la durée et la fréquence des séances conseillées. Pour obtenir un résultat significatif, pratiquez ces activités régulièrement.

ACTIVITÉ	DURÉE DES SÉANCES	FRÉQUENCE HEBDOMADAIRE
Aérobie	45-60 min	3 fois
Tennis	45-60 min	3 fois
Arts martiaux	30-60 min	3 fois
Gymnastique suédoise	30-45 min	3 fois
Randonnée	30-60 min	3 fois
Bicyclette	45-60 min	3 fois
Natation	30-45 min	3 fois
Marche rapide	30-60 min	3 fois
Jogging	30-45 min	3 fois
Musculation	30-45 min	3 fois
Golf	60 min	2 fois
Taï chi	45 min	2 fois
Hatha-yoga	45 min	2 fois

POUR FINIR: QUELQUES MOTS SUR LA PERSONNALITÉ DES INDIVIDUS DU GROUPE B

Les premiers individus du groupe B, confrontés à de nouveaux territoires, à des climats inconnus et à d'autres peuples, ont dû leur survie à leur flexibilité et à leur créativité. Ils avaient moins besoin de se fondre harmonieusement dans un ordre établi que leurs congénères du groupe A, et la ténacité du chasseur primitif leur était moins indispensable qu'à ceux du groupe O.

Ces caractéristiques se retrouvent dans leurs moindres cellules. Biologiquement, les sujets du groupe B sont plus souples que les autres, et moins vulnérables à beaucoup de maladies. L'individu du groupe B vit en harmonie avec le monde qui l'entoure et sait trouver un équilibre entre son activité professionnelle, son activité physique et son alimentation. C'est par essence un survivant.

À bien des égards, les personnes du groupe B ont la part belle. Elles combinent le côté plus intellectuel et sensible du groupe A et le côté plus physique et agressif du groupe O. Leur équilibre naturel les rend d'ailleurs souvent plus aptes que les autres groupes sanguins à s'entendre avec leur prochain. En effet, elles recherchent peu la compétition ou la confrontation et savent se mettre à la place de l'autre et prêter une oreille attentive à ses opinions.

Ce n'est sans doute pas un hasard si la médecine orientale traditionnelle, née dans la région du monde où l'on note la plus forte prévalence du groupe B, met tant l'accent sur l'équilibre, du physique comme du mental. Ainsi, éclater de joie – un état que la plupart des Occidentaux jugeraient hautement désirable – est considéré en Asie comme mauvais pour le cœur. Tout doit être équilibre et harmonie.

4

Plan d'action
pour le groupe
AB

GROUPE AB : l'énigme

- Mélange moderne de A et de B
- S'adapte tel un caméléon à des conditions environnementales et diététiques évolutives
- Tube digestif sensible
- Système immunitaire tolérant à l'excès
- Contrôle au mieux son stress par la spiritualité et l'énergie créatrice
- Un mystère de l'évolution

GÉNÉRALITÉS SUR LE RÉGIME DU GROUPE AB

Le groupe sanguin AB est vieux d'un peu moins de mille ans, rare (il ne représente que 2 à 5 % de la population) et d'une grande complexité biologique. Il n'est similaire à aucune autre catégorie car ses antigènes multiples le font parfois ressembler au groupe A, parfois au groupe B, et parfois à un mélange des deux, telle une chimère sanguine.

Cette diversité peut se révéler, suivant les circonstances, un atout ou une faiblesse. C'est pourquoi les personnes du groupe AB doivent étudier les listes d'aliments les concernant avec la plus grande attention, et se familiariser à la fois avec les règles diététiques concernant le groupe A et avec celles concernant le groupe B, afin de mieux comprendre celles régissant leur propre régime.

Pour résumer, la plupart des aliments contre-indiqués pour le groupe A ou pour le groupe B le sont aussi pour le groupe AB – mais cette règle comporte des exceptions. Ainsi les aliments panhémagglutinants (qui provoquent un phénomène d'agglutination chez tous les groupes sanguins) semblent mieux tolérés par le groupe AB que par les groupes A et B, sans doute parce que l'action des lectines nocives est contrecarrée à la fois par des anticorps anti-A et des anticorps anti-B. Ainsi en est-il des tomates, très mauvaises pour les sujets du groupe A comme pour ceux du groupe B, mais que le groupe AB tolère sans problème notable.

Les personnes du groupe AB sont souvent plus robustes et actives que leurs plus sédentaires congénères du groupe A, peut-être parce que leur mémoire génétique conserve la trace relativement récente de leurs ancêtres nomades des steppes de groupe B.

PERDRE DU POIDS POUR LE GROUPE AB

En matière de poids, l'héritage génétique mélangé des individus du groupe AB est très évident et se traduit parfois par des problèmes spécifiques. Ainsi, ces personnes combinent le faible taux d'acidité gastrique du groupe A avec l'adaptation à une alimentation carnée du groupe B. Ce qui signifie que, quoique génétiquement programmées pour manger de la viande, elles manquent de l'acide nécessaire au métabolisme efficace de cet aliment, si bien que la viande qu'elles absorbent tend à se stocker sous forme de graisse corporelle. Pour perdre du poids, mieux vaut donc limiter votre consommation de viande et remplacer en partie cette dernière par des légumes et du tofu.

Si vous appartenez au groupe AB, vos ancêtres du groupe B vous ont pour leur part légué leurs réactions insuliniques en cas d'absorption de haricots beurre (de Lima), de maïs, de sarrasin ou de graines de sésame – rappelons qu'en inhibant la sécrétion d'insuline, les aliments précités vous placent en état d'hypoglycémie après les repas et entravent le bon métabolisme des nutriments.

En revanche, grâce à votre héritage « groupe A », vous supportez les lentilles et les arachides. Vous ne partagez pas non plus la réaction violente de vos congénères du groupe O et du groupe B à l'égard du gluten de blé. Si vous souhaitez mincir, mieux vaut cependant pour vous éviter le blé, qui tend à acidifier vos tissus musculaires. Vous brûlez en effet les calories de manière optimale lorsque ces tissus demeurent légèrement alcalins.

Veillez donc à mettre l'accent sur certains aliments minceur et à fuir ceux qui, à l'inverse, contrecarreraient vos efforts. En voici la liste.

LES ALIMENTS QUI FAVORISENT LA PRISE DE POIDS DU GROUPE AB

VIANDE ROUGE	Mal digérée
	Stockée sous forme de graisses
	Intoxique l'intestin
HARICOTS ROUGES	Inhibent l'efficacité de l'insuline

HARICOTS BEURRE (DE LIMA)	Favorisent l'hypoglycémie Ralentissent le métabolisme
GRAINES	Favorise l'hypoglycémie
MAÏS	Inhibe l'efficacité de l'insuline
SARRASIN	Favorise l'hypoglycémie
BLÉ	Ralentit le métabolisme Entrave la bonne utilisation des calories Inhibe l'efficacité de l'insuline

LES ALIMENTS QUI FAVORISENT LA PERTE DE POIDS DU GROUPE AB

TOFU	Optimise le métabolisme
POISSON ET FRUITS DE MER	Optimisent le métabolisme
PRODUITS LAITIERS	Améliorent la production d'insuline
LÉGUMES VERTS	Améliorent l'efficacité du métabolisme
VARECH VÉSICULEUX (« KELP »)	Améliore la production d'insuline
ANANAS	Facilite la digestion Stimule la mobilité intestinale

Prenez note de ces conseils et veillez à les intégrer au régime du groupe AB qui suit.

LE RÉGIME DU GROUPE AB

(Dans les catégories d'aliments « À ÉVITER », le signe « ▼ » indique les aliments qui contiennent des lectines.)

Viandes et volailles

GROUPE AB

Aliment	Portion*	Par semaine si vous êtes d'origine...		
		européenne	africaine	asiatique
Viande rouge maigre	115-180 g (4-6 oz) (hommes) 60-140 g (2-5 oz) (femmes et enfants)	1 à 3 fois	1 à 3 fois	1 à 3 fois
Volaille	115-180 g (4-6 oz) (hommes) 60-140 g (2-5 oz) (femmes et enfants)	0 à 2 fois	0 à 2 fois	0 à 2 fois

* Les portions recommandées dans ce tableau (et dans ceux consacrés aux autres catégories d'aliments) sont purement indicatives et destinées à vous aider à affiner le régime adapté à votre groupe sanguin en fonction des caractéristiques liées à votre hérédité.

Ainsi que nous l'avons vu, en ce qui concerne la viande, les personnes du groupe AB affichent clairement leur double héritage A et B. Comme leurs ancêtres du groupe A, elles ne produisent pas assez de sucs gastriques acides pour digérer efficacement un apport important en protéines animales ; mais, comme leurs ancêtres du groupe B, elles ont besoin de protéines animales provenant des viandes que ceux-ci consommaient – de l'agneau, du mouton, du lapin ou de la dinde, plutôt que du bœuf. La solution, si vous appartenez au groupe AB :

surveiller le volume de vos portions et la fréquence de vos repas carnés. Et, comme la lectine du poulet qui irrite les vaisseaux sanguins et le tube digestif du groupe B produit le même effet sur vous, renoncez à ce volatile.

Fuyez aussi les viandes fumées ou salées, susceptibles de provoquer des cancers de l'estomac chez les individus produisant peu de sucs gastriques acides, caractéristique que vous partagez avec le groupe A.

Très bénéfiques

Agneau   Lapin
Dinde   Mouton

Neutres

Faisan   Foie

À éviter

Bacon   Jambon
Bison   Oie
Bœuf   Perdrix
Caille   Porc
Canard   Poulet ▼
Cœur   Veau
Gibier à poil

Poisson, crustacés et mollusques

GROUPE AB

Aliment	Portion	Par semaine si vous êtes d'origine...		
		européenne	africaine	asiatique
Tous les poissons, les crustacés et les mollusques recommandés	115-180 g (4-6 0z)	3 à 5 fois	3 à 5 fois	4 à 6 fois

Un large éventail de poissons, de mollusques et de crustacés s'offre à vous, et tous constituent des sources de protéines idéales pour vous. Attention, cependant : comme vos ancêtres du groupe A, vous digérez mal les lectines de la sole et de la plie. Vous partagez aussi la prédisposition de ce groupe sanguin au cancer du sein. Les femmes du groupe AB qui ont des antécédents familiaux de cancer du sein auront donc avantage à introduire les escargots dans leur alimentation. L'escargot comestible *Helix pomatia* contient en effet une puissante lectine qui agglutine spécifiquement les cellules mutantes de groupe A de deux des formes les plus communes de cancer du sein (voir troisième partie). Dans ce cas, le phénomène d'agglutination se révèle positif et utile puisque la lectine de l'escargot vous débarrasse des cellules malades.

Très bénéfiques

Alose	Maquereau
Baudroie	Mérou
Brochet	Morue
Daurade	Sardine
Escargots	Thon
Esturgeon	Truite arc-en-ciel
Grand sébaste	Truite de mer
Mahimahi	Vivaneau

Neutres

Acoupa royal	Espadon
Barbotte	Hareng frais
Barbue de rivière	Moules
Calmars	Ormeaux
Carpe	Perche
Caviar	Pétoncles
Coquilles Saint-Jacques	Requin
Corégone	Tassergal
Éperlans	

À éviter

Aiglefin (haddock)	Homard ▼
Anchois	Huîtres
Anguille	Langouste
Bar commun	Merluche ▼
Barracuda	Palourdes ▼
Bigorneaux	Plie ▼
Crabe ▼	Poulpe
Crevettes ▼	Saumon fumé ▼
Écrevisses	Sériole
Flétan ▼	Sole ▼
Grenouilles	Tortue
Hareng fumé et mariné	

Œufs et produits laitiers

GROUPE AB

Aliment	Portion	Par semaine si vous êtes d'origine...		
		européenne	*africaine*	*asiatique*
Œufs	1 œuf	3 ou 4 fois	3 à 5 fois	2 ou 3 fois
Fromage	60 g (2 oz)	3 ou 4 fois	2 ou 3 fois	3 ou 4 fois
Yogourt	115-180 g (4-6 oz)	3 ou 4 fois	2 ou 3 fois	1 à 3 fois
Lait	115-180 g (4-6 oz)	3 à 6 fois	1 à 6 fois	2 à 5 fois

En ce qui concerne les produits laitiers, les personnes du groupe AB sont plus B que A. Tous ces aliments sont excellents pour elles, en particulier les produits fermentés ou aigres tels que le yogourt, le kéfir ou la crème aigre, plus faciles à digérer que le lait lui-même.

Une seule chose à surveiller si vous appartenez au groupe AB : vos sécrétions de mucosités. Comme vos ancêtres du groupe A, vous en produisez déjà beaucoup et il est inutile qu'elles s'accroissent. Si cela se produit ou si vous voyez votre vulnérabilité aux infections O.R.L. augmenter, réduisez donc votre consommation de produits laitiers.

Les œufs constituent eux aussi une autre bonne source de protéines pour le groupe AB. Bien qu'ils soient très riches en cholestérol et que, comme le groupe A, le groupe AB soit relativement prédisposé aux problèmes cardio-vasculaires, les recherches les plus récentes en la matière ont démontré que les principaux coupables en cas d'hypercholestérolémie n'étaient pas les aliments riches en cholestérol, mais plutôt les graisses saturées. Toutefois, si vous souhaitez augmenter votre apport protidique tout en limitant votre absorption de cholestérol, utilisez deux blancs d'œufs pour un jaune. Rappelons au passage que la lectine nocive de la viande de poulet n'est pas présente dans les œufs.

Très bénéfiques

Boisson de riz*	Kéfir
Cottage	Lait de chèvre
Crème sure faible en gras	Mozzarella
Féta	Ricotta
Fromage de chèvre	Yogourt

Neutres

Boisson d'amande*	Gruyère
Boisson de soya*	Jarlsberg
Cheddar	Lait demi-écrémé
Colby	Lait écrémé

---

*   Ce ne sont pas des produits laitiers, mais ils représentent de bons substituts.

Édam

Emmenthal

Fromage de soya*

Fromage frais

Gouda

Monterey Jack

Munster

Neufchâtel

Petit-lait

Suisse

À éviter

Babeurre

Beurre

Bleu

Brie

Camembert

Crème glacée

Lait de coco ▼

Lait entier

Parmesan

Provolone

Sorbets

Huiles et corps gras

GROUPE AB

Aliment	Portion	Par semaine si vous êtes d'origine...		
		européenne	africaine	asiatique
Huiles	1 c. à table (15 ml)	4 à 6 fois	3 à 5 fois	5 à 7 fois

Préférez l'huile d'olive aux graisses animales, aux graisses végétales hydrogénées et aux autres huiles végétales. L'huile d'olive est un corps gras mono-insaturé, un type de graisse réputé pour réduire le taux de cholestérol sanguin. Vous pouvez aussi utiliser en petite quantité du beurre clarifié (le *ghee* de la cuisine indienne).

---

* Ce ne sont pas des produits laitiers, mais ils représentent de bons substituts.

Très bénéfiques

Huile d'olive   Huile de noix

Neutres

Beurre clarifié *(ghee)*   Huile de foie de morue
Huile d'arachide   Huile de lin
Huile de canola (colza)

À éviter

Huile de carthame   Huile de sésame
Huile de coco ▼   Huile de tournesol
Huile de coton   Lard
Huile de maïs   Saindoux
Huile de palme

Noix et graines

GROUPE AB

Aliment	Portion	Par semaine si vous êtes d'origine...		
		européenne	*africaine*	*asiatique*
Noix et graines	6-8 noix	2 à 5 fois	2 à 5 fois	2 ou 3 fois
Beurre de noix	1 c. à table (15 ml)	3 à 7 fois	3 à 7 fois	2 à 4 fois

Les noix et les graines constituent une catégorie d'aliments délicate à manier pour le groupe AB. Mangez-les en petite quantité et avec précaution car, bien qu'elles représentent une bonne source auxiliaire de protéines, toutes les graines contiennent des lectines qui inhibent la production d'insuline chez vous comme chez le groupe B. En revanche, vous partagez avec le groupe A la capacité de tirer parti des bienfaits des arachides, qui stimulent vos défenses immunitaires.

Sachez aussi que les personnes du groupe AB étant prédisposées aux problèmes biliaires, les beurres de noix sont plus
indiqués pour elles que les noix entières.

Très bénéfiques

Arachides   Châtaignes
Beurre d'arachide   Noix de Grenoble

Neutres

Amandes   Noix de macadamia
Beurre d'amande   Noix du Brésil
Beurre de cajou   Pacanes
Beurre de macadémia   Pignons
Graines de lin   Pistaches
Noix de cajou

À éviter

Beurre de noisettes   Graines de sésame ▼
Beurre de tournesol ▼   Graines de tournesol ▼
Graines de citrouille   Noisettes (avelines)
Graines de pavot   Tahini (beurre de sésame) ▼

Légumineuses
et autres protéines végétales

GROUPE AB

Aliment	Portion	Par semaine si vous êtes d'origine...		
		européenne	africaine	asiatique
Toutes les légumineuses recommandées	250 ml (1 tasse) (produit sec)	2 ou 3 fois	3 à 5 fois	4 à 6 fois

Voilà un autre point délicat pour l'alimentation du groupe AB. Par exemple, les lentilles, quoique déconseillées au groupe B, sont un important aliment anticancer pour le groupe AB. Elles contiennent notamment des anti-oxydants susceptibles de prévenir l'apparition de certains cancers. En revanche, les haricots beurre (de Lima) ou les haricots rouges ralentissent la production d'insuline chez les personnes du groupe AB comme chez celles du groupe A.

Consommez régulièrement du tofu, seul ou mélangé à de petites quantités de viande et de produits laitiers. Sachez que ce dérivé du soya possède des propriétés préventives du cancer reconnues.

Très bénéfiques

Fèves de soya	Lentilles vertes
Haricots « navy »	Tempeh
Haricots pinto	Tofu

Neutres

Flageolets	Haricots northern
Graines de tamarin	Lentilles rouges et brunes
Haricots blancs	Pois entiers et cassés
Haricots cannellini	(jaunes et verts)

À éviter

Doliques à œil noir	Haricots noirs
Fèves-gourganes	Haricots rouges
Haricots aduki	Pois chiches
Haricots beurre (de Lima)	

Céréales et produits céréaliers

GROUPE AB

Aliment	Portion	Par semaine si vous êtes d'origine...		
		européenne	africaine	asiatique
Toutes les céréales recommandées	250 ml (1 tasse) (produit sec)	2 ou 3 fois	2 ou 3 fois	2 à 4 fois
Pain	1 tranche	0 à 1 fois/jour	0 à 1 fois/jour	0 à 1 fois/jour
Pâtes	250 ml (1 tasse) (produit sec)	3 ou 4 fois	2 ou 3 fois	3 ou 4 fois
Autres produits céréaliers	250 ml (1 tasse) (produit sec)	3 ou 4 fois	2 ou 3 fois	3 ou 4 fois

Les recommandations relatives à l'apport en céréales du groupe AB s'inspirent à la fois de celles concernant le groupe A et de celles visant le groupe B. Si vous appartenez au groupe AB, ces aliments vous conviennent en général bien, même le blé. Rappelons cependant qu'il est conseillé d'éviter cette céréale, surtout si vous cherchez à perdre du poids, car l'enveloppe de son grain contient une substance acidifiante pour vos tissus musculaires. Ceux d'entre vous qui souffrent de mucosités trop abondantes liées à de l'asthme, ou à des infections respiratoires fréquentes, doivent également fuir le blé car il favorise leur sécrétion. Une seule solution pour savoir quelle dose adopter: faire des essais.

N'absorbez pas de germe de blé ni de son de blé plus d'une fois par semaine, et renoncez au sarrasin et au maïs, nocifs pour vous. Préférez-leur les flocons d'avoine ou de soya, le millet ou le riz moulu.

Bien entendu, optez pour des pains confectionnés à partir des céréales les plus bénéfiques pour vous, mais n'en abusez pas, surtout si vous cherchez à mincir. En cas d'excédent pondéral ou de sécrétion excessive de mucosités, évitez complètement les pains de blé (surtout entier); les autres peuvent s'autoriser de petites quantités de ces aliments. Remplacez-les cependant, dès que possible, par du pain de céréales germées – un bon substitut, car la lectine nocive pour vous est détruite par le processus de germination du grain.

Le riz est dans votre cas un meilleur aliment que les pâtes, mais vous pouvez vous accorder un plat de spaghettis ou de lasagnes une ou deux fois par semaine. Évitez simplement les variétés confectionnées à partir de sarrasin.

Très bénéfiques

Couscous d'épeautre	Pain de blé entier
Épeautre	Pain de céréales germées
Farine d'avoine	Pain de seigle
Farine de céréales germées	Pain Manna ®
Farine de millet	Riz basmati
Farine de riz	Riz blanc
Farine de seigle	Riz brun
Flocons d'avoine	Riz sauvage
Galettes de riz	Riz soufflé
Galettes de seigle	Seigle
Gruau	Son d'avoine
Millet	Son de riz

Neutres

Amarante	Orge
Bagels (blé)	Pain azyme
Blé concassé	Pain d'épeautre
Boulghour	Pain de blé entier
Couscous	Pain multicéréales

Crème de blé

Crème de riz

Farine au gluten

Farine d'épeautre

Farine d'orge

Farine de blé dur (durum)

Farine de blé entier

Farine de quinoa

Farine non blanchie

Flocons de soya

Germe de blé

Pain sans gluten

Pâtes à la semoule de blé dur (durum)

Pâtes d'épeautre

Pâtes de riz brun

Pâtes fraîches

Pumpernickel

Quinoa

Sept céréales

Son de blé

À éviter

Blé kamut*

Farine de kamut

Farine de maïs ▼

Flocons de maïs (cornflakes) ▼

Kasha ▼

Nachos ▼

Pain de kamut

Pâtes au sarrasin ▼

Pâtes de kamut

Pâtes de maïs ▼

Sarrasin ▼

Teff

Tortillas ▼

Légumes

GROUPE AB

Aliment	Portion	Par jour
		Quelle que soit votre origine ethnique
Légumes crus	250 ml (1 tasse)	3 à 5 fois
Légumes cuits	250 ml (1 tasse)	3 à 5 fois

---

*   Variété de blé cultivée en Égypte depuis l'époque des pharaons. En vente dans les magasins de produits naturels.

Les légumes frais constituent une importante source de substances phytochimiques, éléments naturels présents dans les aliments et qui jouent un rôle certain dans la prévention des cancers et des affections cardio-vasculaires – lesquels affectent plus souvent les personnes du groupe A et du groupe AB que les autres, car elles possèdent des défenses immunitaires moins efficaces. Si vous appartenez au groupe AB, mangez donc des légumes à chaque repas. Vous n'avez que l'embarras du choix car presque tous ceux qui sont bons pour le groupe A ou pour le groupe B le sont aussi pour vous. Même les tomates vous sont autorisées, comme je l'ai expliqué au début de ce chapitre.

Contentez-vous seulement, comme vos congénères du groupe B, d'éviter le maïs et tous les aliments confectionnés à partir du maïs.

Très bénéfiques

Ail	Chou-fleur
Aubergine	Concombre
Betterave	Igname
Betterave (fanes)	Luzerne (pousses)
Brocoli	Moutarde (feuilles)
Céleri	Panais
Champignons shiitaké	Patate douce
Chou cavalier (Collard)	Persil
Chou frisé (Kale)	Pissenlit

Neutres

Algues	Échalote
Asperges	Endive
Bambou (pousses)	Épinards
Bette à carde	Fenouil
Carottes	Gingembre
Carvi	Gombos (okras)

Cerfeuil

Champignons «abalone»

Champignons blancs (de Paris)

Champignons collybie («enoki»)

Champignons pleurotes

Champignons portobello

Chicorée

Chou blanc

Chou rouge

Chou-rave

Choux chinois (toutes variétés)

Choux de Bruxelles

Ciboule

Citrouille

Coriandre

Courges (toutes variétés)

Courgette

Cresson

Crosses de fougère
  (tête de violon)

Daïkon

Haricots jaunes et verts

Laitue

Mesclun

Navet

Oignon jaune

Oignon rouge

Oignons verts

Olives vertes

Pak-choï

Petits pois

Poireau

Pois mange-tout

Pomme de terre

Radicchio

Raifort

Rapini

Romaine

Roquette

Rutabaga

Scarole

Tomate

À éviter

Artichaut

Avocat ▼

Fèves germées mung
  («chop suey») ▼

Maïs ▼

Olives noires

Piment doux

Poivron jaune

Poivron rouge

Poivron vert

Radis (fanes)

Soya (pousses)

Topinambour

Fruits

GROUPE AB

Aliment	Portion	Par jour
		Quelle que soit votre origine ethnique
Tous les fruits recommandés	1 fruit ou 85-140 g (3-5oz)	3 ou 4 fois

Les rapports du groupe AB avec les fruits sont principalement régis par leur héritage « groupe A ». Si vous appartenez à ce groupe sanguin, insistez donc sur les fruits les plus alcalins, comme les raisins, les prunes et les fruits rouges, qui contrebalancent l'action acidifiante des céréales sur vos tissus musculaires.

Les fruits tropicaux, notamment les mangues et les goyaves, ne vous conviennent pas toujours. L'ananas, en revanche, vous aide à bien digérer.

Évitez aussi les oranges, même si vous les appréciez beaucoup, car elles irritent votre estomac et entravent la bonne absorption de certains oligo-éléments. Bien que vos sucs gastriques soient insuffisamment acides, manger des fruits acides n'est pas une bonne idée : non seulement cela ne vous aidera pas à mieux digérer, mais vous risquez des brûlures d'estomac. Les pamplemousses et les citrons, quoique appartenant à des espèces végétales voisines de l'orange, ne sont pas nocifs pour vous, bien au contraire. Le citron aide même à digérer et à éliminer les mucosités.

La vitamine C étant un efficace antioxydant particulièrement utile pour la prévention des cancers de l'estomac, veillez à manger des fruits qui en contiennent en abondance, tels que les kiwis.

Comme la lectine des bananes entrave la digestion des sujets du groupe AB, je recommande à mes patients de leur substituer d'autres fruits riches en potassium tels que les abricots ou les figues.

Très bénéfiques

Ananas

Canneberges

Cerises

Citron

Figues fraîches

Figues séchées

Groseilles à maquereau

Kiwi

Pamplemousse

Prunes

Raisins

Neutres

Abricots

Banane plantain

Bleuets

Cantaloup

Cassis

Clémentines

Dattes

Fraises

Framboises

Groseille

Kumquats

Lime

Melons

Mûres

Nectarine

Papaye

Melon d'eau

  (et autres variétés exotiques)

Pêche

Poire

Pomme

Pruneaux

Raisins secs

Tangerine

À éviter

Banane ▼

Carambole

Figue de Barbarie

Goyave

Grenade ▼

Kaki

Mangue ▼

Noix de coco ▼

Orange

Rhubarbe

Jus de fruits et de légumes

GROUPE AB

Aliment	Portion	Par jour
		Quelle que soit votre origine ethnique
Tous les jus de fruits et de légumes recommandés	250 ml (8 oz)	2 ou 3 fois

Les personnes du groupe AB devraient boire chaque matin au lever un verre d'eau chaude dans lequel elles auront pressé le jus d'un demi-citron, afin d'éliminer les mucosités accumulées au cours de la nuit dans leur organisme. Ce breuvage favorise également l'élimination des déchets organiques. Buvez ensuite un verre de jus de pamplemousse ou de papaye dilué.

En règle générale, insistez sur les jus des fruits très alcalins comme les cerises noires, les canneberges ou les raisins.

Très bénéfiques

Jus de canneberge
Jus de carotte
Jus de céleri
Jus de cerise noire

Jus de chou
Jus de papaye
Jus de raisin

Neutres

Jus d'abricot
Jus d'ananas
Jus de citron
Jus de concombre

Jus de légumes autorisés
Jus de pamplemousse
Jus de pomme
Jus de pruneau

À éviter

Jus d'orange

Jus de mangue ▼

Épices, condiments et additifs culinaires

Pour saler vos plats, utilisez exclusivement du sel de mer ou des algues, pauvres en sodium – ce qui convient très bien au groupe AB. Les algues telles que les varechs vésiculeux («kelp») sont en outre excellentes pour le cœur et pour le système immunitaire. Elles vous aideront aussi à contrôler efficacement votre poids.

Goûtez au miso, un dérivé du soya qui permet de confectionner de délicieux potages ou des sauces savoureuses.

Fuyez en revanche le poivre et le vinaigre, trop acides pour vous. Remplacez le vinaigre par du jus de citron, que vous mélangerez avec de l'huile et des fines herbes pour assaisonner vos salades ou vos légumes. Évitez aussi tous les pickles, qui ne peuvent qu'aggraver votre vulnérabilité aux cancers gastriques, et le ketchup, qui contient du vinaigre.

N'ayez pas peur de faire un grand usage de l'ail, puissant tonique et antibiotique naturel, particulièrement efficace sur les organismes du groupe AB.

Le sucre et le chocolat vous sont autorisés, mais sachez demeurer raisonnable...

Très bénéfiques

Ail	Miso
Cari	Persil

Neutres

Agar-agar	Noix de muscade
Aneth	Paprika
Basilic	Piment
Bergamote	Raifort
Cannelle	Romarin
Cardamome	Safran
Caroube	Sarriette

Cerfeuil

Ciboulette

Chocolat

Choucroute

Confiture (fruits autorisés)

Coriandre

Cumin

Curcuma

Estragon

Gelée (fruits autorisés)

Girofle (clous)

Laurier

Marjolaine

Mayonnaise

Mélasse

Menthe

Menthe poivrée

Miel

Moutarde

Sauce à salade (pauvre en lipides et composée d'ingrédients autorisés)

Sauce de soya

Sauge

Sel de mer

Sirop d'érable

Sirop de riz

Sirop de riz brun

Stévia

Sucre blanc

Sucre roux

Tamari

Tamarin

Thym

Vanille

Varech vésiculeux (« kelp »)

Vinaigre balsamique

Vinaigre de cidre

Vinaigre de vin rouge

À éviter

Anis

Câpres

Cornichons

Essence d'amande

Fécule de maïs ▼

Fructose

Gélatine

Gomme d'acacia (arabique)

Piment

Piment de Cayenne

Piment de la Jamaïque (« allspice »)

Poivre blanc

Poivre en grains

Poivre noir

Sauce Worcestershire

Sirop de maïs ▼

Gomme de guar	Tapioca
Ketchup ▼	Vinaigre blanc
Malt d'orge	

Tisanes

Choisissez de préférence des tisanes de plantes qui stimulent vos défenses immunitaires et aident votre organisme à se protéger contre les affections cardio-vasculaires et les cancers – comme la luzerne, la bardane, la camomille, l'échinacée ou le thé vert. L'aubépine et la réglisse[7] sont excellentes pour le cœur et les vaisseaux sanguins.

Sachez aussi que les tisanes de pissenlit, de racine de bardane et de feuilles de fraisier favorisent l'absorption du fer par votre organisme et contribuent donc de ce fait à la prévention de l'anémie.

Très bénéfiques

Aubépine	Gingembre
Bardane	Ginseng
Camomille	Luzerne
Cynorrhodon (baies d'églantier)	Réglisse*
Échinacée	Thé vert
Fraisier (feuilles)	

Neutres

Achillée millefeuille	Mouron des oiseaux
Actée à grappes noires	Mûre
Bouleau	Orme rouge
Cataire	Palmier nain
Chrysanthème	Patience
Collinsonia	Persil
Donq quai	Pissenlit

---

*   Ne jamais absorber de réglisse sans avis médical.

Écorce de chêne blanc   Psyllium
Framboisier (feuilles)   Salsepareille
Gentiane   Sauge
Hydraste du Canada   Sureau
Marrube blanc   Thym
Menthe poivrée   Valériane
Menthe verte   Verveine
Millepertuis

À éviter

Aloès   Ortie (racines)
Bourse-à-pasteur   Rhubarbe
Chaparral   Sassafras
Consoude   Scutellaire
Fenugrec   Séné
Houblon   Tilleul
Maïs (barbes)   Trèfle rouge
Molène (bouillon blanc)   Tussilage (pas-d'âne)

Breuvages divers

Le vin rouge est bon pour le groupe AB à cause de son action protectrice cardio-vasculaire. On pense aujourd'hui que l'absorption quotidienne d'un verre de vin rouge réduit le risque cardio-vasculaire chez les hommes comme chez les femmes.

Boire chaque jour une ou deux tasses de café léger ou de café décaféiné accroîtra votre acidité gastrique, facilitant la digestion des aliments. Le café contient en outre les mêmes enzymes que le soya. Pour une combinaison optimale de leurs bienfaits, alternez café et thé vert.

Et, bien sur, n'oubliez pas de boire de l'eau! Vous devez absorber chaque jour au moins huit grands verres d'eau, de thé, de tisane ou de jus de légumes ou de fruits.

Très bénéfiques

Café	Eau
Café décaféiné	Thé vert

Neutres

Bière	Vin blanc
Cidre	Vin rouge
Eau gazeuse	

À éviter

Alcools forts	Boissons gazeuses « diète »
Boissons gazeuses	Thé noir
(toutes variétés)	Thé noir déthéiné

EXEMPLES DE MENUS POUR LE GROUPE AB AVEC OPTIONS MINCEUR

L'astérisque (*) précédant le mets indique que la recette suit.

Les exemples suivants sont destinés à vous aider à concevoir concrètement le régime dont j'ai brossé les grandes lignes au cours des pages qui précèdent. Ils ont été conçus en collaboration avec une diététiste, Dina Khader, qui utilise avec succès le régime Groupe sanguin pour ses patients.

Ces menus fournissent un apport calorique raisonnable et visent à optimiser l'efficacité du métabolisme des individus du groupe AB. Ils permettent au sujet moyen de maintenir son poids sans effort, voire de perdre quelques kilos. Des options alternatives sont proposées pour ceux qui préfèrent des repas plus légers ou souhaitent limiter leur apport calorique tout en conservant une alimentation équilibrée et satisfaisante (ce « deuxième choix » est placé en face de l'aliment qu'il peut remplacer).

Veillez à bien employer pour vos recettes des ingrédients très bénéfiques pour votre groupe sanguin, ou à tout le moins neutres. Si d'aventure une pincée d'un ingrédient à éviter se glisse dans un plat (ou vous semble absolument indispensable à la réussite d'une recette), ce n'est pas grave – mais cela doit rester exceptionnel.

À mesure que vous vous familiariserez avec le régime adapté à votre groupe sanguin, vous pourrez mettre au point vos propres menus et adapter vos recettes favorites, afin d'améliorer leurs qualités nutritionnelles, à la lumière de vos connaissances nouvelles.

Exemple n° 1

MENU STANDARD   OPTIONS MINCEUR

DÉJEUNER

Eau chaude additionnée de citron pressé (au lever)	
250 ml (8 oz) de jus de pamplemousse dilué	
2 tranches de pain de céréales germées	1 tranche de pain de céréales germées
1 bol de *fromage de yogourt aux fines herbes	1 œuf poché
Café ou thé vert	

DÎNER

115 g (4 oz) de poitrine de dinde	
2 tranches de pain de seigle	1 tranche de pain de seigle ou 2 craquelins de seigle
Salade César (romaine, anchois et lamelles de parmesan)	
2 prunes	
Eau	

COLLATION

*Flan au tofu	1 bol de yogourt maigre avec des fruits
Thé vert ou tisane	

SOUPER

*Omelette au tofu	
Légumes sautés au wok	
Salade de fruits frais	
Café décaféiné	
Eau ou vin rouge (si vous le souhaitez)	

Exemple n° 2

MENU STANDARD	OPTIONS MINCEUR

DÉJEUNER

Eau chaude additionnée
  de citron pressé (au lever)

Jus de pamplemousse dilué

*Granola à l'érable et aux noix
  avec de la boisson de soya

Café ou thé vert

DÎNER

*Taboulé

1 coupe de bleuets ou d'ananas

Café ou café décaféiné

Eau

COLLATION

*Biscuits aux brisures de caroube   1 bol de melon miel coupé
                                     en cubes avec 30 ml

Thé vert ou tisane   (2 c. à table) de cottage

SOUPER

*Salade de haricots verts   Brocolis et chou-fleur
                             à la vapeur
*Lapin grillé

Riz basmati

Yogourt glacé

Eau ou vin rouge
  (si vous le désirez)

Exemple n° 3

MENU STANDARD	OPTIONS MINCEUR

DÉJEUNER

Eau chaude additionnée
   de citron pressé (au lever)
Jus de pamplemousse dilué
1 œuf poché

2 tranches de pain de céréales germées avec du beurre d'amande bio	1 tranche de pain de céréales germées avec de la confiture allégée en sucre naturel

Café ou thé vert

DÎNER

Crudités en salade

*Lasagne au tofu et pesto ou	Légumes et tofu sautés au wok

*Beignets aux sardines et tofu
2 prunes
Eau ou thé vert

COLLATION

1 bol de yogourt sucré
avec du jus de fruits
Thé vert ou tisane

SOUPER

*Salade d'épinards
Saumon grillé à l'aneth
et au citron

*Riz brun au safran	Asperges

Café décaféiné
Eau ou vin rouge
   (si vous le désirez)

RECETTES POUR LE GROUPE AB

Fromage de yogourt aux fines herbes

2 litres (8 tasses) de yogourt nature sans gras
2 gousses d'ail, hachées
5 ml (1 c. à thé) de thym
5 ml (1 c. à thé) de basilic
5 ml (1 c. à thé) d'origan
15 ml (1 c. à table) d'huile d'olive

À l'aide d'une cuillère, verser le yogourt dans une mousseline à fromage ou dans un égouttoir. Attacher le tissu avec une ficelle pour permettre au yogourt de s'égoutter au-dessus de l'évier pendant 5 heures environ.

Après avoir enlevé le yogourt du tissu, bien le mélanger dans un bol à tous les ingrédients. Couvrir et refroidir de 1 à 2 heures. Délicieux avec des légumes crus.

Flan au tofu

750 g (1 1/2 lb) de tofu émietté
150 ml (2/3 tasse) de boisson de soya
1 ml (1/4 c. à thé) de sel (facultatif)
10 ml (2 c. à thé) de jus de citron frais
Zeste d'un citron, râpé fin
5 ml (1 c. à thé) d'extrait de vanille

Bien mélanger ensemble tous les ingrédients. Déposer dans la croûte de tarte dont la recette suit.

Croûte de tarte

175 ml (3/4 tasse) de farine de grains entiers autorisée
(ou farine de seigle)
125 ml (1/2 tasse) de flocons d'avoine
2 ml (1/2 c. à thé) de sel
125 ml (1/2 tasse) d'huile
30 ml (2 c. à table) d'eau

Mélanger tous les ingrédients secs. Ajouter, en remuant, l'huile, puis l'eau, jusqu'à ce que la pâte soit homogène. Étaler la pâte dans une assiette à tarte de 20 cm (8 po) de diamètre. Piquer le fond plusieurs fois à l'aide d'une fourchette. Remplir la croûte avec le mélange de tofu et cuire à 150° C (300° F) de 30 à 45 minutes.

Donne environ 8 portions.

Omelette au tofu

500 g (1 lb) de tofu frais, égoutté et émietté
5 ou 6 champignons pleurotes, tranchés
250 ml (1/2 lb) d'oignons verts hachés fin
5 ml (1 c. à thé) de sherry ou de mirin pour la cuisson
5 ml (1 c. à thé) de sauce tamari (sans blé)
15 ml (1 c. à table) de persil frais haché
5 ml (1 c. à thé) de farine de riz complet
4 œufs bio, légèrement battus
Choix d'assaisonnements autorisés, au goût
10 ml (2 c. à thé) d'huile d'olive extra-vierge

Mélanger tous les ingrédients dans un bol, à l'exception de l'huile. Faire chauffer l'huile dans une grande poêle à frire. Verser la moitié du mélange et couvrir la poêle. Cuire à feu doux 15 minutes environ, jusqu'à ce que les œufs soient cuits. Retirer de la poêle et garder au chaud.

Répéter l'opération avec l'autre moitié du mélange.

Donne de 3 à 4 portions.

Granola à l'érable et aux noix

1 litre (4 tasses) de flocons d'avoine
250 ml (1 tasse) de son de riz
125 ml (1/2 tasse) de canneberges séchées
125 ml (1/2 tasse) de groseilles ou de cassis séchés
250 ml (1 tasse) de noix de Grenoble ou d'amandes émincées
5 ml (1 c. à thé) d'extrait de vanille
60 ml (4 c. à table) d'huile de canola (colza) bio
200 ml (3/4 tasse) de sirop d'érable

Préchauffer le four à 120° C (250° F). Dans un grand bol, mélanger les flocons d'avoine, le son de riz, les fruits secs, les noix et l'extrait de vanille. Ajouter l'huile et bien mélanger. Incorporer le sirop d'érable jusqu'à l'obtention d'une consistance collante et granuleuse. Étaler sur une plaque de cuisson et mettre au four pendant 90 minutes en remuant toutes les 15 minutes jusqu'à ce que le tout soit sec et d'une couleur brun doré.

Laisser refroidir et conserver dans un récipient hermétique.

Taboulé

250 ml (1 tasse) de millet, cuit
1 botte d'oignons verts, hachés
4 bottes de persil, haché
1 botte de menthe, hachée, ou 25 ml (2 c. à table) de menthe séchée
1 gros concombre, pelé et haché (facultatif)
75 ml (1/3 tasse) d'huile d'olive extra-vierge
Jus de 3 citrons
15 ml (1 c. à table) de sel

Déposer le millet dans un grand bol. Ajouter tous les légumes hachés et bien mélanger. Ajouter l'huile, le jus de citron et le sel. Servir sur des feuilles de laitue fraîche.

Donne 4 portions.

Biscuits aux brisures de caroube

75 ml (1/3 tasse) d'huile de canola (colza) bio
125 ml (1/2 tasse) de sirop d'érable
5 ml (1 c. à thé) d'extrait de vanille
1 œuf bio
425 ml (1 3/4 tasse) de farine d'avoine ou de riz brun
5 ml (1 c. à thé) de bicarbonate de soude (« baking soda »)
125 ml (1/2 tasse) de brisures de caroube (non sucré)

Huiler deux plaques de cuisson et préchauffer le four à 190° C (375° F). Dans un bol de taille moyenne, mélanger l'huile, le sirop d'érable et la vanille. Battre l'œuf et l'incorporer au précédent mélange. Ajouter graduellement la farine et le bicarbonate de soude en mélangeant jusqu'à former une pâte consistante. Incorporer les brisures de caroube et, à l'aide d'une cuillère à thé, déposer la pâte sur les plaques de cuisson. Laisser cuire de 10 à 15 minutes, jusqu'à ce que les biscuits prennent une teinte dorée. Retirer du four et refroidir.

Donne environ 4 douzaines de biscuits.

Salade de haricots verts

500 g (1 lb) de haricots verts frais
Jus d'un citron
50 ml (3 c. à table) d'huile d'olive extra-vierge
2 gousses d'ail écrasées
10 à 15 ml de sel (2 à 3 c. à thé)

Laver les haricots verts. Ôter les queues et les fils. Couper en morceaux de 5 cm environ (2 po).

Faire bouillir dans l'eau jusqu'à tendreté. Bien égoutter. Une fois refroidis, placer les haricots dans un bol à salade. Assaisonner avec le jus de citron, l'huile d'olive, l'ail et le sel.

Donne 4 portions.

Lapin grillé

2 lapins
250 ml (1 tasse) de vinaigre de cidre de pomme
1 petit oignon, haché
10 ml (2 c. à thé) de sel
50 ml (1/4 tasse) d'eau
250 ml (1 tasse) de farine de riz ou de chapelure (de pain sans blé)
1 ml (1/4 de c. à thé) de poivre
1 pincée de cannelle
75 ml (1/3 tasse) de margarine

Nettoyer les lapins et les découper en portions. Laisser mariner la viande dans le vinaigre, l'oignon et l'eau salée pendant quelques heures. Égoutter.

Mélanger la farine, le sel et les épices dans un plat. Passer les morceaux de lapin dans la margarine fondue, puis dans le mélange de farine (ou de chapelure), jusqu'à ce qu'ils en soient entièrement enrobés.

Faire cuire au gril à 190° C (375° F) de 30 à 40 minutes.

Donne de 4 à 6 portions.

Lasagne au tofu et pesto

500 g (1 lb) de tofu frais, émietté dans 30 ml (2 c. à table)
d'huile d'olive
250 ml (1 tasse) de fromage mozzarella partiellement écrémé, râpé
ou de ricotta partiellement écrémé
1 œuf bio (facultatif)
2 paquets d'épinards hachés congelés – ou frais
5 ml (1 c. à thé) de sel
5 ml (1 c. à thé) d'origan
1 litre (4 tasses) de sauce au pesto
(on peut utiliser une quantité moindre)
9 lasagnes de riz ou d'épeautre, cuites
250 ml (1 tasse) d'eau

Mélanger le tofu et le fromage, ainsi que l'œuf, les épinards et les assaisonnements. Étendre 250 ml (1 tasse) de sauce au pesto dans un plat de 23 X 33 cm (9 X 13 po) allant au four. Disposer, par couches superposées, lasagnes, mélange de tofu et fromage, puis sauce au pesto. Répéter l'opération et terminer par une couche de lasagnes recouverte de sauce au pesto.

Cuire au four à 180° C (350° F) de 30 à 45 minutes, ou jusqu'à point.

Donne de 4 à 6 portions.

Beignets aux sardines et tofu

1 boîte de sardines désossées
2 tranches de 2,5 cm (1 po) de tofu ferme
1 ml (1/4 c. à thé) de poudre de raifort
1 peu de vinaigre de cidre
Huile d'olive

Écraser de façon uniforme les sardines à l'aide d'une fourchette. Incorporer le tofu aux sardines en l'émiettant. Saupoudrer de poudre de raifort. Ajouter un doigt de vinaigre. Bien mélanger tous les ingrédients.

Confectionner de petits pâtés. Chauffer un peu d'huile d'olive dans une poêle de fonte. Cuire les pâtés des deux côtés jusqu'à l'obtention d'une couleur brun doré (on peut aussi cuire au gril). Cette recette s'apprête bien avec une salade.

Donne 2 portions.

Salade d'épinards

2 bottes d'épinards frais
1 botte d'oignons verts, hachés
Jus d'un citron
3 ml (1/4 c. à table) d'huile d'olive extra-vierge
Sel et poivre, au goût

Bien laver les épinards, égoutter et hacher. Saupoudrer de sel. Après quelques minutes, enlever l'excès d'eau. Ajouter les oignons verts, le jus de citron, l'huile, le sel et le poivre. Servir immédiatement.

Donne 6 portions.

Riz brun au safran

50 ml (3 c. à table) d'huile d'olive extra-vierge
1 gros oignon espagnol, ou oignon rouge
5 ml (1 c. à thé) de coriandre moulue
5 ml (1 c. à thé) de muscade
2 cosses de cardamome (utiliser seulement les graines à l'intérieur)
5 ml (1 c. à thé) de filaments de safran
30 ml (2 c. à table) d'eau de rose
(cf. magasins de produits du Moyen-Orient)
500 ml (2 tasses) de riz basmati brun
1 litre (4 tasses) d'eau filtrée (bouillante)

Faire sauter dans l'huile l'oignon et toutes les épices, à l'exception du safran, pendant 10 minutes à feu doux. Écraser les filaments de safran et les ajouter, dans un petit bol, à la moitié de la quantité d'eau de rose.

Ajouter 15 ml (1 c. à table) d'eau de rose au mélange d'oignon et, après avoir laissé mijoter encore pendant 15 minutes, ajouter le riz ainsi que l'eau bouillante. Faire cuire de 35 à 40 minutes. Juste avant de servir, ajouter l'eau de rose mélangée au safran.

Donne 4 portions.

LES SUPPLÉMENTS NUTRITIONNELS RECOMMANDÉS POUR LE GROUPE AB

Le rôle de ces suppléments, qu'il s'agisse de vitamines, d'oligo-éléments ou de plantes médicinales, est de vous apporter les nutriments qui manquent à votre alimentation et de vous assurer une protection accrue afin de pallier vos points faibles. Pour le groupe AB, on cherchera essentiellement à :

– renforcer le système immunitaire ;

– apporter des antioxydants protégeant contre le cancer ;

– tonifier le cœur.

Bien qu'ils aient hérité de leurs ancêtres du groupe A un système immunitaire vulnérable et leur prédisposition à certaines maladies, les sujets du groupe AB trouveront dans le régime adapté à leur groupe sanguin un vaste éventail de nutriments pour contrecarrer ces faiblesses.

Ainsi, ce régime apporte de la vitamine A, de la vitamine B12 et de la vitamine E en quantité, ce qui vous protège contre les cancers et les atteintes cardio-vasculaires. Je ne recommande donc de supplémentation que pour ceux qui, pour une raison quelconque, ne respectent pas leur régime à la lettre. Même le fer, qui manque dans l'alimentation végétarienne du groupe A, est bien présent dans les denrées recommandées au groupe AB.

Il existe néanmoins quelques suppléments utiles pour les personnes appartenant à ce groupe sanguin.

Vitamine C

Les personnes du groupe AB, qui affichent des taux de cancer de l'estomac supérieurs à la moyenne à cause de leur faible acidité gastrique, ont avantage à absorber de la vitamine C.

Celle-ci a par exemple la propriété de contrecarrer l'effet cancérigène des nitrites – un composé présent dans les viandes salées ou fumées. Ce qui ne signifie pas que vous deviez pour autant vous autoriser ces aliments nocifs dans votre cas. N'en déduisez pas non plus que vous deviez vous gorger de vitamine C. J'ai d'ailleurs constaté que l'excès de vitamine C occasionnait des troubles digestifs chez les sujets du groupe AB.

**Les meilleurs aliments riches en vitamine C
pour le groupe AB**

Ananas

Brocoli

Citron

Fruits rouges

Kiwi

Pamplemousse

Zinc (avec prudence)

J'ai remarqué que la prise d'une supplémentation minime en zinc (de l'ordre de 3 mg par jour) suffisait à protéger efficacement les enfants du groupe AB contre les infections hivernales, notamment celles qui touchent les oreilles. Attention, toutefois, car le zinc est une arme à double tranchant: si de brèves cures périodiques renforcent les défenses immunitaires, en prendre trop ou pendant trop longtemps produit l'effet inverse et peut en outre entraver l'absorption d'autres oligo-éléments. Soyez donc vigilant car bien que le zinc soit en vente libre, il ne devrait être utilisé que sur avis médical.

**Les meilleurs aliments riches en zinc
pour le groupe AB**

Viandes recommandées, notamment la dinde

(morceaux autres que le blanc)

Œufs

Légumineuses

Sélénium (avec prudence)

Cet oligo-élément semble bénéfique pour les sujets du groupe AB, car il serait un composant de leurs défenses antioxydantes. Consultez cependant votre médecin avant d'entamer une cure, car des cas de toxicité ont été signalés chez des personnes ayant absorbé des doses excessives de sélénium.

LES PLANTES MÉDICINALES ET LES SUBSTANCES PHYTOCHIMIQUES RECOMMANDÉES POUR LE GROUPE AB

Aubépine *(Crataegus oxyacantha)*

Prédisposées aux affections cardio-vasculaires, les personnes du groupe AB doivent prendre au sérieux la protection de leur cœur et de leurs vaisseaux sanguins. Même si le régime adapté à leur groupe sanguin réduit considérablement le risque qui les menace, les sujets issus d'une famille de cardiaques et ceux qui souffrent de durcissement artériel voudront peut-être se protéger un peu plus. L'aubépine contient une efficace substance phytochimique antioxydante qui accroît l'élasticité des artères et renforce le cœur, tout en réduisant la tension artérielle et en exerçant une légère action solvante sur les plaques d'athérome déposées sur les parois artérielles.

Officiellement inscrite à la pharmacopée allemande, l'aubépine est mal connue dans les autres pays. Elle est cependant facile à trouver sous forme d'extrait ou de teinture mère dans les magasins de produits naturels et les pharmacies. Je ne saurais trop chanter les louanges de cette plante, qui est en outre – et les études toxicologiques officielles allemandes le confirment – totalement dépourvue d'effets secondaires. Si je le pouvais, j'en ajouterais aux céréales pour le déjeuner, comme on le fait déjà pour les vitamines.

Broméline (enzymes d'ananas)

Si vous appartenez au groupe AB et souffrez de ballonnements ou d'autres manifestations indiquant un mauvais métabolisme des protéines, prenez une supplémentation en broméline. Cette enzyme attaque légèrement les protéines des aliments, facilitant ainsi leur digestion.

Chardon Marie *(Silybum marianum)*

Le chardon Marie est un antioxydant efficace, qui a l'avantage supplémentaire de se concentrer tout particulièrement dans les canaux du foie et de la vésicule biliaire. Or, les personnes du groupe AB sont souvent sujettes aux troubles hépatiques et biliaires. Alors, si les affections du foie, de la vésicule biliaire ou du pancréas sont répandues dans votre famille, envisagez d'absorber du chardon Marie (en vente dans les pharmacies et dans les magasins de produits naturels). Les patients atteints de cancer qui suivent une chimiothérapie auront avantage à en absorber aussi pour protéger leur foie.

Plantes calmantes

Je conseille aux personnes du groupe AB d'utiliser des calmants phytothérapiques légers, comme la camomille ou la racine de valériane, pour mieux gérer leur stress. Ces herbes s'absorbent sous forme de tisane, à prendre régulièrement. La valériane possède une odeur puissante et caractéristique, mais on s'y habitue en général assez rapidement et on en vient même à l'apprécier.

Plantes stimulant les défenses immunitaires

Votre système immunitaire vous rendant vulnérable aux virus et aux autres agents infectieux, il est utile de le stimuler un peu grâce à des plantes médicinales appropriées, qui vous aideront à éviter rhumes et grippe et optimiseront peut-être la vigilance de votre organisme à l'encontre des cancers. Je vous conseille l'échinacée *(Echinacea purpurea)*, à prendre en comprimés, en gélules ou sous forme d'extrait liquide. Le huangki chinois *(Astragalus membranaceus)* est aussi efficace, mais plus difficile à trouver. Les principes actifs de ces deux plantes sont des sucres qui exercent une action mitogène sur les globules blancs, c'est-à-dire qu'ils en accélèrent la production. Or, ce sont ces globules blancs qui défendent l'organisme contre les agresseurs extérieurs.

Quercétine

La quercétine est un bioflavonoïde présent en abondance dans le règne végétal, notamment dans les oignons jaunes. On l'absorbe le plus souvent sous forme de gélules. C'est un très puissant antioxydant. À ce titre, la quercétine complète utilement la stratégie anticancer du groupe AB.

LES SUPPLÉMENTS NEUTRES POUR LE GROUPE AB

Huile d'onagre
Huile de graines de cassis

Lécithine
Maitaké
Sulfate de chondroïtine

LES SUPPLÉMENTS À ÉVITER POUR LE GROUPE AB

Algue bleue-verte («Super Blue Green»)
Chromium picolinate
Colostrum bovin
Kombucha

GESTION DU STRESS ET SPORT: LE PROGRAMME DU GROUPE AB

Élimination du stress pour le groupe AB

Comme nous l'avons vu dans le chapitre 3 de la première partie, nos réactions au stress et notre capacité à le gérer sont inscrites dans notre groupe sanguin.

Durant la première phase d'un événement stressant – la phase d'alerte –, les personnes du groupe AB ont une réaction intellectuelle. Si vous appartenez au groupe AB, votre cerveau fonctionne en accéléré et vous passez par des phases d'anxiété, d'irritabilité et d'hyperactivité. Plus le stress envahit votre organisme, plus vous vous affaiblissez. Votre système nerveux hypersensibilisé fait s'effriter peu à peu vos fragiles anticorps protecteurs. Vous êtes trop faible pour combattre les infections et bactéries qui vous attendent patiemment, tel l'agresseur embusqué au détour d'une ruelle sombre. Si vous ne contrez pas vos tensions naturelles, vous risquez maladies cardiaques et cancers. Il est donc vital pour vous d'apprendre à vous détendre.

Adopter des techniques de relaxation comme le yoga ou la méditation peut vous aider à mieux réagir et à mieux supporter les confrontations prolongées. Essayez aussi le taï chi – une gymnastique traditionnelle chinoise qui se pratique au ralenti – ou le hatha-yoga – une technique indienne millénaire de stretching. Les exercices isotoniques doux, comme la marche à pied, la natation et la bicyclette sont aussi excellents pour vous. Qui dit exercice calmant n'implique pas de ne jamais transpirer! Le plus important consiste à vous impliquer mentalement dans vos activités physiques.

En revanche, les sports de compétition et les activités trop intensives ne feront que vous épuiser nerveusement, vous laissant encore plus tendu et ouvrant la porte aux maladies.

CONSEILS SPORTIFS POUR LE GROUPE AB

Le taï chi est une activité qui renforce la souplesse du corps et des mouvements. Les gestes lents et gracieux des enchaînements de taï chi dissimulent aux yeux du profane le fait qu'il s'agit d'un art martial, constitué de coups, d'attaques et de gestes visant à parer les coups d'un adversaire imaginaire. En Chine, le taï chi se pratique au quotidien, en groupe, dans les jardins publics. Cette discipline exige de ses adeptes patience et concentration – surtout au début, lorsqu'il s'agit d'en maîtriser les mouvements de base – mais c'est une merveilleuse technique de relaxation.

Le yoga est lui aussi excellent pour aider les personnes du groupe A à gérer leur stress. Il s'agit d'une discipline mentale qui combine un contrôle de la respiration et des postures spécifiques destinées à permettre une concentration totale dans le cadre de laquelle on ne se laisse plus distraire par les tracas quotidiens. Le hatha-yoga est la variante la plus couramment pratiquée en Occident.

Une fois les postures basiques assimilées, vous pourrez mettre au point un programme parfaitement adapté à votre rythme de vie. Et, à ceux d'entre vous qui s'inquiéteraient de devoir adopter avec la pratique du yoga un mysticisme oriental peu compatible avec leurs convictions religieuses, je répondrai que consommer des spaghettis ne fait pas de vous un Italien ! La méditation et le yoga sont ce que l'on en fait. L'efficacité des postures du yoga est reconnue depuis des siècles. Et, lorsque vous méditez, c'est à vous qu'il incombe de choisir les images qui vous conviennent le mieux.

Quelques techniques simples de yoga pour vous relaxer

La relaxation est la base du yoga et toute séance commence et s'achève par une phase de relaxation. Alors que nous contractons sans cesse nos muscles, nous songeons rarement à faire l'inverse, c'est-à-dire à nous laisser aller et à les détendre. Pourtant, on se porte beaucoup mieux si l'on prend l'habitude d'évacuer régulièrement les tensions qu'y ont imprimées les soucis et les stress quotidiens.

La meilleure position de relaxation est la suivante : allongez-vous confortablement sur le dos, les bras et les jambes disposés de manière à ce que vous ne ressentiez plus aucune tension au niveau du bassin, des épaules ni du dos. L'objectif de l'exercice est de laisser le calme envahir vos membres et votre esprit, telle la surface d'un étang qui redevient peu à peu lisse comme un miroir après l'envol des canards qui s'y agitaient.

Commencez à respirer avec votre abdomen, comme un bébé. Seul votre abdomen se soulève ; votre poitrine doit demeurer immobile. Retrouvez le véritable centre de la respiration, trop souvent oublié lorsque l'on est stressé. Étudiez votre souffle : est-il rapide, peu profond ou irrégulier ? Avez-vous tendance à le bloquer ? Efforcez-vous de laisser votre respiration reprendre un rythme plus naturel, profond et régulier. Essayez d'isoler les muscles abdominaux responsables de la respiration. Voyez si vous êtes capable d'inspirer sans soulever la poitrine. Respirez doucement et sans effort. Placez une main sur votre nombril pour sentir le rythme de votre souffle. Détendez les épaules.

Une fois votre rythme de respiration naturel retrouvé, faites l'exercice suivant. Expirez à fond, puis inspirez lentement, en imaginant qu'un dictionnaire – ou tout autre objet lourd de votre choix – repose sur votre abdomen et que vous le soulevez petit à petit. Puis expirez lentement, en laissant ce poids imaginaire comprimer votre ventre, vous aidant à chasser l'air. Expirez plus complètement que vous ne le feriez normalement, pour vider le plus possible vos poumons. Utilisez vos muscles abdominaux. Recommencez l'exercice en essayant de dissocier au maximum les mouvements abdominaux de la cage thoracique, afin que celle-ci reste parfaitement immobile. Cet exercice de yoga vise à étirer le diaphragme pour mieux en chasser les tensions.

Je vous recommande les sports suivants, les plus indiqués pour une personne du groupe AB. Veillez tout particulièrement à respecter la durée des séances indiquée. Pour obtenir un résultat significatif, pratiquez au moins une de ces activités au minimum trois ou quatre fois par semaine.

Et n'oubliez pas d'essayer d'intégrer à votre programme sportif des séances de relaxation indispensables pour gérer efficacement – en rapport avec votre groupe sanguin – votre stress, même si vous pratiquez des activités physiques plus intensives.

ACTIVITÉ	DURÉE DES SÉANCES	FRÉQUENCE HEBDOMADAIRE
Taï chi	30-45 min	3 à 5 fois
Hatha-yoga	30 min	3 à 5 fois
Aïkido	60 min	2 ou 3 fois
Golf	60 min	2 ou 3 fois
Marche rapide	20-40 min	2 ou 3 fois
Natation	30 min	3 ou 4 fois
Danse	30-45 min	2 ou 3 fois
Aérobie (modéré)	30-45 min	2 ou 3 fois
Randonnée	45-60 min	2 ou 3 fois
Stretching	15 min	Chaque fois que vous pratiquez une activité sportive

POUR FINIR : QUELQUES MOTS SUR LA PERSONNALITÉ DES INDIVIDUS DU GROUPE AB

Ceux des tenants de l'analyse de la personnalité en fonction du groupe sanguin qui appartiennent au groupe AB se vantent volontiers de compter le Christ parmi les leurs. Ils fondent leurs dires sur des tests qui auraient été pratiqués sur le Saint Suaire. Pour ma part, cette thèse me laisse sceptique car le Christ est supposé avoir vécu un bon millénaire avant l'apparition du groupe AB. Mais j'admets qu'il s'agit d'une belle histoire reflétant le goût caractéristique des personnes du groupe AB pour tout ce qui touche à la spiritualité. Cette attirance résulte sans doute de l'union dans leurs veines de la sensibilité du groupe A et du caractère plus équilibré et serein du groupe B.

Le système immunitaire plus qu'accueillant du groupe AB – là où leurs congénères du groupe O possèdent une porte blindée, le groupe AB ne dispose pas même d'un verrou – trouve son pendant au niveau de la personnalité des individus de ce groupe. Ceux-ci sont généralement amicaux, peu rancuniers et très diplomates. On ne s'étonnera donc pas que nombre d'enseignants et de thérapeutes appartiennent à ce groupe sanguin.

VOTRE SANTÉ
ET VOTRE
GROUPE SANGUIN

1

Stratégies médicales

La piste du groupe sanguin

À présent, vous devez avoir pris conscience du lien étroit qui unit votre groupe sanguin et votre santé. J'espère que vous commencez aussi à comprendre l'influence que vous pouvez exercer sur cette dernière, même si vous êtes prédisposé à telle ou telle maladie.

Le plan d'action adapté à votre groupe sanguin, tel que je l'ai décrit au fil des quatre chapitres précédents, est la clé d'une vie en pleine santé.

Dans cette troisième partie, nous reparlerons plus en détail des problèmes médicaux qui concernent chacun d'entre nous et de la manière dont nous pouvons mettre à profit nos connaissances en matière de groupe sanguin pour effectuer les meilleurs choix. Nous débuterons par un survol des médicaments et des traitements les plus couramment prescrits à notre époque.

La notion de médicament est fort ancienne. Et, lorsqu'un chaman ou un «homme-médecine» d'antan concoctait une potion, il ne lui insufflait pas seulement un pouvoir curatif, mais aussi une teneur spirituelle. Si bien que, même s'il s'agissait bien souvent d'une infusion nauséabonde, ses patients l'ingurgitaient sans regimber car elle était porteuse de magie. Rien de tout cela n'a vraiment changé depuis lors.

Malheureusement, aujourd'hui, les praticiens tendent à prescrire trop de médicaments, et nous, à en abuser. C'est là un problème grave. Je tiens cependant à préciser d'emblée que, à l'inverse de certains de mes collègues naturopathes, qui rejettent en bloc la pharmacopée moderne, je pense que le problème vient plus de son utilisation que des substances elles-mêmes. Tout est affaire de perspective. La plupart des médicaments chimiques soignent efficacement une large part de la population et l'on doit sans conteste y recourir pour traiter les affections les plus graves.

Cela ne doit toutefois pas faire oublier que tout médicament est par nature un poison. Un poison plus ou moins sélectif, certes, mais un poison tout de même. Ainsi, les produits utilisés pour les traitements chimiothérapiques anticancéreux, pour ne citer qu'eux, détruisent souvent les cellules saines en même temps que les cellules malignes. Là encore, ne croyez surtout pas que je porte un jugement négatif sur ces traitements: je me borne à constater des faits. La chimiothérapie fait parfois des miracles, mais il arrive aussi que, même quand elle réussit, le patient succombe à des complications résultant du traitement. C'est là un cruel dilemme pour le corps médical.

Quoi qu'il en soit, la science moderne a fourni aux médecins un éventail impressionnant de médications, qui permettent de combattre presque tous les maux, et les thérapeutes prescrivent en toute bonne foi. Mais avons-nous été assez prudents dans notre emploi des antibiotiques ? Et comment savoir quels médicaments sont bons pour vous, pour votre famille et pour vos enfants ?

Une fois encore, votre groupe sanguin – et celui des vôtres – détient la réponse à vos interrogations.

LES MÉDICAMENTS EN VENTE LIBRE

Il existe un grand nombre de médicaments en vente libre destinés à traiter tous les bobos courants, du nez bouché aux indigestions. En apparence, il s'agit de remèdes efficaces et bon marché.

En tant que naturopathe, je m'efforce bien sûr d'éviter autant que possible de prescrire de tels produits car il existe presque toujours des remèdes naturels tout aussi appropriés, voire mieux. De plus, l'utilisation de ces médicaments chimiques en vente libre n'est pas totalement dépourvue de risques. En voici quelques exemples :

– L'aspirine fluidifie le sang, ce qui peut être gênant pour les personnes du groupe O, dont le sang est naturellement très fluide. De plus, son effet peut masquer les symptômes d'une maladie plus grave.

– Les antihistaminiques peuvent provoquer une hausse de la tension artérielle, ce qui représente un danger pour les groupes A et AB. Ils suscitent souvent aussi des insomnies et aggravent d'éventuels problèmes de prostate.

– L'usage régulier de laxatifs produit un effet rebond qui favorise la constipation et entrave le processus normal d'élimination des déchets organiques. Les laxatifs peuvent aussi être nocifs pour les personnes atteintes de la maladie de Crohn – plus fréquente au sein du groupe O.

– Les traitements de la toux et des irritations de la gorge ont souvent des effets secondaires au nombre desquels figurent l'hypertension, la somnolence et les vertiges.

C'est pourquoi, avant d'avaler un comprimé pour traiter votre mal de tête, vos spasmes abdominaux ou tout autre désagrément, il est impératif de chercher à déterminer la cause du problème. Vous découvrirez souvent que votre symptôme est lié à votre alimentation ou à un stress.

Prenez l'habitude de vous poser ces questions (par exemple) :

- Mon mal de tête est-il dû au stress ?
- Ai-je l'estomac embarrassé parce que j'ai mangé des aliments qui sont indigestes pour mon groupe sanguin ?
- Mes problèmes de sinus pourraient-ils résulter du fait que j'ai mangé trop d'aliments qui stimulent la sécrétion de mucosités (comme le blé pour le groupe O) ?
- Ai-je attrapé la grippe parce que mon système immunitaire est affaibli ?
- Est-ce que je souffre de bronchite ou de congestion parce que mes voies respiratoires sécrètent trop de mucosités ?
- Mon mal de dents provient-il d'une infection qui exige un traitement médical immédiat ?
- Est-ce que mon habitude de recourir à des laxatifs interfère avec les processus naturels d'élimination de mon organisme et provoque chez moi des diarrhées ?

Bien entendu, vous devez consulter un médecin si vos symptômes sont chroniques ou aigus. La douleur, la fatigue, la toux, la fièvre ou la diarrhée peuvent indiquer un problème plus sérieux.

Et il est dangereux de les traiter par des médicaments qui n'agissent que sur les symptômes et non sur leur cause.

En revanche, pour les petits maux courants, je vous recommande de remplacer vos gélules et vos sirops habituels par les remèdes naturels qui suivent. Vous les trouverez sans peine dans une pharmacie ou dans un magasin de produits naturels, sous forme de tisanes*, de cataplasmes, de teintures mères, d'extrait liquide ou lyophilisé, ou encore de gélules.

---

*   Pour préparer une tisane médicinale, versez de l'eau bouillante sur la plante et laissez infuser pendant cinq minutes avant de boire.

Consultez attentivement la légende ci-dessous, qui indique la signification des symboles figurant à la suite des noms de plantes.

> *Légende :*
> ● À éviter pour le groupe O
> ■ À éviter pour le groupe A
> ▼ À éviter pour le groupe B
> † À éviter pour le groupe AB

ARTHRITE
bain au romarin
bain aux sels d'Epsom
boswellia
calcium
luzerne ●

CONGESTION
molène ▼
ortie
tisane de réglisse*
verveine

CONSTIPATION
écorce de mélèze (ARA-6)**
fibres***
jus d'aloès ● ▼ †

---

* N'absorbez jamais de réglisse sans avis médical.

** L'ARA-6 (marque déposée) est une préparation d'écorce de mélèze en poudre, une substance qui, d'après diverses études, stimule efficacement le système immunitaire. L'écorce de mélèze contient en outre du butyrate, une source de fibres alimentaires qui convient à tous les groupes sanguins. Vous pouvez commander l'ARA-6 sur mon site Internet (voir coordonnées à la fin de cet ouvrage).

*** Les fibres naturelles sont présentes dans beaucoup de fruits, de légumes et de céréales. Vérifiez sur les listes d'aliments concernant votre groupe sanguin quelles sources de fibres sont les plus appropriées pour vous.

orme rouge
psyllium*

DIARRHÉE
baies de sureau
bleuets
feuilles de framboisier
L. acidophilus (bactéries de yogourt)

DIFFICULTÉS DIGESTIVES, BRÛLURES D'ESTOMAC
Broméline (enzymes d'ananas)**
gentiane ● †
gingembre
hydraste du Canada
menthe poivrée

DOULEURS ABDOMINALES SPASMODIQUES, FLATULENCES
gingembre
suppléments probiotiques contenant du bifidus
tisane de camomille
tisane de fenouil
tisane de menthe poivrée

DOULEURS DENTAIRES
massage des gencives avec de l'ail écrasé
massage des gencives avec de l'huile de clou de girofle

DOULEURS MENSTRUELLES
matricaire
origan

---

*   Peut occasionner des ballonnements et des crampes chez le groupe O.

**   Non recommandé en cas de brûlures d'estomac.

FIÈVRE
cataire ■

écorce de saule blanc *(Salix alba)*

grande camomille *(Chrysanthemum parthenium)*

verveine

GRIPPE
ail

échinacée

écorce de mélèze (ARA-6)

hydraste du Canada

tisane de cynorrhodon (baies d'églantier)

MAL DE GORGE
gargarisme de tisane de fenugrec ▼

gargarisme de tisane de racine d'hydraste du Canada
   et de sauge

MAL DE TÊTE
camomille

écorce de saule blanc *(Salix alba)*

grande camomille *(Chrysanthemum parthenium)*

valériane

MAUX D'OREILLES
gouttes auriculaires : huile d'olive,

ail et molène

NAUSÉES
gingembre

piment de Cayenne ■

tisane de racine de réglisse

SINUSITE
fenugrec ■ †

thym

TOUX

marrube blanc
tilleul ▼
tussilage ■ ▼

VACCINS :
SENSIBILITÉS LIÉES AU GROUPE SANGUIN

La vaccination est un sujet épineux tant pour le corps médical traditionnel que pour les praticiens alternatifs. L'orthodoxie
médicale veut que la vaccination constitue la première ligne de
défense contre les maladies, en termes de prophylaxie. Cette
optique prévaut en général et bon nombre de vaccinations sont
aujourd'hui obligatoires dans la plupart des pays. Mais quelles
sont les conséquences d'une telle stratégie ?

Les vaccins ont apporté des bienfaits incontestés à l'humanité, sauvant des centaines de milliers de vies et prévenant bien
des souffrances inutiles. Mais, dans de rares circonstances, ils
font plus de mal que de bien à cause de l'hypersensibilité particulière d'un individu à leur égard.

De plus, on ignore encore l'étendue exacte de l'action des
vaccins sur le système immunitaire. Ainsi, il n'est pas impossible
qu'ils réduisent notre immunité naturelle à l'égard de certains
types de cancer. Pourtant, les autorités médicales et la plupart
des scientifiques se comportent comme s'il était antipatriotique
de même envisager de ralentir le flux des vaccins injectés dans
les veines des populations.

Pendant ce temps, le public s'interroge. Les parents souhai-
teraient savoir quels vaccins ils doivent faire administrer à leurs
enfants. Les personnes âgées ou de tempérament allergique, les
femmes enceintes et bien d'autres encore s'inquiètent des
effets secondaires des vaccinations. Cela ne vous surprendra
sans doute pas d'apprendre qu'il n'existe pas de réponse uni-
verselle à leurs questions. La manière dont chacun de nous

réagit à un vaccin dépend en effet largement de son groupe sanguin.

Les sensibilités spécifiques du groupe O

Après une vaccination, quelle qu'elle soit, les parents d'un enfant du groupe O doivent surveiller d'éventuelles manifestations inflammatoires, telles qu'une fièvre ou des douleurs articulaires, car le système immunitaire du groupe O se défend souvent ainsi.

Restez vigilant pendant les deux jours suivant une vaccination, afin de vous assurer qu'il ne se produit aucune complication. Si votre enfant est légèrement souffrant, donnez-lui de la grande camomille *(Chrysanthemum parthenium)*: 4 à 8 gouttes de teinture mère dans un verre d'eau ou de jus de fruits toutes les quelques heures suffisent pour obtenir un soulagement.

Quelques précautions particulières à respecter: si votre enfant appartient au groupe O, faites-lui de préférence administrer la forme buccale du vaccin antipoliomyélitique. Les sujets du groupe O ayant un système immunitaire hyperactif, les vaccins moins puissants leur conviennent mieux en effet.

D'autre part, sachez que le vaccin antigrippal est particulièrement dangereux pour les femmes enceintes de groupe sanguin O, surtout si le père de leur enfant appartient au groupe A ou au groupe AB. Le vaccin risque en effet de stimuler les anticorps anti-A présents dans leur organisme, qui vont alors s'attaquer au fœtus.

Les sensibilités spécifiques du groupe A et du groupe AB

Les enfants des groupes A et AB réagissent bien en général aux vaccins, et même un programme complet de vaccination comprenant un vaccin contre la coqueluche ne produit le plus souvent que peu d'effets secondaires.

À l'inverse de leurs camarades du groupe O, ces enfants doivent être immunisés contre la poliomyélite avec un vaccin injectable, car le vaccin buccal réagit mal à leurs sécrétions digestives.

Les sensibilités spécifiques du groupe B

Les enfants du groupe B font parfois de graves réactions neurologiques aux vaccins. Leurs parents doivent donc surveiller de très près l'apparition d'éventuelles complications, qu'il s'agisse d'une modification de la démarche de l'enfant ou de sa façon de ramper, ou encore d'un quelconque changement dans sa personnalité.

Ne faites vacciner un enfant appartenant au groupe B que lorsqu'il est en parfaite santé – pas de rhume, de grippe ou d'otite. Sachez aussi que, tout comme les enfants du groupe O, ceux du groupe B supportent mieux le vaccin antipoliomyélitique buccal que sa forme injectable.

Pourquoi les sujets du groupe B réagissent-ils si mal aux vaccinations ? Parce qu'ils produisent énormément d'antigènes au niveau de leur système nerveux, si bien qu'à mon sens leur système immunitaire perd le nord en présence d'un vaccin et se met à agresser leurs propres tissus. J'ignore en revanche si c'est le vaccin lui-même qui induit cet effet pervers, ou si celui-ci est imputable aux substances chimiques employées pour accroître l'efficacité du vaccin, ou encore aux méthodes de culture employées pour fabriquer ce dernier.

Tout comme leurs congénères du groupe O, les femmes enceintes du groupe B doivent éviter de se faire vacciner contre la grippe, surtout si le père de leur bébé appartient au groupe A ou au groupe AB, car le vaccin risque d'accroître leur production d'anticorps anti-A, lesquels peuvent entraver le développement harmonieux du fœtus.

ANTIBIOTIQUES :
LE POUR ET LE CONTRE

Si votre médecin ou votre pédiatre prescrit souvent à votre enfant des antibiotiques pour un simple rhume ou une grippe, je n'ai qu'un seul conseil à vous donner : changez de médecin !

Aujourd'hui, on tend à se précipiter sur les antibiotiques à la moindre fièvre, alors que ce symptôme est en général plutôt un bon signe. La fièvre indique que votre métabolisme tourne en surrégime pour tenter d'épuiser les intrus en leur rendant l'environnement qu'ils tentent de coloniser aussi inhospitalier que possible. Il faut cependant un certain temps à vos défenses immunitaires pour contre-attaquer face à une infection. C'est exactement comme quand on appelle Urgences Santé : vous savez que l'ambulance ne peut arriver à l'instant même où elle recevra votre appel. Les antibiotiques atteignent peut-être les lieux plus tôt, mais ils court-circuitent votre propre Urgences Santé interne – le système immunitaire. En clair, ils neutralisent votre réponse immunitaire en délivrant votre organisme de la responsabilité de combattre les agents infectieux.

Si, au contraire, on laisse l'organisme mener le combat à sa manière, sans soutien chimique extérieur, on lui confère la faculté de graver dans sa mémoire la formule des anticorps spécifiques utilisés contre son agresseur, qui lui permettront à l'avenir d'annihiler tous les agents pathogènes similaires, et aussi de batailler plus efficacement contre ses adversaires ultérieurs.

De plus, bon nombre de personnes sont allergiques à certains antibiotiques, même s'il est rare que cela produise des manifestations réellement inquiétantes. Et un traitement antibiotique lourd et prolongé détruit souvent en même temps que les agents infectieux toutes les bonnes bactéries qui tapissent le tube digestif. Cela se traduit par des diarrhées et, fréquemment, chez les femmes, par des mycoses vaginales à répétition. Pour rééquilibrer la flore intestinale, on pourra absorber une supplémentation en bactéries « amies », *L. acidophilus*, soit sous forme de comprimés, soit en mangeant des yogourts.

Le mauvais usage constant qui est fait des antibiotiques constitue l'un des principaux facteurs qui nous empêchent d'éradiquer les maladies. L'abus de ces médicaments miracle favorise en effet le développement d'agents pathogènes de plus en plus dangereux et résistants, contre lesquels il faut utiliser des antibiotiques encore plus puissants. Une « ordonnance » naturelle combinant une alimentation et un repos adéquats et des techniques de réduction du stress est à mon sens bien plus efficace que tous les antibiotiques existants.

Attention : il existe, bien entendu, des cas où une antibiothérapie appropriée est indispensable. Voici quelques conseils pour en optimiser les effets. Prenez, en même temps que votre traitement, de la broméline, qui aidera les antibiotiques à se diffuser plus rapidement dans votre organisme et à atteindre leur cible au plus vite. Cette enzyme étant extraite de l'ananas, vous pouvez au choix manger des ananas frais ou absorber des gélules de broméline.

Les parents d'un enfant malade traité aux antibiotiques auront intérêt à se réveiller vers trois ou quatre heures du matin pour administrer au jeune patient une dose supplémentaire. Cela permet d'atteindre plus rapidement la concentration de principes actifs nécessaires pour combattre l'infection.

Je le répète une fois encore : si vous avez besoin d'antibiotiques, prenez-en. Lorsqu'une infection ne guérit pas d'elle-même, vous devez songer à eux. Je pense simplement qu'il faut d'abord laisser le système immunitaire faire ce pour quoi il a été conçu : résister.

Comme toujours, votre groupe sanguin peut vous aider, ainsi que votre médecin, à sélectionner l'antibiotique le plus approprié à votre organisme.

Sensibilités particulières du groupe O

Il semble que les personnes du groupe O soient plus souvent que les autres allergiques aux antibiotiques de la famille des pénicillines et aux sulfamides. De même, les antibiotiques de la famille des macrolides tendraient, d'après certains indices, à aggraver vos problèmes de coagulation sanguine. Parlez-en à votre médecin et montrez-vous tout particulièrement vigilant si vous prenez déjà des médicaments anticoagulants. On remarquera à cet égard que le sang plus fluide du groupe O ne prémunit pas de manière absolue contre la formation de caillots sanguins.

Sensibilités particulières du groupe A

Les personnes du groupe A semblent en général réagir plutôt bien aux antibiotiques de la famille des carbacéphèmes, qui produisent en outre peu d'effets secondaires chez elles. Elles supportent bien aussi dans l'ensemble les pénicillines et les sulfamides. Ce type de molécule paraît donc devoir être préféré aux tétracyclines et aux plus récents macrolides.

Sensibilités particulières du groupe AB et du groupe B

Certaines études semblent indiquer qu'il est préférable pour les personnes du groupe AB ou du groupe B d'éviter dans la mesure du possible les antibiotiques de la famille des quinolones. Soyez vigilant : interrompez immédiatement le traitement et prévenez votre médecin au moindre signe de problème neurologique, tel qu'une vision brouillée, des manifestations de confusion mentale, des vertiges ou des insomnies.

Antibiothérapie en matière dentaire

Les dentistes prescrivent couramment une antibiothérapie préventive avant une intervention, et le font toujours pour leurs patients souffrant de problèmes cardiaques, ce afin de protéger ces derniers contre tout risque d'infection susceptible d'endommager leurs valvules mitrales.

Si vous appartenez au groupe O – doté de défenses immunitaires solides – et êtes en bonne santé (pas de problème cardiaque ni d'infection), et que l'intervention ne comporte aucun risque de saignements importants, vous pouvez préférer vous dispenser de cette précaution et remplacer les antibiotiques par un remède naturel actif contre les streptocoques, comme l'hydraste du Canada *(Hydrastis canadensis)*. Ceux de vos congénères des groupes A, B et AB qui supportent mal les antibiotiques peuvent eux aussi discuter d'un traitement alternatif avec leur dentiste.

Si toutefois vous appartenez au sous-groupe sanguin non sécréteur (voir Annexe C, p. 417), mieux vaut sans doute vous plier à une antibiothérapie préventive car vous courez plus de risque de surinfection bactérienne après une intervention dentaire que les autres patients. On relève en effet beaucoup plus de cas d'endocardites (inflammation de l'enveloppe interne du muscle cardiaque) et de rhumatismes articulaires aigus dus à des streptocoques buccaux chez les non-sécréteurs que chez les sécréteurs. Les muqueuses de la bouche et de la gorge des premiers produisent en effet beaucoup moins d'anticorps protecteurs appelés IgA* que les seconds. Or ces anticorps IgA capturent les bactéries et les détruisent avant qu'elles ne puissent pénétrer dans le flux sanguin.

Rappelons que chacun – sécréteur ou non-sécréteur – doit suivre une antibiothérapie préventive avant toute procédure dentaire majeure.

INTERVENTIONS CHIRURGICALES : REMETTEZ-VOUS PLUS RAPIDEMENT

Toute procédure chirurgicale représente un choc pour l'organisme. Ne prenez donc jamais les choses à la légère, même si vous ne devez subir qu'une intervention bénigne et, quel que soit votre groupe sanguin, dorlotez par avance votre système immunitaire.

---

*   Immunoglobulines A (le terme immunoglobuline étant synonyme d'anticorps) synthétisées dans le tube digestif, les sécrétions O.R.L. et bronchiques, qui jouent un rôle capital dans la défense de l'organisme contre les infections.

Les vitamines A et C exercent une action bénéfique sur la cicatrisation des blessures et réduisent la formation de tissus cicatriciels. Tous les groupes sanguins ont avantage à en absorber à titre préventif. Commencez votre cure au moins quatre ou cinq jours avant l'intervention et continuez pendant au moins une semaine après. Ceux de mes patients qui ont suivi ce conseil m'ont tous affirmé qu'eux-mêmes et leurs chirurgiens respectifs s'étaient émerveillés de la rapidité avec laquelle ils s'étaient remis de leur opération.

Supplémentations recommandées en cas d'intervention chirurgicale

GROUPE SANGUIN	VITAMINE C (dose quotidienne)	VITAMINE A (dose quotidienne)
O	2 000 mg	30 000 U. I.
A	500 mg	10 000 U. I.
AB ou B	1 000 mg	20 000 U. I.

Précautions particulières pour le groupe O

Les patients du groupe O perdent souvent plus de sang que les autres pendant et après l'intervention parce qu'ils possèdent moins de facteurs de coagulation. Si vous appartenez à ce groupe sanguin, veillez donc à faire le plein de vitamine K avant l'intervention, car cette vitamine joue un rôle déterminant dans la coagulation sanguine. Pour ce faire, mangez du chou frisé et des épinards, qui en contiennent beaucoup, et n'hésitez pas à leur ajouter de la chlorophylle liquide, en vente dans les pharmacies et dans les magasins de produits naturels.

Les personnes qui ont déjà souffert de phlébite ou qui suivent un traitement anticoagulant doivent discuter avec leur médecin d'éventuelles supplémentations.

Vous pouvez aussi stimuler vos défenses immunitaires et votre métabolisme grâce à une activité physique régulière. Si votre état de santé le permet, faites du sport : cela aidera votre corps à mieux lutter contre le stress occasionné par l'intervention chirurgicale, et à s'en relever plus vite.

Précautions particulières pour le groupe B

Si vous appartenez au groupe B, vous avez de la chance, car vous risquez moins de complications postopératoires que les autres groupes sanguins. Cela ne vous dispense cependant pas de prendre vos vitamines A et C, tel qu'indiqué sur le tableau de la page précédente.

Pour retrouver vos forces après l'intervention, buvez chaque jour quelques tasses de tisane de racine de bardane *(Arctium lappa)* ou d'échinacée *(Echinacea purpurea)*, deux plantes qui stimulent le système immunitaire. Commencez ce traitement dès que possible.

Précautions particulières pour le groupe A et le groupe AB

De tous les groupes sanguins, les groupes A et AB sont les plus vulnérables aux surinfections bactériennes noso-comiales (qui suivent une intervention chirurgicale). En s'abattant sur un patient déjà affaibli, ces infections peuvent sérieusement entraver son processus de guérison. Je conseille donc vivement aux patients du groupe A et du groupe AB de faire une cure préventive de une ou deux semaines de vitamine B12, de vitamine B9 (acide folique) et de fer. Prenez-en chaque jour, en plus de vos vitamines A et C. La concentration de principes actifs nécessaires étant difficile à obtenir avec votre alimentation, mieux vaut recourir à des suppléments.

Profitez aussi de ces deux excellents stimulants du système immunitaire que sont la bardane et l'échinacée, à absorber sous forme de tisanes. Buvez-en plusieurs tasses par jour durant les semaines précédant l'intervention.

Comme vous êtes aussi plus vulnérable au stress physique, mental et émotionnel occasionné par le traumatisme chirurgical, pensez à faire usage des techniques de relaxation évoquées dans la deuxième partie de cet ouvrage. Cela vous permettra d'exercer une action positive sur votre processus de guérison. Certains anesthésistes travaillent également avec leurs patients sur des images que ceux-ci devraient parvenir à visualiser pendant l'anesthésie. Je vous encourage vivement à interroger votre médecin à ce sujet, surtout si vous appartenez au groupe A, car cette méthode convient particulièrement bien aux personnes de ce groupe sanguin.

CONCLUSION : ÉCOUTEZ VOTRE GROUPE SANGUIN

Les régimes adaptés aux quatre groupes sanguins fournissent des informations pertinentes destinées à vous permettre de sélectionner en connaissance de cause les aliments que vous pouvez vous autoriser et ceux que vous devez éliminer de votre assiette. De ces choix dépendent votre santé et votre qualité de vie futures. Prendre les bonnes décisions afin d'apporter à son corps ce qui lui convient le mieux influe aussi de manière radicale sur la manière dont on se rétablit après une intervention chirurgicale. Avec le régime Groupe sanguin, vous disposez donc d'un outil pour mieux contrôler la situation présente, mais aussi pour vous assurer une bonne santé dans le futur.

Et, si vous êtes malade, les vitamines et les suppléments phytothérapiques aideront votre organisme à se défendre contre les agresseurs les plus divers, à guérir et à cicatriser après une intervention chirurgicale. Les doses indiquées sur le tableau de la page 301 ne représentent à cet égard que le minimum indispensable pour vous protéger et préserver votre vigueur en cas d'opération.

Les parents dont les enfants sont en âge d'être vaccinés, les personnes atteintes d'affections virales, celles qui doivent se faire opérer, tous peuvent tirer parti d'une meilleure connaissance des liens unissant la santé et le groupe sanguin. Et tous se réjouiront de comprendre enfin, grâce à ces corrélations logiques, pourquoi certains d'entre nous réagissent si bien à tel ou tel traitement médical, alors que d'autres souffrent et voient apparaître des complications. Je ne saurais trop vous recommander de tout mettre en œuvre pour faire partie de la première catégorie.

2

Le groupe sanguin :

un pouvoir
sur la maladie

L a première chose que demande toute personne qui tombe
malade est : «Pourquoi, moi ?» Mais, même avec l'arsenal
technologique dont nous disposons aujourd'hui, nous ne pouvons pas toujours apporter de réponse précise à cette question.

Il semble toutefois clair que certains individus sont plus
prédisposés à certaines maladies à cause de leur groupe sanguin.
Peut-être tenons-nous là le «chaînon» qui nous manquait, le
moyen de décrypter les causes cellulaires d'une maladie et de
mettre au point des stratégies plus efficaces pour la combattre
et l'éliminer.

POURQUOI CERTAINS SONT
VULNÉRABLES... ET D'AUTRES PAS

Lorsque vous étiez jeune, il est sûrement arrivé qu'un de
vos camarades tente de vous pousser à faire quelque chose que
vous ne vouliez pas faire, qu'il s'agisse de fumer une cigarette
en cachette ou de boire subrepticement un verre de whisky.

Comment avez-vous réagi ? Avez-vous fumé cette cigarette ?
Avez-vous bu ce whisky ? Si la réponse est oui, vous vous êtes
alors montré vulnérable aux suggestions de votre entourage.

Vulnérabilité et incapacité à résister sont au cœur de la
notion même de maladie. Ne vous arrive-t-il pas de vous
demander pourquoi certains demeurent en parfaite santé alors
que tout leur entourage succombe au dernier virus grippal ou
à une épidémie de rhume ? La réponse est que le groupe sanguin de cette personne n'est pas vulnérable à la variété particulière d'envahisseurs qui a mis son entourage à mal.

Beaucoup de microbes sont en effet capables d'imiter les
antigènes qu'un groupe sanguin particulier considère comme
amicaux. Ces talentueux copieurs franchissent alors sans en-
combre les barrières de sécurité érigées par le système immunitaire pour pénétrer dans l'organisme. Une fois dans la place,
ils se multiplient et prennent le pouvoir.

LE RAPPORT MALADIE-GROUPE SANGUIN

Beaucoup de maladies, notamment les troubles digestifs, les
cancers et les maladies infectieuses, affichent une prédilection
pour l'un ou l'autre des groupes sanguins, mais ce phénomène
est encore mal connu du public comme du corps médical et ne
reçoit pas de ce fait l'attention qu'il mérite, à mon sens.

La susceptibilité de chacun aux maladies est pourtant à
l'évidence influencée par le groupe sanguin. C'est pourquoi les
personnes du groupe A ayant des antécédents familiaux d'affections cardio-vasculaires doivent surveiller leur alimentation
de très près. Les viandes rouges et les graisses saturées de
toutes sortes constituent de mauvais choix pour un tube digestif qui leur est mal adapté et leur absorption se traduit par des
taux de triglycérides et de cholestérol élevés. Le trop conciliant
système immunitaire du groupe A favorise aussi l'apparition de
cancers car il a plus de mal à déceler les ennemis.

Les sujets du groupe O sont, je l'ai déjà expliqué, très sensibles à la lectine agglutinante – pour leur groupe sanguin – présente dans le blé entier, qui provoque chez eux des inflammations intestinales. Si vous appartenez au groupe O et souffrez de la maladie de Crohn, de colites ou du syndrome du côlon irritable, le blé est un véritable poison pour vous. Sachez aussi que, bien que votre système immunitaire soit incontestablement robuste, il est aussi rudimentaire. En effet, lorsque le groupe O est né, les microbes étaient beaucoup moins nombreux et ce groupe sanguin s'adapte difficilement à la lutte contre les virus complexes qui prévalent aujourd'hui.

Le profil épidémiologique du groupe B est différent à la fois de celui du groupe O et de celui du groupe A, à cause des antigènes B. Les personnes du groupe B tendent à afficher une vulnérabilité particulière aux affections virales d'évolution lente et parfois bizarre, qui restent latentes pendant de longues années – comme la sclérose en plaques ou certaines maladies neurologiques rares – avant d'être activées, notamment par des lectines alimentaires telles que celles du poulet ou du maïs.

Pour le groupe AB, la situation est plus complexe, puisque les individus appartenant à ce groupe sanguin sont à la fois porteurs d'antigènes A et d'antigènes B. Ils partagent cependant le plus souvent les vulnérabilités du groupe A en matière de maladies.

Le groupe sanguin constitue donc un outil précieux dans notre quête de thérapeutiques aussi efficaces et aussi étroitement adaptées que possible à l'organisme de chacun. Mais ce n'est cependant qu'un outil parmi d'autres. Je ne voudrais pas que vous croyiez que je vous propose une formule magique anti-maladie. Beaucoup d'autres facteurs entrent en jeu pour déterminer la santé de chacun et il serait par trop simpliste de penser que seul parmi eux le groupe sanguin joue un rôle déterminant. Si quatre personnes appartenant l'une au groupe O, la deuxième au groupe A, la troisième au groupe B et la troisième au groupe AB buvaient chacune un verre d'arsenic, toutes quatre périraient. De même, si toutes fumaient trois paquets de cigarettes par jour, toutes risqueraient un cancer du poumon.

Les connaissances dont nous disposons en matière de groupe sanguin ne sont donc pas une panacée, mais uniquement des informations utiles susceptibles de vous aider à permettre à votre organisme de fonctionner de manière optimale.

Penchons-nous à présent sur les maladies les plus courantes pour lesquelles on a pu mettre en évidence un lien avec le groupe sanguin. Certaines de ces corrélations sont mieux connues que d'autres. Nous débutons seulement dans ce domaine, mais nous découvrons chaque jour de nouvelles preuves du lien groupe sanguin-santé et, avec chacune d'elles, notre certitude de tenir là notre «chaînon manquant» se renforce.

Nous étudierons successivement les pathologies suivantes:

Les affections cardio-vasculaires

Les affections cutanées

Les affections digestives

Les affections du foie

Les allergies

Le diabète

Les maladies auto-immunes

Les maladies féminines et les problèmes de fertilité

Les maladies infantiles

Les maladies infectieuses

Les maladies liées au vieillissement

Les problèmes sanguins

N.B. Le cancer est un sujet tellement complexe que j'ai préféré lui consacrer un chapitre entier, placé à la suite de celui-ci.

AFFECTIONS CARDIO-VASCULAIRES

Ces maladies font figure de véritable épidémie dans les pays industrialisés, notamment à cause de notre mauvaise alimentation, du manque d'exercice, de l'abus de tabac et du stress.

Existe-t-il une corrélation entre votre groupe sanguin et le risque que vous souffriez d'une maladie cardio-vasculaire ? Une célèbre étude menée dans l'état du Massachusetts (étude Framingham) n'a pas pu établir de lien clair entre les cardiopathies et le groupe sanguin. Elle a en revanche mis en évidence une relation très nette entre ce dernier et le taux de survie après un accident cardio-vasculaire. Il ressort en effet de cette étude qu'entre les âges de trente-sept et de soixante-douze ans les patients du groupe O affichaient un taux de survie bien supérieur à celui de leurs congénères du groupe A, l'écart le plus grand s'observant entre cinquante et cinquante-neuf ans.

Bien que l'étude Framingham n'ait pas exploré la question en détail, il semble que les facteurs qui aident à survivre à une atteinte cardiaque protègent également de ce type de pathologie. Ce qui signifie que les groupes A et AB sont plus vulnérables que les autres groupes sanguins aux affections cardio-vasculaires.

L'élément le plus significatif dans ce cas est le cholestérol, principale cause des affections coronariennes. La majeure partie du cholestérol qui circule dans nos veines est produite par notre foie, mais des enzymes appelées phosphatases, qui sont produites par l'intestin grêle et qui gèrent l'absorption des graisses alimentaires, jouent aussi un rôle dans l'affaire. Un taux élevé de phosphatases alcalines, qui accélère l'absorption et le métabolisme des graisses, va de pair avec un taux de cholestérol bas. Le sang du groupe O possède naturellement un taux plus élevé de phosphatases alcalines que les autres groupes sanguins. Ce taux est plus faible dans le sang du groupe B, encore plus dans celui du groupe AB, et il atteint son niveau le plus bas avec le groupe A.

On trouve un autre élément explicatif de la meilleure survie des sujets du groupe O avec les facteurs de coagulation sanguine. Comme nous l'avons déjà vu, le groupe O en possède moins que les autres groupes sanguins. Cette déficience joue, dans ce cas, en sa faveur, car un sang plus fluide tend moins à déposer des plaques d'athérome sur les parois des vaisseaux sanguins – plaques qui, à terme, finissent par obstruer lesdits vaisseaux. Les personnes du groupe A, et à un moindre degré celles du groupe AB, adjoignent à un sang plus épais des taux moyens de cholestérol et de triglycérides (graisses sanguines) plus élevés que ceux du groupe O ou du groupe B.

CAS CLINIQUE : CARDIOPATHIE

Patiente : Wilma, 52 ans, groupe O

Quand je l'ai examinée pour la première fois, Wilma, une patiente libanaise âgée de cinquante-deux ans et atteinte d'une grave pathologie cardio-vasculaire, venait de subir une angioplastie visant à élargir ses artères coronaires rétrécies. Elle m'expliqua que son taux de cholestérol dépassait les 350 millimoles par litre lors du premier diagnostic – le taux normal étant compris entre 200 et 220 – et que trois de ses artères étaient obstruées à plus de 80 %.

Wilma appartenait au groupe O, ce qui me surprit, puisque ce groupe sanguin est habituellement moins souvent touché par les affections cardio-vasculaires que les autres. Elle était aussi bien jeune pour présenter des atteintes coronariennes aussi sérieuses. Les femmes sont en effet rarement touchées par ce type de maladie jusque bien après la ménopause (mais, une fois encore, rappelons que toute règle comporte des exceptions et qu'une vulnérabilité n'est pas une certitude).

Wilma consommait depuis son enfance l'alimentation libanaise traditionnelle, riche en huile d'olive, en poisson et en céréales, que la plupart des médecins jugent excellente pour le système circulatoire.

Cinq ans plus tôt, à l'âge de quarante-sept ans, ma nouvelle patiente avait commencé de ressentir des douleurs dans le cou et dans les bras. À sa grande stupéfaction – car elle pensait qu'il s'agissait d'arthrite –, son médecin avait diagnostiqué une angine de poitrine, c'est-à-dire une douleur résultant d'un apport insuffisant de sang et d'oxygène au niveau du muscle cardiaque.

Après avoir pratiqué une angioplastie, ce médecin avait prescrit à Wilma un médicament destiné à faire baisser son taux de cholestérol sanguin. Mais, en consommatrice avisée et lectrice de magazines médicaux, celle-ci s'inquiétait des effets à long terme d'un tel traitement. Elle résolut de tenter d'abord une solution plus naturelle et s'adressa donc à moi.

Puisqu'elle appartenait au groupe O, je lui conseillai d'intégrer un peu de viande rouge dans son alimentation. Inutile de dire que cette recommandation ne laissa pas de l'inquiéter, puisque c'est précisément le type d'aliment que les régimes anticholestérol classiques proscrivent. Elle a aussitôt consulté son cardiologue, qui – pas de surprise non plus – a été effaré et a réitéré son conseil: prendre un médicament anticholestérol. Comme Wilma souhaitait réellement éviter un traitement médicamenteux, elle a cependant décidé de me faire confiance et de suivre le régime adapté à son groupe sanguin pendant trois mois, puis de faire mesurer son taux de cholestérol à l'issue de cette période.

Après avoir recommandé à Wilma d'accroître la part de viande rouge dans son alimentation, je l'ai aidée à trouver des substituts adéquats aux nombreux produits à base de blé qu'elle consommait jusqu'alors. Je lui ai également prescrit de l'extrait d'aubépine, qui tonifie le cœur et les vaisseaux, et une faible supplémentation en vitamine B3 (niacine), qui aide à réduire le taux de cholestérol.

Wilma est secrétaire de direction, profession à la fois stressante et sédentaire. Elle a donc écouté avec un grand intérêt mes théories relatives aux liens unissant le stress et les affections cardiaques ainsi qu'à la gestion du stress par l'activité physique pour les personnes du groupe O. Peu sportive jusque-là, elle savait à peine par quel bout attaquer le problème ! Je lui conseillai de commencer par un peu de marche à pied afin d'améliorer petit à petit son tonus cardio-vasculaire. Au bout de quelques semaines, elle m'a appelé, ravie, pour me dire qu'elle ne s'était jamais si bien sentie de sa vie.

En six mois, le taux de cholestérol de Wilma est retombé à 187 millimoles par litre, niveau auquel il s'est stabilisé, et ce sans aucun traitement médicamenteux. Ma patiente exultait à l'idée d'être revenue à une norme qu'elle croyait ne plus jamais parvenir à atteindre.

Le cas de Wilma fascina mon assistant, un apprenti naturo-pathe : toutes les études médicales traditionnelles recomman-dent en effet aux personnes souffrant d'hypercholestérolémie d'éviter la viande rouge, et pourtant Wilma se portait mieux d'en consommer. Une fois de plus, le groupe sanguin constituait le « chaînon manquant ».

Pour ma part, cette patiente a confirmé beaucoup de mes théories relatives à la propension à l'hypercholestérolémie. Il arrive souvent que l'hérédité ou d'autres mécanismes induisent chez certaines personnes un taux de cholestérol élevé en dépit de sévères restrictions alimentaires. Ces sujets souffrent en général d'une déficience du métabolisme interne du choles-térol. Je pense aussi que lorsqu'une personne du groupe O mange beaucoup de glucides (et notamment d'aliments à base de blé), cela accroît son activité insulinique, ce qui incite son organisme à stocker plus de graisses dans ses tissus et élève son taux de triglycérides.

CAS CLINIQUE : HYPERCHOLESTÉROLÉMIE GRAVE

Patient : John, 23 ans, groupe O

À vingt-trois ans, John avait un taux de cholestérol en pro-gression constante assorti de taux de triglycérides et de sucre sanguin élevés. Il s'agit là de symptômes très inhabituels chez un aussi jeune homme – surtout lorsqu'il appartient au groupe

O. Comme la famille de John comptait de nombreux cas d'accidents cardio-vasculaires, ses parents étaient naturellement très inquiets. Après avoir consulté les meilleurs cardiologues de l'Université de Yale, John apprit que ses prédispositions génétiques à l'hypercholestérolémie étaient si fortes que même un traitement médicamenteux anticholestérol ne pourrait en venir à bout. En pratique, lui dit-on, il était condamné à périr, plus tôt que tard, d'un accident coronarien.

John vint alors me consulter. Je le trouvai déprimé et apathique – il se plaignait d'ailleurs d'épuisement. « J'adorais faire du sport, m'expliqua-t-il, mais à présent je n'ai plus l'énergie suffisante. » Il était aussi sujet aux maux de gorge et aux inflammations des ganglions. Il avait souffert une fois de mononucléose et à deux reprises de la maladie de Lyme*.

Sur le chapitre diététique, il suivait depuis un certain temps un régime végétarien prescrit par son cardiologue, mais, de son propre aveu, il se sentait plus mal depuis qu'il avait renoncé aux aliments carnés.

Quelques semaines de régime du groupe O suffirent à provoquer chez lui des résultats impressionnants. En cinq mois, ses taux de cholestérol, de triglycérides et de sucre sanguin retrouvèrent tous un niveau normal. Un second examen pratiqué trois mois plus tard donna des résultats identiques.

Si John continue à suivre le régime du groupe O, à pratiquer une activité physique régulière et à prendre les supplémentations recommandées pour son groupe sanguin, il a de bonnes chances de parvenir à contrecarrer le poids de son hérédité.

Hypertension

Chacun de nous vit au rythme des battements de son cœur, qui pompe inlassablement notre sang pour le faire circuler dans notre organisme. En temps normal, ce processus est si bien huilé que nous n'y pensons que rarement. C'est pourquoi on

---

*   Maladie inflammatoire transmise par les piqûres de tique.

appelle l'hypertension artérielle le « tueur sournois ». Il est en effet possible d'avoir une tension dangereusement élevée sans s'en apercevoir.

Quand on prend votre tension artérielle, on obtient deux chiffres. La maxima – ou tension systolique – indique la pression dans les artères quand le cœur y propulse du sang. La minima – ou tension diastolique – mesure la pression lorsque votre cœur se repose, entre deux battements. La tension systolique normale est de 120 et la tension diastolique normale est de 80, ce qui donne le rapport suivant : 120/80 – ou 12/8. On parle d'hypertension au-delà de 140/90 – ou 14/9 – pour les personnes de moins de quarante ans et au-delà de 160/95 – ou 16/9, au-dessus de cet âge.

Non traitée, l'hypertension ouvre la voie à une foule de problèmes, notamment aux infarctus et aux accidents vasculaires ischémiques (ou attaques). Le risque est d'autant plus élevé que l'hypertension est plus grave et qu'elle restera plus longtemps négligée.

On connaît mal les prédispositions liées au groupe sanguin en matière d'hypertension. Toutefois, comme elle est souvent associée aux affections cardiaques, les personnes du groupe A et du groupe AB doivent surveiller leur tension avec une vigilance particulière.

Sachez aussi que l'hypertension est liée aux mêmes facteurs de risque que les maladies cardio-vasculaires. Les fumeurs, les diabétiques, les femmes ménopausées, les personnes obèses, sédentaires ou en situation de stress aigu doivent donc suivre de très près le plan d'action adapté à leur groupe sanguin, notamment les conseils relatifs à l'alimentation et à l'activité physique.

CAS CLINIQUE : HYPERTENSION

Patient : Bill, 54 ans, groupe A

Quand Bill a franchi pour la première fois la porte de mon cabinet, en mars 1991, sa tension artérielle oscillait entre

150/105 et 135/95, ce qui est beaucoup. Il ne m'a pas fallu longtemps pour découvrir des facteurs expliquant une telle situation : Bill menait une vie épouvantablement stressante entre son statut d'associé d'un cabinet en pleine expansion – il est courtier en Bourse – et de multiples tracas familiaux. Contre l'avis de son médecin traitant, Bill avait interrompu son traitement antihypertenseur car celui-ci occasionnait chez lui des vertiges et des problèmes de constipation. Il voulait essayer une méthode plus naturelle, mais le temps pressait...

J'ai immédiatement prescrit à Bill le régime du groupe A, ce qui a constitué un véritable bouleversement diététique pour cet Italo-Américain bon teint. Dans le même temps, je me suis attaqué à son stress avec le programme sportif conçu pour son groupe sanguin. Bill, qui jugeait au départ le yoga et les exercices de relaxation un peu ridicules, ne tarda pas à s'y convertir quand il vit combien ceux-ci lui faisaient gagner en sérénité.

Dès sa première visite, Bill m'avait confié un autre problème : ses associés et lui étaient en train de négocier un accord avec une nouvelle mutuelle et, si l'on détectait son hypertension lors de la visite médicale préliminaire, son cabinet devrait payer une prime beaucoup plus élevée. Grâce aux techniques de réduction du stress que je lui ai enseignées, au régime du groupe A et au soutien de quelques substances phytothérapiques, Bill a pu passer haut la main cette visite médicale.

AFFECTIONS CUTANÉES

Nous disposons à l'heure actuelle de peu d'informations sur le lien entre ces maladies et le groupe sanguin. Nous savons en revanche que certaines affections comme les dermatites ou le psoriasis résultent en général d'un contact avec un allergène. Rappelons à cet égard que beaucoup de lectines alimentaires banales interagissent avec le sang ou les tissus digestifs de l'un ou l'autre des groupes sanguins, libérant des histamines et d'autres substances chimiques génératrices de réactions inflammatoires.

Les réactions allergiques cutanées à des substances chimiques ou abrasives sont plus fréquentes au sein des groupes A et AB, tandis que le psoriasis touche plus le groupe O. D'après ma propre expérience clinique, les personnes du groupe O qui souffrent de cette dernière affection ont en général une alimentation trop riche en céréales ou en produits laitiers.

CAS CLINIQUE : PSORIASIS

Fourni par le Dr Anne Marie Lambert, naturopathe
à Honolulu (Hawaii)
Patiente : Mariel, 66 ans, groupe O

Ma collègue, le Dr Lambert, a utilisé avec succès le régime Groupe sanguin pour traiter un cas complexe de psoriasis chez cette patiente âgée.

Mariel est venue la consulter en mars 1994. Ses lésions cutanées couvraient 70 % de la surface de son corps, elle souffrait de douleurs diffuses, surtout dans les muscles et les articulations, marchait avec difficulté, avait toutes les articulations gravement ankylosées, et se sentait constamment essoufflée. Son dossier médical était un long catalogue de maladies et d'interventions chirurgicales : chirurgie réparatrice du vagin, de la vessie et de l'intestin en 1944-45, appendicectomie en 1949, hystérectomie en 1974, nombreux kystes ovariens, psoriasis depuis 1978, hospitalisation pour une pneumonie en 1987, arthrite psoriasique en 1991 et ostéoporose en 1992.

Interrogée par le Dr Lambert sur son alimentation, Mariel expliqua qu'elle mangeait beaucoup de produits laitiers, de blé, de maïs, de noix et d'aliments industriels riches en sucre et en graisses. Elle lui expliqua qu'elle avait des fringales de sucreries, de noix et de bananes. Une telle alimentation n'eût été saine pour personne, mais elle était carrément catastrophique pour un sujet du groupe O.

Le Dr Lambert soumit sa patiente au régime adapté à son groupe sanguin, en procédant par étapes successives, afin de ne pas bouleverser trop brutalement ses habitudes nutritionnelles.

Elle lui prescrit aussi une supplémentation en vitamines et en oligo-éléments.

En deux mois, les articulations de Mariel étaient nettement moins enflées que lors de sa première visite, elle respirait plus facilement et ses lésions cutanées commençaient à cicatriser. Au mois de juin, ces dernières ne couvraient plus que 20 % de la surface de sa peau et étaient en voie de guérison. Elle respirait de mieux en mieux, souffrait deux fois moins qu'avant le début du traitement et ses articulations s'assouplissaient de jour en jour. Un mois plus tard, elle ne présentait plus aucun symptôme visible de psoriasis, ses articulations n'étaient plus que très légèrement enflées et elle respirait sans problème. Lors de sa visite de contrôle suivante, le 10 octobre 1994, sa respiration s'était encore améliorée et elle n'avait déploré aucune lésion cutanée nouvelle.

Mariel avait consulté un vaste aréopage de spécialistes depuis le début de sa maladie, et elle avait tenté maints traitements conventionnels ou alternatifs, notamment des protocoles nutritionnels spécifiquement conçus pour traiter l'arthrite psoriasique et l'asthme... mais qui omettaient de prendre en considération un facteur déterminant : le groupe sanguin de Mariel. Le régime du groupe O lui apporta enfin les nutriments nécessaires à son organisme sans lui faire absorber d'aliments fauteurs de troubles car incompatibles avec son groupe. Après tant de traitements inefficaces, Mariel eut l'impression de vivre un véritable miracle !

AFFECTIONS DIGESTIVES

Constipation

La constipation se caractérise par des selles inhabituellement dures ou par une diminution de leur fréquence. Sa forme chronique est en général due à une mauvaise hygiène alimentaire, à des horaires de repas irréguliers et à un bol alimentaire insuffisant et trop pauvre en eau. Elle peut aussi résulter d'un usage régulier de laxatifs, d'un emploi du temps trop serré et stressant ou de déplacements obligeant à de continuels réajustements des horaires de repas ou de sommeil. Le manque d'exercice physique, une maladie, une affection douloureuse du rectum et certains médicaments peuvent aussi être en cause.

Tous les groupes sanguins sont égaux devant la constipation si les circonstances requises sont réunies. Rappelons qu'elle ne constitue pas en elle-même une maladie, mais plutôt un symptôme, un signal d'alarme indiquant que quelque chose ne va pas au niveau de votre système digestif.

En cas de constipation, beaucoup de gens se contentent de prendre un laxatif, mais cela ne résout pas les causes profondes de leur problème. La seule solution efficace à long terme est d'adopter un régime alimentaire mieux équilibré. Posez-vous ces simples questions : Mangez-vous suffisamment d'aliments riches en fibres ? Buvez-vous assez – et notamment assez d'eau et de jus de fruits et de légumes ? Avez-vous une activité physique régulière ?

Les personnes du groupe A, du groupe B et du groupe AB peuvent enrichir leur alimentation d'un peu de son naturel. Celles du groupe O veilleront bien sûr à consommer en abondance les légumes et les fruits riches en fibres recommandés par le régime adapté à leur groupe sanguin ; elles pourront aussi absorber à la place du son, qui leur est déconseillé, du butyrate, un agent naturel qui donne du volume aux selles.

Gastrites

On confond fréquemment les gastrites et les ulcères gastriques, mais il s'agit en fait d'affections diamétralement opposées. Les ulcères résultent d'une hyperacidité gastrique – plus fréquente chez les personnes du groupe O et du groupe B – alors qu'une gastrite est provoquée par un taux d'acidité gastrique trop faible – caractéristique des groupes A et AB. Lorsque le taux d'acidité gastrique tombe si bas qu'il ne remplit plus son office de barrière antimicrobienne, les bactéries peuvent se développer dans l'estomac et provoquer de graves inflammations : c'est la gastrite.

La meilleure prévention pour les personnes du groupe A et du groupe AB consiste à insister sur les aliments les plus acides autorisés par le régime adapté à leur groupe sanguin.

Intoxications alimentaires

Chacun de nous peut être atteint d'une intoxication alimentaire, mais certains groupes sanguins y sont plus prédisposés que d'autres à cause de leur système immunitaire plutôt faible. Ainsi les groupes A et AB sont-ils plus vulnérables aux salmonelloses – intoxications par des bactéries appelées salmonelles, qui se développent en général dans les aliments laissés trop longtemps hors du réfrigérateur et au contact de l'air. De plus, ces groupes sanguins se débarrassent plus difficilement que les autres de ces hôtes indésirables.

Les individus du groupe B, plus sujets aux maladies inflammatoires, tendent pour leur part à être plus gravement affectés par l'absorption d'aliments contaminés par une bactérie appelée Shigella, qui provoque des dysenteries.

Maladie de Crohn* et colites

Il s'agit de maladies épuisantes et débilitantes qui rendent le processus d'élimination des déchets alimentaires par l'organisme aussi douloureux que délicat.

Beaucoup de lectines alimentaires provoquent des irritations digestives en adhérant aux muqueuses qui tapissent le tube digestif. Comme bon nombre d'entre elles s'attaquent à un groupe sanguin spécifique, ces problèmes résultent d'aliments différents suivant l'appartenance sanguine.

Chez les personnes du groupe A et du groupe AB, la maladie de Crohn et les colites sont aussi souvent intimement liées

---

* Affection intestinale caractérisée par la nécrose de segments de l'intestin.

à un problème de stress. Si vous appartenez à l'un de ces groupes sanguins et souffrez du syndrome du côlon irritable, surveillez de près votre niveau de stress et reportez-vous aux méthodes indiquées dans le plan d'action adapté à votre groupe sanguin pour apprendre à mieux gérer celui-ci.

Les individus du groupe O tendent à souffrir de formes ulcératives de colite accompagnées de saignements. Cette prédisposition doit probablement être rapprochée de leur déficit en facteurs de coagulation. Les autres groupes sanguins pâtissent plutôt de colites mucosiques, qui provoquent moins de saignements.

Mais tous auront avantage à suivre le régime adapté à leur groupe sanguin, qui leur permettra d'éviter bon nombre des lectines alimentaires susceptibles d'aggraver leur état. Ils verront alors en général leurs symptômes s'atténuer.

CAS CLINIQUE : SYNDROME DU CÔLON IRRITABLE

Patiente : Virginia, 26 ans, groupe O

J'ai examiné Virginia pour la première fois voilà trois ans, après qu'elle eut été longuement traitée par une succession de gastro-entérologues classiques. Elle souffrait d'un syndrome chronique du côlon irritable faisant alterner des phases de douloureuse constipation avec des épisodes de diarrhée imprévisibles et quasi explosifs qui rendaient toute incursion hors de chez elle hasardeuse. Virginia était également fatiguée et en permanence légèrement anémiée. Ses précédents médecins avaient pratiqué une impressionnante batterie d'examens pour ne parvenir qu'à lui prescrire des médicaments antispasmodiques et un apport quotidien en fibres. Les tests destinés à dépister une éventuelle allergie alimentaire s'étaient révélés négatifs.

Seulement, Virginia était végétarienne et suivait un régime macrobiotique strict... et elle appartenait au groupe O. Je détectai immédiatement les aliments responsables de son état. Tout d'abord, elle ne mangeait jamais de viande, et en plus, son organisme était incapable de digérer les céréales et les pâtes qu'elle absorbait en guise de plat principal.

Je lui conseillai d'opter pour une alimentation plus riche en protéines, comprenant de la viande rouge maigre, de la volaille, du poisson, des légumes et des fruits frais. Et, eu égard à son groupe sanguin, je lui recommandai de renoncer complètement au blé entier et de limiter strictement sa consommation des autres céréales. Au début, elle se montra réticente, persuadée que son alimentation était réellement plus saine que celle que je lui suggérais. J'insistai, lui rappelant que son régime actuel ne semblait pas lui faire grand bien car elle me paraissait plutôt mal en point.

Elle accepta en définitive un essai de courte durée. Huit semaines plus tard, elle revint me voir débordante d'énergie et le teint éclatant. Ses problèmes intestinaux étaient résolus à 90 %, m'annonça-t-elle, et elle avait presque entièrement retrouvé son tonus. Les examens sanguins que je pratiquai montrèrent que son anémie avait complètement disparu. Sa visite suivante, un mois après, fut la dernière : Virginia était totalement guérie.

CAS CLINIQUE : MALADIE DE CROHN
Patient : Yehuda, 50 ans, groupe O

Yehuda vint me consulter pour la première fois en juillet 1992 pour sa maladie de Crohn. Il avait déjà subi plusieurs interventions chirurgicales afin d'éliminer des segments de son intestin grêle qui s'obstruaient.

Je le soumis à un régime sans blé et riche en viandes maigres et en légumes bouillis. Je lui prescris aussi de l'extrait concentré de réglisse et du butyrate*. Yehuda se montra un patient d'une docilité exemplaire, sans doute parce que lui et sa famille s'inquiétaient beaucoup de sa santé. Sa femme, fille de boulanger, lui préparait du pain spécial sans blé et il prenait chaque jour scrupuleusement tous ses suppléments.

---

* Un acide gras qui accroît le volume des selles.

L'état de santé de Yehuda s'améliora d'emblée et il n'a plus ressenti depuis aucun symptôme de la maladie dont il est toujours atteint. Il continue à éviter de consommer certaines céréales et certains produits laitiers qui s'accordent mal avec son tube digestif, mais, à l'inverse de ce que son gastro-entérologue lui avait prédit, il n'a pas eu besoin de nouvelle intervention chirurgicale.

CAS CLINIQUE : MALADIE DE CROHN

Patiente : Sarah, 35 ans, groupe B

Sarah se présenta dans mon cabinet en juin 1993, après avoir subi plusieurs interventions destinées à éliminer des tissus intestinaux nécrosés. Elle souffrait d'anémie et de diarrhée chronique.

Je lui ai prescrit le régime du groupe B, en lui précisant de bien éliminer totalement le poulet et les autres aliments contenant des lectines nocives pour son groupe sanguin. À cela j'ajoutai une supplémentation en réglisse et en acides gras.

Sarah se révéla une patiente très coopérative et, quatre mois plus tard, la plupart de ses symptômes digestifs, diarrhée incluse, avaient disparu. Comme elle souhaite avoir d'autres enfants, elle s'est fait opérer récemment afin de faire retirer du tissu intestinal nécrosé qui avait adhéré à son utérus. Son chirurgien lui a annoncé à son réveil qu'il n'avait décelé aucune trace d'évolution active de sa maladie de Crohn dans son abdomen.

Ulcères gastro-duodénaux

On sait depuis le début des années cinquante que les ulcères de l'estomac sont plus répandus chez les sujets du groupe O, avec une fréquence maximale au sein du sous-groupe O non sécréteur. Les patients du groupe O – qu'ils soient sécréteurs ou non – souffrent aussi plus fréquemment de saignements et de perforations gastriques. Cela s'explique notamment par le fait que leur estomac est plus acide et produit une enzyme ulcérogène appelée pepsinogène.

Des recherches plus récentes ont mis au jour un autre facteur expliquant la vulnérabilité accrue des sujets du groupe O aux ulcères. En décembre 1993, des chercheurs de la Faculté de médecine de l'Université Washington de Saint Louis ont publié dans *The Journal of Science* une communication indiquant que les personnes du groupe O étaient la cible privilégiée de la bactérie responsable, on le sait aujourd'hui, des ulcères. Cette bactérie, baptisée *Helicobacter pylori*, est capable de s'agréger à l'antigène du groupe O – en fait un glucide – qui tapisse l'estomac, puis de se faufiler dans la muqueuse gastrique. Les auteurs de l'article précisaient avoir isolé dans le lait maternel un inhibiteur capable d'empêcher l'adhésion de la bactérie à la muqueuse gastrique. Il s'agit sans doute là d'un des nombreux glucides présents dans le lait humain.

Le varech vésiculeux, une algue commune sur nos plages, inhibe lui aussi l'action de l'*Helicobacter pylori*. Si vous appartenez au groupe O et souffrez d'un ulcère ou souhaitez en prévenir l'apparition, absorber du varech vésiculeux («kelp») fera glisser la bactérie *Helicobacter pylori* le long des parois de votre estomac comme sur une pente glissante!

CAS CLINIQUE: ULCÈRES GASTRIQUES CHRONIQUES

Patient: Peter, 34 ans, groupe O

J'ai fait la connaissance de Peter en avril 1992. Il souffrait d'ulcères gastriques depuis son enfance et avait tenté tous les traitements classiques, sans grand succès. J'ai commencé par lui prescrire le régime du groupe O, en insistant sur la nécessité pour lui d'éliminer les aliments à base de blé entier qu'il consommait depuis toujours en abondance. J'ajoutai une supplémentation en varech vésiculeux et une préparation combinant de la réglisse et du bismuth.

En six semaines, l'état de Peter s'améliora grandement. Lors de sa visite de contrôle à son gastro-entérologue, il subit une fibroscopie et apprit avec satisfaction que 60% de sa muqueuse gastrique offrait à présent un aspect normal. Un examen ultérieur, en juin 1993, confirma la guérison complète de ses ulcères.

AFFECTIONS DU FOIE

Cirrhose, hépatite et calculs biliaires

L'alcoolisme affecte l'organisme à maints niveaux, mais c'est sans doute sur le foie qu'il produit les effets les plus nocifs. Les 20% de la population qui appartiennent au sous-groupe non-sécréteur (voir Annexe C, p. 417) semblent les plus prédisposés à l'alcoolisme, mais cela ne découle nullement de leur identité sanguine. J'ai d'ailleurs remarqué que mes patients non sécréteurs étaient presque toujours issus de familles d'alcooliques.

Pourtant, paradoxalement, ce sont ces mêmes non-sécréteurs qui semblent retirer le plus grand bénéfice cardio-vasculaire d'une consommation modérée d'alcool. En effet, après avoir remarqué que ces personnes risquaient plus les cardiopathies ischémiques (obstruction d'une artère), une étude danoise a suggéré que l'absorption d'un peu d'alcool agissait sur la sécrétion d'insuline, ralentissant ainsi l'accumulation de dépôts graisseux sur les parois artérielles.

Ces deux informations contradictoires paraissent difficilement conciliables. Que faire, alors? La réponse à ce dilemme est probablement que les méfaits et les bienfaits de l'alcool doivent s'apprécier au cas par cas et en tenant compte du groupe sanguin du patient. Rappelons cependant qu'à cause de leur action nocive sur le système digestif et sur le système immunitaire les alcools forts sont proscrits dans les quatre régimes donnés dans ce livre.

Il est également évident que l'alcoolisme est étroitement lié au stress. Cela ne m'a donc pas surpris d'apprendre qu'une équipe japonaise avait découvert qu'on comptait plus de personnes du groupe A que de personnes du groupe O ou du groupe B parmi les malades traités pour alcoolisme. On pense en effet que les individus du groupe A tendent plus que les autres à chercher à calmer leur stress par l'absorption de substances chimiques désinhibitrices. Et l'on sait que l'homme recourt depuis fort longtemps à l'ingestion de telles substances pour calmer la douleur et se soigner, mais aussi par plaisir ou pour s'évader vers d'autres mondes.

Seulement 3 % de l'alcool ingéré est éliminé comme une boisson normale. Le reste est métabolisé par le foie et digéré par l'estomac et l'intestin grêle. De ce fait, si l'on boit trop et trop souvent, le foie finit par se fatiguer de cet excès de labeur et par se détériorer. Ce qui peut provoquer une cirrhose du foie ou de graves problèmes de malnutrition liés à la mauvaise absorption des nutriments – et, à terme, entraîner la mort.

Bien sûr, toutes les affections du foie ne sont pas liées à l'alcool. Le foie peut aussi, comme les autres organes, être la proie d'infections, d'allergies et de troubles du métabolisme.

L'hépatite, par exemple, parfois aussi appelée jaunisse car elle provoque souvent un jaunissement du teint, résulte d'un virus. Les calculs biliaires sont souvent liés à un problème d'obésité et les cirrhoses peuvent aussi résulter d'infections, de maladies des canaux biliaires ou d'autres affections du foie.

Pour des raisons que l'on ignore encore, on observe une plus grande incidence de calculs biliaires, d'affections des canaux biliaires, de jaunisses et de cirrhoses du foie dans les groupes A, B et AB que dans le groupe O, la vulnérabilité maximale à cet égard étant le triste apanage du groupe A. Ce dernier afficherait aussi le plus fort taux de tumeurs du pancréas.

CAS CLINIQUE : MALADIE DU FOIE

Patient : Gérard, 38 ans, groupe B

Gérard souffrait depuis longtemps d'angiocholite sclérosante, une inflammation des canaux biliaires qui provoque une nécrose des tissus et finit en général par rendre une transplantation hépatique indispensable. Lorsque je l'ai vu pour la première fois, en juillet 1994, il avait le teint jaune et un terrible prurit (démangeaisons) lié à l'accumulation d'un pigment biliaire, la bilirubine, sous sa peau. À cause de sa maladie, son taux de cholestérol était également très élevé (325 mmol/l), son taux d'acides biliaires était supérieur à 2 000 mg/l – alors que le taux normal est en deçà de 100 mg/l –, son taux de bilirubine était de 4,1 mg/l – pour un niveau normal inférieur à 1 mg/l – et tous ses taux d'enzymes hépatiques étaient trop élevés, ce qui indiquait que les tissus de son foie étaient gravement endommagés. Gérard connaissait la gravité de sa maladie et s'efforçait de se résigner à une fin prochaine.

Je lui ai prescrit le régime du groupe B et un protocole naturopathique à base d'antioxydants agissant spécifiquement sur le foie. Ces substances se déposent en priorité dans le foie plutôt que dans les autres organes. L'année suivante, Gérard se portait beaucoup mieux et n'eut qu'une seule crise de jaunisse et de prurit.

Il a récemment subi l'ablation de la vésicule biliaire. À son réveil, le chirurgien qui l'avait opéré lui a annoncé que son foie et ses principaux canaux biliaires présentaient un aspect normal, même si le tissu entourant lesdits canaux était un peu plus mince que chez les autres patients.

CAS CLINIQUE : CIRRHOSE DU FOIE

Patiente : Estel, 67 ans, groupe A

Estel vint me consulter en octobre 1991 pour une inflammation du foie appelée cirrhose biliaire primitive, qui détruit peu à peu le foie. La plupart des malades doivent tôt ou tard subir une transplantation du foie.

Estel avait beaucoup bu à une époque et, même si elle ne touchait plus à l'alcool, sa maladie était cependant liée à cette période de sa vie. Elle n'avait peut-être jamais été vraiment alcoolique au sens propre du terme, mais trois ou quatre verres par jour, chaque jour, pendant quarante ans, peuvent suffire à provoquer une cirrhose du foie.

Ses taux d'enzymes hépatiques étaient nettement trop élevés – son taux de phosphatases alcalines, par exemple, frisait les 900 U. I., alors qu'il demeure normalement en deçà de 60 U. I. Puisqu'elle appartenait au groupe A et était non sécréteur, j'ai immédiatement prescrit à Estel le régime du groupe A, ainsi qu'un traitement antioxydant spécifique pour le foie. Son état de santé s'améliora presque instantanément et, en septembre 1992, moins d'un an après sa première visite, son taux de phosphatases alcalines était retombé à 500 U. I.

Bien que son foie n'ait montré aucun signe de détérioration depuis, elle a souffert d'un œdème des vaisseaux sanguins qui entourent l'œsophage – un problème fréquent chez les malades du foie – qui a été traité avec succès. Aujourd'hui, Estel continue à bien se porter et ne semble nullement prendre le chemin d'une transplantation du foie.

CAS CLINIQUE : DÉTÉRIORATION DU FOIE

Patiente : Sandra, 70 ans, groupe A

En janvier 1993, Sandra est venue me voir dans l'espoir que je parvienne à enfin déterminer de quelle affection son foie était atteint. Tous ses taux d'enzymes hépatiques étaient trop élevés et elle souffrait d'ascite, c'est-à-dire d'une importante rétention de liquide dans l'abdomen. Une ascite indiquant fréquemment une défaillance avancée du foie, le médecin de Sandra ne soignait même plus cet organe, sans doute parce qu'il pensait qu'il faudrait à terme envisager une transplantation. Il se contentait de lui prescrire des diurétiques pour limiter ses problèmes de rétention d'eau. Un tel traitement provoque une déperdition excessive en potassium qui expliquait probablement l'état de fatigue de la patiente.

J'ai recommandé à Sandra le régime du groupe A associé à des antioxydants spécifiques pour le foie. En quatre mois, tous ses problèmes de rétention de fluides ont disparu et ses taux d'enzymes hépatiques ont retrouvé des niveaux normaux. La légère anémie que j'avais diagnostiquée lors de sa première visite était elle aussi guérie – et son taux d'hématocrite, qui était initialement de 27,1 %, était repassé au-dessus de la barre des 38 %, qui constitue la norme, pour atteindre 40,8 % en février 1994. Aucun de ses symptômes n'est réapparu depuis lors.

Infections tropicales du foie

Les infections tropicales banales responsables de lésions fibreuses ou de nécroses du foie sont plus fréquentes au sein du groupe A, et, à un moindre degré, des groupes B et AB. Le groupe O jouit d'une relative immunité à leur égard. Il est d'ailleurs tout à fait possible que les organismes du groupe O se soient à l'origine mis à produire des anticorps anti-A et anti-B pour lutter contre ces parasites et bactéries. Les mêmes prédispositions prévalent en ce qui concerne la douve du foie, une parasitose relativement courante.

J'ai traité avec succès de nombreuses affections du foie grâce aux remèdes phytothérapiques évoqués dans le chapitre précédent. On notera au passage que la plupart des patients atteints de ce type de maladie sont non sécréteurs.

ALLERGIES

Allergies alimentaires

À mon avis, aucun domaine de la médecine alternative n'a donné naissance à autant d'absurdités que celui des allergies alimentaires. Des examens complexes et coûteux sont pratiqués sur presque tous les patients, afin de déterminer les aliments auxquels ils sont allergiques.

Mes propres patients eux-mêmes tendent à qualifier toute réaction à un plat qu'ils ont mangé d'«allergie alimentaire», bien qu'il ne s'agisse le plus souvent que d'une banale intolérance à l'un des ingrédients. Par exemple, si vous supportez mal le lactose du lait, cela ne signifie pas pour autant que vous y êtes allergique, mais tout simplement que votre intestin ne sécrète pas de lactase, une enzyme nécessaire à sa digestion. Cette intolérance n'implique pas non plus que l'ingestion de lait vous rende inévitablement malade. Ainsi, les personnes du groupe B, qui tolèrent mal le lactose, réussissent souvent à introduire le lait dans leur alimentation en procédant de manière très progressive. Il existe aussi des produits enrichis en lactase et donc plus digestes pour vous.

Dans le cadre d'une allergie alimentaire, la réaction ne se produit pas dans le tube digestif, mais au niveau du système immunitaire, qui fabrique un anticorps à l'encontre de l'aliment en cause. Il s'agit d'une réaction rapide et violente caractérisée par des éruptions cutanées, des œdèmes, des spasmes et d'autres symptômes spécifiques qui indiquent que votre organisme lutte pour se débarrasser du « poison » que vous lui avez administré.

La nature n'est pas parfaite et il m'est arrivé de rencontrer des personnes allergiques à un aliment recommandé dans le régime adapté à leur groupe sanguin. Si tel est votre cas, la solution est fort simple : éliminez cet aliment. N'oubliez pas pour autant que les lectines nocives représentent un danger bien plus grand pour vous que d'éventuels allergènes alimentaires. Même si les aliments qui contiennent ces lectines ne vous rendent pas malade sur le moment, ils sapent votre santé en profondeur. Les personnes du groupe A doivent aussi savoir qu'une sursécrétion de mucosités peut faire croire à une allergie alors qu'il ne s'agit en fait que d'une conséquence de l'abus de certains aliments qui accroissent ces sécrétions.

Allergies respiratoires : asthme et rhume des foins

Le groupe O détient le record des allergies respiratoires, qu'il s'agisse d'asthme ou de rhume des foins. Beaucoup de pollens contiennent des lectines qui stimulent la production d'histamine, ce qui se traduit par des éternuements, un nez qui coule, des accès de toux, des yeux rouges et larmoyants, des démangeaisons, tous symptômes d'allergie.

Bien des aliments, notamment le blé, renferment eux aussi des lectines qui interagissent avec une variété d'anticorps appelée IgE*. Sous l'action de ces anticorps, une catégorie de globules blancs, appelés polynucléaires basophiles, se met à produire de l'histamine et d'autres puissants allergènes chimiques appelés kinines. Ces derniers peuvent provoquer de graves réactions allergiques avec un œdème de la gorge et des poumons.

Les asthmatiques et les personnes sujettes au rhume des foins ont donc vraiment, plus encore que les autres, intérêt à se conformer au régime adapté à leur groupe sanguin. Par exemple, les sujets du groupe O qui renoncent au blé voient souvent une bonne partie de leurs symptômes – éternuements, problèmes respiratoires, ronflements ou problèmes digestifs persistants – s'envoler.

Pour le groupe A, les choses sont différentes. L'asthme des personnes appartenant à ce groupe est plus souvent lié au stress qu'à des allergènes extérieurs, car elles sont plus nerveuses (voir le chapitre consacré au régime du groupe A). Et lorsqu'elles sécrètent en outre des mucosités trop abondantes à cause d'une alimentation inadaptée, cela ne fait qu'aggraver leur état. Éviter les aliments favorisant la sécrétion de mucosités – les produits laitiers, par exemple – ne peut qu'arranger les choses, tout comme une gestion appropriée de leur stress. Si ces patients suivent bien les conseils donnés dans le chapitre consacré au régime du groupe A, elles verront leurs symptômes s'amenuiser, voire disparaître.

Le groupe B, lui, est par nature peu prédisposé aux allergies, sauf en cas d'absorption d'aliments néfastes. Les lectines toxiques du poulet et du maïs peuvent en effet susciter des réactions allergiques chez les plus résistants des individus du groupe B.

Le groupe AB, enfin, connaît peu d'allergies, sans doute parce que son système immunitaire est le plus tolérant de tous

---

*   Immunoglobulines E, qui sont le support des réactions anaphylactiques (allergiques).

et que la combinaison d'antigènes A et d'antigènes B facilite la gestion des agressions environnementales.

DIABÈTE

Le régime Groupe sanguin peut être efficace aussi bien pour traiter le diabète de type I (insulino-dépendant, qui apparaît dès l'enfance) que pour traiter le diabète de type II (non insulino-dépendant).

Les personnes du groupe A et du groupe B sont plus prédisposées que les autres au diabète de type I, qui résulte d'une déficience en insuline, une hormone sécrétée par le pancréas qui permet au glucose de pénétrer dans les cellules de l'organisme. Ce déficit est provoqué par la destruction des cellules bêta du pancréas, seules capables de fabriquer de l'insuline.

Bien qu'il n'existe à l'heure actuelle aucune alternative naturelle efficace aux injections d'insuline utilisées pour traiter ce type de diabète, on peut utilement envisager d'absorber parallèlement un antioxydant naturel prometteur, la quercétine. On a en effet pu démontrer que cette substance contribuait efficacement à la prévention de nombre de complications du diabète, telles que la cataracte, les neuropathies et les problèmes cardio-vasculaires. Attention, toutefois : ne prenez pas de quercétine sans en discuter avec un médecin nutritionniste connaissant bien les substances phytochimiques, car il est possible que ce traitement d'appoint rende nécessaire un réajustement de votre dosage insulinique.

Les diabétiques de type II ont en général un fort taux d'insuline sanguin, mais leurs tissus sont peu sensibles à cette hormone. Ce type de diabète s'installe peu à peu à l'âge adulte et résulte en général d'une mauvaise alimentation. On l'observe souvent chez des personnes du groupe O qui ont consommé de longues années durant des produits laitiers et des produits à base de blé ou de maïs, ou encore chez des sujets du groupe A qui abusent de la viande rouge et des produits laitiers. D'une manière plus générale, il s'agit d'individus en excédent pondéral, souvent assorti d'hypercholestérolémie et d'hypertension artérielle – résultat de décennies de mauvaise alimentation et d'absence d'activité physique... C'est pourquoi tous les groupes sanguins peuvent souffrir de ce type de diabète.

L'unique traitement contre le diabète de type II passe par une modification de l'alimentation et du rythme de vie. Le régime adapté à votre groupe sanguin et les conseils sportifs qui l'accompagnent sont très efficaces à cet égard. L'absorption d'une supplémentation assez fortement dosée en vitamines du groupe B peut aussi vous aider. Encore une fois, parlez-en d'abord à votre médecin, afin qu'il puisse, le cas échéant, ajuster en conséquence votre traitement antidiabétique.

MALADIES AUTO-IMMUNES

Ces maladies résultent d'une « panne » du système immunitaire. Comme frappées d'amnésie, les défenses immunitaires deviennent incapables de reconnaître l'organisme qu'elles sont supposées protéger. Perdant la tête, elles se mettent alors à fabriquer des auto-anticorps qui attaquent les propres tissus de cet organisme. Ces auto-anticorps croient remplir leur rôle de défenseurs, mais en réalité ils détruisent les organes et suscitent des réactions inflammatoires. Parmi les maladies auto-immunes, on dénombre l'arthrite (polyarthrite rhumatoïde), le lupus érythémateux, le syndrome de fatigue chronique (virus d'Epstein-Barr), la sclérose en plaques et la sclérose amyotrophique latérale, parfois appelée aussi maladie de Lou Gehrig.

Arthrite

Cette affection touche principalement le groupe O, chez qui nombre d'aliments – notamment les céréales et les pommes de terre – produisent des réactions inflammatoires articulaires.

Mon père a remarqué voilà déjà longtemps que les personnes du groupe O tendaient à souffrir plutôt d'ostéoarthrite, une forme particulière d'arthrite caractérisée par une dégénérescence chronique des cartilages osseux et que l'on observe principalement chez les personnes âgées. Les sujets du groupe A, selon lui, sont plutôt atteints de la forme rhumatoïde, plus aiguë et handicapante, qui attaque plusieurs articulations simultanément.

J'ai pu constater que mes patients atteints d'arthrite rhumatoïde appartenaient effectivement le plus souvent au groupe A. La clé du mystère de l'apparition d'une affection de ce type au sein d'organismes immunologiquement tolérants comme ceux du groupe A doit sans doute être cherchée dans l'alimentation des sujets. On a observé des réactions inflammatoires ressemblant tout à fait à celles qui résultent d'une arthrite rhumatoïde dans les articulations d'animaux de laboratoire à qui l'on avait injecté des lectines nocives pour le groupe A.

Il existe aussi très probablement un lien avec le stress. Certaines études démontrent en effet que les personnes atteintes d'arthrite rhumatoïde affichent en général une nervosité supérieure à la moyenne et une plus grande fragilité émotionnelle. Moins ces personnes savent gérer leurs stress quotidiens, plus vite la maladie progresse. Ce qui paraît logique à la lumière de ce que nous savons de l'influence du stress sur la santé et du profil psychologique du groupe A. Les personnes du groupe A qui souffrent d'arthrite rhumatoïde doivent donc veiller avec une attention toute particulière à respecter le programme de gestion du stress indiqué dans le chapitre consacré à leur groupe sanguin.

Syndrome de fatigue chronique

Au cours des dernières années, j'ai traité beaucoup de victimes de cette affection déconcertante que l'on a baptisée, faute de mieux, « syndrome de fatigue chronique ». Cette maladie se traduit tout d'abord par une grande fatigue. On pourra aussi voir apparaître des douleurs musculaires et articulaires, des maux de gorge persistants, des problèmes digestifs, des allergies et des hypersensibilités à certains agents chimiques.

Mes recherches et mon travail clinique m'ont permis de découvrir qu'il ne s'agit sans doute pas d'une maladie auto-immune, mais plutôt d'une affection du foie. Je la place cependant ici car c'est dans cette partie de cet ouvrage que l'on s'attend généralement à la trouver.

Bien que le syndrome de fatigue chronique ressemble à une affection virale ou auto-immune, il résulte à mon sens plus probablement d'un mauvais métabolisme hépatique, c'est-à-dire qu'il survient lorsque le foie est incapable d'épurer certains déchets. Cela peut à mon sens provoquer des réactions immunologiques comme des troubles au niveau du squelette, des muscles ou du système digestif.

J'ai remarqué que les patients du groupe O qui souffrent de ce syndrome réagissent bien à un traitement à base de réglisse* et de potassium associé au régime adapté à leur groupe sanguin. La réglisse est une plante excellente, surtout pour le foie. Sous son action, les canaux biliaires, dans lesquels le processus d'épuration se fait, deviennent plus efficaces et résistent mieux aux éventuelles atteintes chimiques. Cet allégement de la tâche du foie semble exercer une action positive sur les glandes surrénales et sur le taux de sucre sanguin, ce qui accroît l'énergie et génère une sensation de bien-être. Les conseils sportifs donnés pour chaque groupe sanguin sont eux aussi très bénéfiques pour aider les patients à reprendre une activité physique et à retrouver leur tonus perdu.

CAS CLINIQUE : SYNDROME DE FATIGUE CHRONIQUE
Fourni par le Dr John Prentice, Everett (Washington)
Patiente : Karen, 44 ans, groupe B

Mon collègue, le Dr John Prentice, a testé pour la première fois le régime Groupe sanguin sur une patiente atteinte du syndrome de fatigue chronique. Il n'était pas totalement convaincu que ce nouveau traitement fonctionnerait, mais ses précédents

---

* Attention : n'absorbez jamais de réglisse sans avis médical.

efforts thérapeutiques ayant échoué, il était prêt à tout tenter et il avait entendu parler de mes travaux sur ce syndrome.

Karen était un cas difficile. Elle avait souffert d'épuisement durant toute sa vie d'adulte et avait déjà besoin de douze heures de sommeil par nuit lorsqu'elle était adolescente. Et, en plus, elle faisait des siestes dès qu'elle en avait la possibilité. Depuis sept ans, son état de fatigue s'était aggravé au point de l'empêcher d'exercer un emploi. Elle souffrait de surcroît constamment du cou, des épaules et du dos, ainsi que de terribles migraines. Depuis une date récente, elle s'était mise à souffrir de crises d'anxiété accompagnées de palpitations cardiaques si impressionnantes qu'elles l'obligeaient à appeler Urgences Santé. Il lui semblait que toute sa circulation sanguine s'interrompait et qu'elle allait mourir.

Karen était une femme riche, mais elle avait dépensé une bonne partie de son héritage en frais médicaux. Elle avait en effet consulté plus de cinquante médecins – traditionnels et alternatifs – avant de pousser la porte du cabinet du Dr Prentice.

Celui-ci lui a prescrit le régime du groupe B, assorti des suppléments et conseils sportifs appropriés, en lui ordonnant de le suivre à la lettre. Tous deux furent stupéfaits de voir apparaître un regain d'énergie au bout d'une seule semaine. Après quelques semaines de traitement, la plupart des symptômes de Karen s'étaient dissipés.

D'après le Dr Prentice, Karen est aujourd'hui une autre femme. Mais dès qu'elle s'écarte du régime alimentaire adapté à son groupe sanguin, son organisme la rappelle à l'ordre par le biais de symptômes impressionnants. Alors, elle s'y tient. Il m'a lu une lettre d'elle qui se passe de commentaire: «Ma vie a changé du tout au tout. Presque tous mes symptômes ont disparu et j'ai suffisamment d'énergie pour cumuler deux emplois. À dire vrai, je m'agite en tous sens et j'ai l'impression que rien ne peut plus m'arrêter. Je suis persuadée que je dois cette renaissance à mon régime. Merci mille fois!»

Sclérose en plaques
et sclérose amyotrophique latérale

Ces deux maladies sont beaucoup plus fréquentes au sein du groupe B qu'au sein des autres groupes sanguins. C'est là un exemple de la prédisposition des personnes de ce groupe à contracter des maladies neurologiques ou virales rares et à évolution lente. Cela explique aussi pourquoi les populations juives, parmi lesquelles le groupe B est plus répandu, comptent plus de victimes de sclérose en plaques et de sclérose amyotrophique latérale. Certains chercheurs pensent que ces maladies sont provoquées par un virus ressemblant aux cellules de groupe B attrapé tôt dans l'existence. Ce virus ne peut être combattu par le système immunitaire puisqu'il imite les antigènes B et qu'un organisme du groupe B ne peut produire d'anticorps anti-B. Il se tapit alors dans l'organisme, où il se développe lentement pendant vingt ans ou plus avant que les premiers symptômes apparaissent.

Les personnes du groupe AB sont elles aussi vulnérables à ces agresseurs puisqu'elles non plus ne fabriquent pas d'anticorps anti-B. Les autres groupes sanguins, qui en produisent, sont quant à eux relativement épargnés par ces affections.

CAS CLINIQUE : MALADIE AUTO-IMMUNE

Patiente : Joan, 55 ans, groupe O

Joan présentait un cas classique de maladie auto-immune : elle cumulait un syndrome de fatigue chronique, de l'arthrite et de réels problèmes de ballonnements et de flatulences. Son système digestif était tellement désorganisé que presque tout ce qu'elle mangeait provoquait chez elle des diarrhées. Elle était dans cet état depuis plus d'un an quand elle est venue me consulter. Inutile de dire qu'elle était très affaiblie et souffrait beaucoup. Elle était aussi complètement découragée. Comme le syndrome de fatigue chronique est difficile à diagnostiquer, bien des personnes – et même des médecins – ne croient pas à la réalité de cette maladie. Imaginez comme il est pénible et humiliant de se sentir affreusement mal et de s'entendre dire que c'est uniquement « dans la tête » !

Pire, les médecins de Joan avaient tenté plusieurs traitements médicamenteux, notamment à base de corticoïdes, qui l'avaient rendue encore plus malade et n'avaient rien arrangé à ses problèmes de ballonnements. On lui avait aussi recommandé une alimentation riche en céréales et en légumes, et l'élimination de la viande rouge – exactement l'inverse de ce qu'une personne du groupe O doit faire.

Bien que Joan soit gravement atteinte, je lui appliquai un traitement fort simple : une cure de désintoxication de l'organisme, le régime du groupe O et des supplémentations adéquates. En deux semaines, Joan a ressenti une amélioration significative et, au bout de six mois, elle avait recouvré la santé. Depuis, elle a conservé son énergie, elle digère bien et son arthrite ne resurgit que lorsqu'elle s'autorise – rarement – un sandwich ou une glace.

CAS CLINIQUE : LUPUS

Fourni par le Dr Thomas Kruzel, naturopathe à Gresham (Oregon)

Patiente : Marcia, 30 ans, groupe A

Mon collègue, le Dr Kruzel, s'intéressait au régime Groupe sanguin mais n'y croyait pas vraiment. Un cas de lupus lui montra tout l'intérêt d'une thérapie adaptée au groupe sanguin du patient.

Quand Marcia fut amenée par son frère dans le cabinet du Dr Kruzel, elle sortait de l'unité de soins intensifs de l'hôpital local, où elle avait été transportée à la suite d'un blocage rénal consécutif à sa maladie. Sous dialyse depuis plusieurs semaines, elle devait subir une transplantation rénale dans les six mois à venir.

En l'interrogeant, mon confrère apprit qu'elle mangeait beaucoup de produits laitiers, de blé et de viande rouge – tous aliments dangereux pour une personne du groupe A dans son état. Il la soumit à un régime végétarien strict et lui prescrit un traitement homéopathique ainsi que des séances d'hydro-thérapie. En deux semaines, la santé de Marcia s'améliora tant qu'on put espacer ses séances de dialyse. Plus impressionnant encore, au bout de deux mois, on les supprima complètement et on radia son nom de la liste des demandeurs d'organes. Trois ans plus tard, elle est toujours en bonne santé.

MALADIES FÉMININES ET PROBLÈMES DE FERTILITÉ

Grossesse et problèmes de fertilité

Une bonne part des difficultés qui peuvent survenir au cours d'une grossesse résultent d'un problème d'incompatibi-lité sanguine soit entre la mère et le fœtus, soit entre la mère et le père. Les recherches sur le sujet sont encore balbutiantes, si bien que nous ne pouvons guère en tirer de conclusions définitives. C'est pourquoi je vous adjure de lire les paragraphes qui suivent à titre purement informatif et sans vous affoler. Des connaissances partielles peuvent en effet faire plus de mal que de bien si l'on ne sait pas prendre un peu de recul.

Infertilité et fausses couches répétées

Depuis quarante ans, les scientifiques s'interrogent sur les raisons pour lesquelles les femmes des groupes A, B et AB demeurent plus souvent sans enfants que les femmes du groupe O. De nombreux chercheurs pensent que l'infertilité et les fausses couches répétées résultent d'une réaction des anti-corps présents dans les sécrétions vaginales de la femme contre les antigènes du groupe sanguin du sperme de son partenaire. Une étude menée en 1975 sur deux cent quatre-vingt-huit fœtus issus d'avortements spontanés a montré une prédomi-nance des fœtus de groupe A, B et AB, l'avortement ayant pu résulter d'une incompatibilité avec leurs mères de groupe O et les anticorps anti-A et anti-B dont elles sont porteuses.

L'examen d'un échantillon représentatif de familles a également montré que le taux de fausses couches était plus élevé lorsqu'il existait une incompatibilité ABO entre le père et la mère, telle que celle qui se produit entre une mère de groupe O et un père de groupe A. Chez les femmes d'ascendance européenne ou africaine, on remarque en outre une forte proportion d'avortements spontanés concernant des fœtus de groupe B incompatibles avec le sang de groupe O ou A de leur mère.

Ce lien entre la stérilité et les groupes sanguins n'est toutefois pas encore clairement établi. J'ai pu constater au sein de ma propre clientèle que les problèmes de fertilité résultaient de maintes autres causes, au nombre desquelles les allergies alimentaires, la mauvaise alimentation, l'obésité et le stress.

CAS CLINIQUE : FAUSSES COUCHES À RÉPÉTITION

Patiente : Lana, 42 ans, groupe A

Lana est venue me consulter en septembre 1993 après une longue succession de fausses couches – plus de vingt en dix ans. Elle m'a dit avoir entendu parler de moi par des patientes bavardant dans la salle d'attente de son gynécologue. Lana était désespérée et sur le point de renoncer à fonder une famille.

Je lui suggérai de tenter le régime du groupe A, et lui prescrivis des préparations à base de plantes pour tonifier les muscles de son utérus. Elle suivit scrupuleusement ce régime pendant un an, et fut enceinte. Elle était à la fois folle de joie et très inquiète car à la peur de faire une nouvelle fausse couche s'ajoutaient des craintes liées à son âge et au risque accru de trisomie (mongolisme) qui en résultait pour son bébé. Son obstétricien lui recommanda une amniocentèse, un examen qui se pratique couramment pour les plus âgées des futures mères. Je déconseillai à Lana de le faire car une amniocentèse comporte un faible risque d'avortement spontané. Après en avoir discuté avec son mari, elle décida de suivre mon conseil et d'accepter le risque de mettre au monde un enfant atteint de malformations. En janvier 1995, elle a mis au monde un petit garçon en parfaite santé.

CAS CLINIQUE : INFERTILITÉ

Patiente : Nieves, 44 ans, groupe B

Nieves est initialement venue me consulter pour des problèmes digestifs divers, qui se dissipèrent en moins d'un an lorsqu'elle adopta le régime convenant à son groupe sanguin.

Un jour, elle m'annonça timidement qu'elle était enceinte. Elle ne m'en avait jamais parlé auparavant, mais son mari et elle avaient renoncé à tout espoir après avoir tenté en vain pendant de longues années d'avoir des enfants. Elle attribuait ce regain de fertilité au régime du groupe B. Environ six mois plus tard, Nieves était maman d'une fille qu'elle prénomma Nasha, ce qui signifie « don de Dieu » en dialecte amérindien.

Maladie hémolytique du nouveau-né

La maladie hémolytique (c'est-à-dire « qui détruit le sang ») du nouveau-né est la conséquence d'une incompatibilité Rhésus (voir Annexe C, p. 417) entre les parents. Elle n'affecte que les enfants nés d'une mère Rh- et d'un père Rh+. Si donc, madame, vous êtes de groupe sanguin O+, A+, B+ ou AB+, ou que vous et votre partenaire êtes tous deux Rh-, ce problème ne vous concerne pas.

Voici une cinquantaine d'années, des chercheurs ont découvert que les femmes Rh- – à qui donc un antigène, le Rh, qui détermine le statut rhésus, fait défaut – qui portaient un enfant Rh+ se trouvaient dans une situation délicate car les cellules sanguines de leur bébé étaient, à l'inverse des leurs, porteuses de ce fameux antigène Rh.

Contrairement à ce qui se passe pour les incompatibilités entre groupes sanguins, pour lesquelles les anticorps sont présents dès la naissance, les personnes Rh- ne fabriquent d'anticorps contre l'antigène Rh que lorsqu'elles ont été en contact avec lui. Cette sensibilisation se produit en général au cours du premier accouchement, à l'occasion d'un échange de sang – inévitable – entre la mère et l'enfant. Cet enfant-là n'en souffre nullement car le système immunitaire de sa génitrice ne dispose pas du temps nécessaire pour fabriquer des anticorps à son encontre. Mais, au cours de la grossesse suivante, si cette femme engendre un fœtus Rh+, son organisme sécrétera des anticorps susceptibles de provoquer des malformations fœtales, voire la mort de son bébé.

Il existe fort heureusement une façon de contrer ce problème, qui consiste à administrer un vaccin aux femmes Rh- après la naissance de leur premier enfant et après chacun de leurs accouchements ultérieurs. Ne vous inquiétez donc pas, mais veillez à connaître votre statut Rhésus afin de vous assurer que l'on vous vaccine bien de la sorte si vous êtes Rh-.

Malformations congénitales du fœtus

On a pu démontrer qu'une incompatibilité sanguine entre une mère de groupe O et un père de groupe A contribuait à certaines malformations congénitales telles que le spina bifida et l'anencéphalie. D'après plusieurs études, ces affections résulteraient d'une incompatibilité ABO de la mère et des tissus nerveux et sanguins du fœtus.

Toxémie gravidique

C'est en 1905 que fut pour la première fois suggérée l'hypothèse selon laquelle une sensibilisation liée au groupe sanguin serait à l'origine de la toxémie gravidique – un empoisonnement du sang qui peut se produire en fin de grossesse et qui est très dangereux pour la mère comme pour l'enfant. Des études ultérieures ont montré une plus forte proportion de femmes du groupe O parmi les futures mères atteintes de toxémie gravidique. Peut-être s'agit-il là d'une réaction de leur organisme contre un fœtus appartenant au groupe A, au groupe B ou au groupe AB.

Note sur les ratios sexuels

Dans toutes les régions du monde, le pourcentage de garçons parmi les bébés de groupe O nés de mères de groupe O est légèrement supérieur à 50 %. Cette règle se vérifie également lorsque la mère et l'enfant appartiennent tous deux au groupe B. Dans le groupe A, en revanche, c'est l'inverse qui se produit : les mères de groupe A mettent au monde un peu plus de filles de groupe A que de fils de groupe A.

Ménopause et problèmes menstruels

La ménopause concerne toutes les femmes au-delà d'un certain âge, quel que soit leur groupe sanguin, lorsqu'elles commencent à sécréter moins d'œstrogènes et de progestérone, les deux principales hormones féminines. Elle se traduit par une kyrielle de désagréments physiques et émotionnels : bouffées de chaleur, libido en baisse, dépression, chute de cheveux et flétrissement cutané...

Le tarissement des hormones féminines fait également apparaître un risque cardio-vasculaire, car il semble que les œstrogènes protègent le cœur et régulent le taux de cholestérol. L'ostéoporose, une fragilisation des os responsable de blessures souvent handicapantes et parfois mortelles, est une autre conséquence du passage de ce cap.

Conscients de ces risques, de nombreux médecins prescrivent aujourd'hui une hormonothérapie substitutive, basée sur l'administration de fortes doses d'œstrogènes et parfois de progestérone. Ce traitement inquiète beaucoup de femmes car certaines études ont établi un lien entre lui et un risque accru de cancer du sein, surtout chez les femmes présentant une prédisposition familiale à cette affection. Comment résoudre ce dilemme ?

Connaître votre groupe sanguin peut vous y aider, en vous permettant de déterminer quelle approche convient le mieux à votre cas personnel.

Si vous appartenez au groupe O ou au groupe B et avez atteint l'âge de la ménopause, commencez par adopter les conseils sportifs donnés pour votre groupe sanguin – en les adaptant bien entendu à votre forme et à votre mode de vie –, et absorbez une alimentation riche en protéines. Les traitements hormonaux substitutifs vous conviennent en général assez bien, sauf si vous faites partie d'une catégorie à haut risque de cancer du sein.

Les femmes du groupe A et du groupe AB doivent en revanche éviter ces traitements substitutifs classiques car elles sont déjà anormalement prédisposées au cancer du sein (voir chapitre suivant). Qu'elles utilisent à la place les nouveaux traitements à base de phyto-œstrogènes, substances similaires aux œstrogènes et à la progestérone issues de plantes telles que le soya, la luzerne et les ignames (patates douces). Beaucoup de ces préparations se présentent sous forme de crèmes à appliquer sur la peau plusieurs fois par jour. Les phyto-œstrogènes présentent l'avantage d'être particulièrement riches en un œstrogène appelé œstriol alors que les œstrogènes synthétiques sont plutôt à base d'œstradiol. Or il semble qu'une supplémentation en œstriol diminue le risque de cancer du sein.

Certes, les phyto-œstrogènes ne sont pas aussi puissants que les œstrogènes synthétiques, mais ils sont cependant incontestablement efficaces contre beaucoup de malaises liés à la ménopause, notamment les bouffées de chaleur et la sécheresse vaginale. Et, comme ils sont plus légers, ils n'interrompront pas, à l'inverse des hormones synthétiques, toute sécrétion d'œstrogènes par l'organisme. Bref, pour les femmes issues d'une famille à haut risque de cancer du sein, qui ne peuvent prendre d'œstrogènes synthétiques, ces substances constituent un véritable don divin. Discutez-en avec votre gynécologue. Sachez toutefois que l'hormonothérapie de substitution classique demeure plus efficace que les phyto-œstrogènes pour prévenir les affections cardio-vasculaires et l'ostéoporose.

On notera avec intérêt qu'au Japon, où l'alimentation traditionnelle est riche en phyto-œstrogènes, il n'existe aucun mot spécifique désignant la ménopause – on doit recourir à une périphrase. Sans doute la consommation courante de soya et d'aliments dérivés de cette plante – riches en phyto-œstrogènes appelés génestéine et diazidène – adoucit-elle les symptômes les plus aigus de la ménopause au point que cette étape de la vie d'une femme n'est pas perçue par les Nipponnes comme une épreuve méritant un nom.

CAS CLINIQUE : PROBLÈMES MENSTRUELS

Patiente : Patty, 45 ans, groupe O

Cette patiente d'origine afro-américaine souffrait de symptômes variés : arthrite, hypertension artérielle et syndrome prémenstruel aigu accompagné de règles très abondantes. Elle est venue me consulter pour la première fois en décembre 1994. Elle suivait à l'époque divers traitements classiques destinés à soulager ses multiples maux. En l'interrogeant, j'ai appris qu'elle était végétarienne ; cela ne me surprit donc pas de découvrir qu'elle était anémiée. Je lui recommandai une activité physique modérée associée au régime du groupe O, et lui prescrivis un traitement phytothérapique.

En deux mois, la santé de Patty s'améliora de manière spectaculaire. Son arthrite ? Guérie. Son hypertension ? Sous contrôle. Son syndrome prémenstruel ? Envolé. Et son flux menstruel était redevenu normal.

MALADIES INFANTILES

Une bonne partie de mes patients sont des enfants qui souffrent de divers malaises fréquents à leur âge, tels que la diarrhée chronique ou les otites à répétition. Leurs mères ne savent en général plus à quel saint se vouer. Et c'est avec eux que j'ai obtenu certains de mes résultats les plus satisfaisants.

Angines et mononucléose

Les premiers stades d'une angine ou d'une mononucléose se ressemblant beaucoup, il est très difficile pour les parents de distinguer ces deux maladies. Dans les deux cas, l'enfant présentera un ou plusieurs des symptômes suivants : gorge douloureuse, malaise général, fièvre, frissons, mal de tête, ganglions enflés ou amygdales enflées. Seuls un examen sanguin et un prélèvement pharyngé permettront de déterminer avec exactitude de quelle maladie il s'agit.

L'angine, provoquée par un agent microbien appelé streptocoque, est une infection bactérienne. Elle s'accompagne souvent de symptômes additionnels tels qu'un écoulement nasal, une toux, des maux d'oreilles et des points blancs ou jaunes au fond de la gorge. Le diagnostic se fonde sur l'examen des symptômes et sur les résultats d'un prélèvement pharyngé. Le traitement classique combine une antibiothérapie, de l'aspirine pour combattre la fièvre et la douleur, et le repos au lit.

Une fois de plus, on s'attache uniquement à combattre l'infection en cours sans se préoccuper de résoudre des problèmes de santé plus généraux et à plus longue échéance. C'est pourquoi ce traitement standard se révèle inefficace lorsqu'on l'applique à un enfant affligé d'angines à répétition.

En général, les enfants appartenant au groupe O et au groupe B attrapent plus souvent des angines que les autres, mais ils en guérissent aussi plus facilement. Chez les enfants des groupes A et AB, les streptocoques responsables des angines ont en effet une fâcheuse tendance, une fois entrés dans le flux sanguin, à refuser de s'en laisser chasser. C'est pourquoi ces enfants sont plus sujets aux angines à répétition.

Il existe des remèdes naturels qui aident à prévenir les récidives de cette maladie. J'ai notamment constaté que l'utilisation d'un bain de bouche à la sauge et à l'hydraste du Canada protégeait efficacement la gorge et les amygdales contre les streptocoques. L'hydraste du Canada contient en effet une substance appelée berbérine dotée d'une action antistreptococcique démontrée. Le seul problème vient de ce que cette plante possède une saveur d'herbe, amère de surcroît, qui plaît généralement assez peu aux enfants. Je conseille donc aux mères d'acheter un vaporisateur et de l'utiliser pour traiter le fond de la gorge de leur enfant deux fois par jour.

En sus du régime Groupe sanguin, je prescris souvent des suppléments nutritionnels destinés à stimuler les défenses immunitaires, notamment du bêta-carotène, de la vitamine C, du zinc et de l'échinacée.

La mononucléose est une affection virale qui touche quant à elle plus les enfants du groupe O que ceux appartenant aux autres groupes sanguins. Les antibiotiques sont inefficaces dans ce cas, puisque la maladie est provoquée par un virus et non par une bactérie. On recommande le repos au lit tant que le patient est fiévreux et de fréquentes siestes pendant la période de convalescence, qui dure de une à trois semaines. Pour faire baisser la fièvre, il est conseillé de prendre de l'aspirine et de boire abondamment.

Conjonctivite

Les conjonctivites résultent en général de la transmission d'un staphylocoque d'un enfant à un autre. Les enfants du groupe A et du groupe AB sont plus vulnérables à ce type d'infection que ceux des groupes O et B, probablement à cause de leur système immunitaire plus faible.

Le traitement classique consiste en l'application d'une crème ou d'un collyre antibiotique. Mais il existe un « médicament » tout aussi efficace et calmant – quoique surprenant : une tranche de tomate fraîchement coupée. Attention : n'utilisez pas de jus de tomate en bouteille ! Le jus des tomates fraîchement coupées contient en effet une lectine qui agglutine et détruit le staphylocoque responsable des conjonctivites. De plus, sa légère acidité le rend très semblable aux sécrétions oculaires. Vous pouvez aussi presser le jus d'une tomate fraîchement coupée sur une compresse de gaze stérile et l'appliquer sur l'œil pour calmer les démangeaisons.

Voici un exemple de lectine qui, tout en rendant nocive l'ingestion de l'aliment qui la contient, peut se révéler très utile. Nous verrons ultérieurement d'autres exemples de telles dualités, notamment dans le chapitre consacré à la lutte contre le cancer.

Diarrhée

La diarrhée est non seulement désagréable, mais dangereuse pour les enfants car, si elle n'est pas soignée, elle peut provoquer une grave déshydratation accompagnée de fièvre et d'une faiblesse générale.

La plupart des diarrhées infantiles sont liées à l'alimentation et c'est là où le régime Groupe sanguin fournit de précieuses indications quant aux aliments susceptibles d'engendrer des problèmes digestifs pour chacun.

Ainsi, les enfants du groupe O souffrent souvent de diarrhées légères ou moyennes lorsqu'ils absorbent des produits laitiers. Les enfants des groupes A et AB, eux, sont sujets à la lambliase, un type de diarrhée provoqué par un parasite appelé *Giardiasis lamblia*. Cette affection est plus connue en Amérique sous le nom amusant de « revanche de Montezuma*» car ce parasite imite les cellules de groupe A (groupe sanguin majoritaire chez les conquistadors et inexistant parmi les peuples amérindiens indigènes) et atteint donc en priorité les sujets appartenant à ce groupe sanguin, dans ce cas, les colonisateurs. Les enfants du groupe B, eux, attrapent la diarrhée s'ils abusent des aliments à base de blé, ou en réaction à l'absorption de poulet ou de maïs.

Si la diarrhée de votre enfant est provoquée par une intolérance ou une allergie alimentaire, il affichera souvent d'autres symptômes allant de cernes sombres et bouffis autour des yeux à des flambées d'eczéma, de psoriasis ou d'asthme.

---

*   Le dernier empereur aztèque détrôné par les conquistadors (aussi appelé Moctezuma).

Sauf lorsqu'elle résulte d'une affection plus grave telle qu'une parasitose, une occlusion intestinale partielle ou une inflammation de l'intestin, une diarrhée guérit en général spontanément. Si toutefois les selles de votre enfant contiennent du sang ou des mucosités, appelez immédiatement un médecin. Les diarrhées aiguës pouvant aussi avoir une origine infectieuse, protégez la santé de toute votre famille en vous conformant à des règles d'hygiène rigoureuses.

Pour éviter tout risque de déshydratation pendant la crise de diarrhée, limitez l'absorption de jus de fruits et remplacez ceux-ci par du bouillon de légumes ou de viande. Les yogourts contenant des bactéries *L. acidophilus* sont aussi excellents pour préserver l'équilibre de la flore intestinale.

Problèmes d'attention, difficultés d'apprentissage et hyperactivité

Les troubles de l'attention sont encore mal connus et résultent de causes trop variées pour que l'on puisse établir à leur sujet une corrélation avec les groupes sanguins. On peut toutefois tirer d'utiles conclusions de la manière dont chaque groupe sanguin réagit à son environnement. Par exemple, en trente-cinq ans d'exercice de sa profession, mon père a observé que les enfants du groupe O étaient plus heureux, plus vifs et en meilleure santé si on leur laissait le loisir de se dépenser au maximum. On doit donc encourager un enfant du groupe O qui éprouve des difficultés à fixer son attention à faire le plus de sport possible – en l'inscrivant à des activités extrascolaires : sports d'équipe, gymnastique, etc. À l'inverse, les enfants du groupe A ou du groupe AB tirent un meilleur parti d'activités favorisant leur développement sensoriel et tactile, telles que la sculpture ou les autres disciplines artistiques, et de techniques de relaxation de base comme apprendre à respirer profondément et calmement. Pour les enfants du groupe B, enfin, les activités idéales sont la natation et la gymnastique en salle.

Certains chercheurs se demandent aujourd'hui si les troubles de l'attention ne résulteraient pas d'un dérèglement du métabolisme des sucres ou d'allergies à certaines teintures ou à d'autres substances chimiques. Il est trop tôt pour tirer des conclusions probantes de leurs études, mais j'ai pour ma part remarqué que les enfants atteints de ces syndromes étaient souvent extrêmement tatillons quant à leur alimentation, ce qui laisse présupposer un lien nutritionnel.

J'ai récemment découvert, grâce à un jeune patient du groupe O, une corrélation prometteuse entre ce groupe sanguin et les troubles de l'attention. Cet enfant souffrant à la fois de troubles de l'attention et d'une légère anémie, je lui ai prescrit un régime alimentaire riche en protéines, ainsi qu'une supplémentation en vitamines B9 (acide folique) et B12. Son anémie a disparu, mais la mère de l'enfant a aussi remarqué une nette amélioration de sa capacité à fixer son attention. J'ai depuis traité plusieurs enfants du groupe O atteints de troubles de l'attention avec de faibles doses de ces deux vitamines et j'ai obtenu une amélioration de leur état, parfois légère, parfois spectaculaire. Si votre enfant est dans ce cas, discutez avec un professionnel de la nutrition d'une supplémentation en vitamines B9 et B12 en sus du régime adapté à son groupe sanguin.

Oreillons

Les enfants du groupe B semblent plus vulnérables que les autres aux oreillons, qui prennent souvent chez eux une forme plus grave. Pour mémoire, il s'agit d'une infection virale des glandes salivaires situées sous le menton et sous les oreilles. Comme beaucoup de maladies atteignant avec une fréquence accrue les sujets du groupe B, celle-ci possède une composante neurologique. Si votre enfant appartient au groupe B et/ou est Rhésus négatif (voir l'Annexe C, consacrée aux sous-groupes sanguins, p. 417) et souffre des oreillons, surveillez donc avec une vigilance particulière tout signe d'atteinte neurologique, tel qu'un problème d'audition.

Otites

Environ quatre enfants sur dix âgés de moins de six ans souffrent d'otites à répétition – j'entends par là cinq, dix, quinze, voire vingt otites par hiver. La plupart de ces enfants sont à la fois allergiques à des agents environnementaux et à des particules alimentaires. La meilleure solution consiste donc à les soumettre avant tout au régime adapté à leur groupe sanguin.

Une otite est une maladie extrêmement douloureuse pour un enfant, et guère plus agréable pour ses parents. La plupart du temps, elle résulte d'un reflux de sécrétions et de gaz nocifs dans l'oreille moyenne par suite de l'obstruction de la trompe d'Eustache : ce conduit peut être enflé à cause d'une réaction allergique, d'une faiblesse des tissus environnants ou d'une infection.

Le traitement classique de l'otite passe par l'antibiothérapie, mais il est visiblement inefficace lorsque l'affection devient chronique. Si en revanche on s'attaque aux causes sous-jacentes du problème, au lieu de se précipiter sur le dernier antibiotique en vogue, on laissera à l'organisme la possibilité de se défendre à sa façon.

Nombre de parents sont agacés par l'inefficacité croissante des antibiotiques sur les otites de leurs enfants. Il y a une raison à cela. La première otite d'un bébé est en général traitée avec un antibiotique de force moyenne comme l'amoxicilline. Lors de l'otite suivante, on redonnera de l'amoxicilline. Puis, quand l'infection resurgira, de plus en plus résistante, et que l'amoxicilline se révélera impuissante, on passera à un antibiotique plus « musclé ». On entre alors dans un processus d'escalade, qui amène à utiliser des médicaments de plus en plus violents et des traitements de plus en plus lourds.

Quand les antibiotiques ne produisent plus d'effets et que les douloureuses otites persistent, on pratique une paracentèse, opération au cours de laquelle on implante de minuscules tubes appelés Yo-Yo dans le tympan, afin de faciliter l'évacuation des fluides de l'oreille moyenne vers la gorge.

Quand je traite un enfant atteint d'otites à répétition, je concentre mes efforts sur la prévention des récidives. Il me paraît inutile de résoudre une infection à l'aide d'un petit traitement antibiotique quand on sait qu'une nouvelle attaque du mal fourbit déjà ses armes. Et, presque toujours, je trouve une solution diététique. C'est pourquoi il importe, avant toute chose, de connaître les vulnérabilités liées au groupe sanguin.

Les enfants des groupes A et AB sécrètent plus facilement un excès de mucosités en cas d'alimentation défectueuse, ce qui favorise les otites. Chez les enfants du groupe A, les coupables sont en général les produits laitiers, tandis que ceux du groupe AB sont de surcroît souvent sensibles au maïs, en plus du lait. Tous ces enfants sont aussi plus vulnérables aux affections de la gorge et aux affections respiratoires, qui se propagent fréquemment aux oreilles. Comme le système immunitaire des groupes A et AB est plus tolérant que celui des autres groupes sanguins, une partie des problèmes de ces enfants résulte d'un manque de réaction immunitaire face à des agents infectieux. Diverses études ont d'ailleurs démontré qu'il manquait une substance spécifique appelée complément, indispensable pour attaquer et annihiler les bactéries, dans les sécrétions auriculaires des enfants atteints d'otites chroniques. Une autre étude indique qu'une lectine du sérum appelée «protéine agrégeante du mannose» fait également défaut à ces enfants. Il semble que cette lectine agglutine les glucides du mannose – un sucre – à la surface des bactéries, ce qui permet de les éliminer plus rapidement. Ces deux facteurs immunitaires finissent avec les années par réussir à se développer correctement, ce qui explique que la fréquence des otites diminue peu à peu à mesure que l'enfant avance en âge.

La solution consiste à donner à ces enfants une alimentation appropriée à leur groupe sanguin, ainsi que des suppléments destinés à stimuler leurs défenses immunitaires. Je préciserai aussi que le moyen le plus simple de renforcer le système immunitaire d'un enfant consiste à réduire sa consommation de sucre. De nombreuses études montrent en effet que cet aliment affaiblit les défenses de l'organisme en rendant les globules blancs paresseux et peu combatifs.

Les naturopathes quant à eux utilisent depuis de longues années un stimulant phytothérapique doux, l'échinacée *(Echinacea purpurea)*. Employée depuis des millénaires en médecine traditionnelle amérindienne, cette plante possède l'immense avantage de stimuler les défenses immunitaires à l'encontre des bactéries et des virus sans produire aucun effet secondaire. Comme la plupart des fonctions immunitaires que l'échinacée stimule reposent également sur un apport adéquat en vitamine C, je prescris souvent en même temps de l'extrait de cynorrhodon (baies d'églantier), riche en cette vitamine. Depuis trois ans, j'y ajoute de l'extrait d'écorce de mélèze, en guise de super-échinacée. Ce produit, à l'origine dérivé des industries du papier, contient des principes actifs bien plus concentrés que l'échinacée. Il me paraît très prometteur et je suis certain qu'on en reparlera souvent dans les années à venir.

Les enfants du groupe O et du groupe B tendent à souffrir moins souvent que la moyenne d'otites et, quand cela se produit, celles-ci se révèlent plus faciles à soigner. Le plus souvent, un simple changement d'alimentation suffit à éradiquer le problème.

Chez les enfants du groupe B, le coupable est en général un virus qui prépare le terrain pour un agent infectieux appelé *Haemophilus*, auquel les sujets de ce groupe sanguin sont particulièrement vulnérables. Le traitement diététique passe par la suppression des tomates, du maïs et du poulet. Les lectines de ces aliments réagissent en effet sur la muqueuse intestinale, provoquant des inflammations et des sécrétions mucosiques, qui se propagent généralement aux oreilles et à la gorge.

À mon sens, il suffirait, pour prévenir les otites chez les enfants du groupe O, de simplement préférer l'allaitement maternel à l'allaitement au biberon. Allaiter un bébé pendant un an environ permet à son système immunitaire et à son système digestif de se développer pleinement. Les enfants du groupe O éviteront aussi les otites si on élimine de leur assiette le blé et les produits laitiers, auxquels ils sont exceptionnellement sensibles à cet âge. Leurs défenses immunitaires se renforceront en revanche avec la consommation de protéines de meilleure qualité telles que celles de la viande rouge maigre ou du poisson.

Je vois chaque jour beaucoup d'enfants, appartenant à tous les groupes sanguins possibles, et j'ai remarqué que tous peuvent entrer dans le cercle vicieux des otites chroniques s'ils mangent des aliments mal adaptés à leur organisme. Je n'ai en revanche jamais vu de cas où il n'existe pas de lien entre l'état de santé d'un enfant et son aliment favori.

Apporter des changements diététiques dans une famille où les enfants souffrent d'otites à répétition est parfois ardu. Leurs anxieux parents tendent en effet souvent à les laisser manger ce qu'ils veulent, dans l'espoir de les consoler. Bon nombre d'entre eux se transforment alors en enfants capricieux, qui n'admettent plus de manger que quelques aliments – souvent ceux qui favorisent leur maladie...

CAS CLINIQUE : OTITE

Patient : Tony, 7 ans, groupe B

Tony souffrait d'otites à répétition. Quand sa mère l'amena pour la première fois à mon cabinet, elle ne savait plus à quel saint se vouer. À peine Tony interrompait-il le traitement antibiotique prescrit pour sa précédente otite qu'une nouvelle infection se déclarait. Il en attrapait ainsi dix à quinze par hiver ! On lui avait par deux fois posé des Yo-Yo, sans succès notable. Tony était un exemple parfait d'escalade antibiotique : on lui administrait des médicaments de plus en plus puissants, qui produisaient de moins en moins d'effets.

La première question que je posai à la mère de Tony, sur l'alimentation de l'enfant, la mit aussitôt sur la défensive. «Oh, je ne crois pas que son problème vienne de là, me répondit-elle vivement. Nous mangeons très sainement : beaucoup de poulet, de poisson, des légumes et des fruits.»

Je me tournai alors vers Tony et l'interrogeai sur ses plats préférés.

– Les beignets de poulet! s'exclama-t-il sans hésiter.

– Et tu aimes le maïs grillé? poursuivis-je.

– Oh oui!

– Et voilà l'origine du problème, expliquai-je à la mère de Tony, car votre fils est allergique au poulet et au maïs.

– Ah bon? s'étonna-t-elle. Mais comment le savez-vous?

– Parce qu'il appartient au groupe sanguin B.

Je lui expliquai alors les liens unissant le groupe sanguin, l'alimentation et la santé, et lui suggérai – bien que je la visse peu convaincue par mon argumentation – de soumettre son fils au régime du groupe B pendant deux ou trois mois, pour voir ce qui se produirait.

La suite appartient, comme on dit, à l'histoire. Les deux hivers qui suivirent, Tony n'eut qu'une otite par saison, que l'on put traiter sans peine par des méthodes naturelles ou un antibiotique léger.

MALADIES INFECTIEUSES

Beaucoup de bactéries préfèrent certains groupes sanguins : une étude portant sur deux cent quatre-vingt-deux bactéries a ainsi démontré que plus de 50 % d'entre elles étaient porteuses d'antigènes d'un groupe sanguin.

Nous avons déjà signalé, par ailleurs, que les infections virales semblaient en général plus fréquentes au sein du groupe O car celui-ci ne possède aucun antigène, et plus rares et moins graves chez les autres groupes sanguins.

Bronchite et pneumonie

En règle générale, les personnes du groupe A et du groupe AB souffrent plus souvent d'infections des bronches que leurs congénères des autres groupes sanguins. Cela résulte peut-être d'une alimentation inappropriée favorisant la sécrétion d'un excès de mucosités dans leurs voies respiratoires. Ces mucosités facilitent en effet le développement de bactéries imitant les caractéristiques de l'un ou l'autre des groupes sanguins, tel le pneumocoque avec le groupe A, qui atteint donc plus les individus des groupes A et AB, ou *Haemophilus* avec le groupe B, qui touche donc plus les groupes B et AB (le groupe AB, cumulant des caractéristiques du groupe A et des caractéristiques du groupe B, court deux fois plus de risques).

Adopter le régime convenant à son groupe sanguin paraît réduire de manière significative l'incidence des bronchites et des pneumonies pour tous les groupes sanguins. Nous commençons toutefois à mettre au jour d'autres corrélations entre ce type d'affection et le groupe sanguin, auxquelles il est beaucoup plus malaisé de remédier. Il semble par exemple que les enfants du groupe A nés d'un père du groupe A et d'une mère du groupe O meurent plus souvent de broncho-pneumonie en bas âge. On suppose qu'une interaction entre le bébé du groupe A et les anticorps anti-A de sa mère lors de la naissance inhibe la capacité de l'enfant à combattre les pneumocoques. Cette théorie n'est pas encore réellement confirmée, mais ne peut que susciter l'intérêt des chercheurs et les orienter vers la mise au point d'un vaccin. Pour l'instant, nous en sommes cependant encore au stade de la collecte d'informations.

Candidose (mycose vaginale banale)

Bien que le micro-organisme *Candida albicans* n'affiche de préférence pour aucun groupe sanguin, j'ai remarqué que les femmes appartenant au groupe A ou au groupe AB avaient plus de mal à se débarrasser d'une mycose vaginale. *Candida* se transforme souvent chez elles en hôte indésirable bien décidé à prolonger indéfiniment son séjour. Ces femmes sont aussi plus sujettes aux mycoses apparaissant à la suite d'un traitement antibiotique, ce qui est logique puisque ces médicaments détruisent un système de défense déjà affaibli.

Les femmes du groupe O, elles, souffrent plutôt de réactions de type allergique à l'égard du micro-organisme responsable des candidoses, surtout lorsqu'elles mangent trop de céréales. Cette constatation a donné naissance à une théorie selon laquelle absorber des levures (famille d'êtres vivants qui comprend à la fois les micro-organismes responsables des mycoses et ceux qui font lever la pâte à pain) favoriserait les mycoses et, subséquemment, à une série de régimes anticandidose. Ces régimes, qui prônent une alimentation riche en protéines et pauvre en céréales, s'adressent indifféremment à toutes les femmes, alors que seules celles appartenant au groupe O semblent souffrir d'hypervulnérabilité aux candidoses. Et si vous appartenez au groupe A ou au groupe AB, éviter de manger des levures ne vous protégera nullement contre les mycoses. En revanche, ce régime, mal adapté à votre groupe sanguin, affaiblira encore votre système immunitaire.

Les femmes du groupe B dont l'alimentation correspond à leur groupe sanguin sont pour leur part rarement atteintes de candidose. Si toutefois vous appartenez à ce groupe sanguin et avez déjà souffert de mycoses, limitez votre consommation de blé.

Infections urinaires

Plusieurs études semblent indiquer une vulnérabilité accrue des personnes du groupe B et du groupe AB aux infections urinaires (ou cystites) récurrentes. Les bactéries responsables de ces infections, comme les colibacilles *(E. coli)*, les pseudomonas ou les klebsellias, ont une apparence proche de celle des cellules de groupe B, si bien qu'elles ne suscitent pas de réponse immunitaire chez les personnes des groupes B et AB – puisque celles-ci ne produisent pas d'anticorps anti-B.

Les sujets du groupe B affichent aussi un pourcentage supérieur à la moyenne d'infections rénales comme les pyélonéphrites. C'est particulièrement vrai pour ceux qui appartiennent de surcroît au sous-groupe non sécréteur.

Si vous appartenez au groupe B et souffrez d'infections urinaires récurrentes, essayez, pour limiter leur réapparition, de boire chaque jour un ou deux verres de jus de canneberge et d'ananas mélangés.

Méningite virale

Cette infection grave et de plus en plus répandue du système nerveux est nettement plus fréquente chez les sujets du groupe O que chez les autres, sans doute parce que ce groupe sanguin est généralement peu résistant aux agressions virales. Quel que soit votre groupe, en tout cas, apprenez à reconnaître les symptômes de la méningite : fatigue et forte fièvre accompagnées d'une raideur caractéristique des muscles de la nuque. Et appelez un médecin sans attendre.

Parasitoses intestinales
(dysenterie amibienne, lambliase, ver solitaire et ascaris)

Si on leur laisse le loisir de s'y implanter, les parasites intestinaux survivent plutôt bien dans tous les tubes digestifs. Ils semblent toutefois afficher une prédilection certaine pour ceux des personnes des groupes A et AB, où ils se tapissent souvent en imitant les antigènes du groupe A.

Les amibes, par exemple, apprécient tout particulièrement le groupe A et le groupe AB. En outre, les personnes appartenant à ces groupes sanguins risquent plus de complications si ces parasites parviennent à s'enkyster dans leur foie. En clair, si vous êtes du groupe A ou du groupe AB et souffrez de dysenterie amibienne, soignez-vous énergiquement et rapidement, sans laisser aux parasites le temps de migrer vers d'autres parties de votre organisme.

Les groupes A et AB sont également les cibles de choix d'un parasite aquatique appelé *Giardia lamblia*, responsable de la lambliase. Cet intelligent micro-organisme sait à merveille imiter l'apparence d'une cellule de groupe A, ce qui lui permet de pénétrer sans difficulté dans les organismes du groupe A ou du groupe AB, et de se répandre dans leur intestin. Pour vous prémunir contre cette parasitose, notamment lorsque vous voyagez, emportez toujours avec vous de l'hydraste du Canada. Évitez également de boire l'eau des puits si vous n'êtes pas sûr de sa pureté.

Beaucoup de vers intestinaux, tels le ver solitaire ou les ascaris, ressemblent aux cellules du groupe A ou du groupe B et sont plus répandus chez les personnes appartenant à ces deux groupes sanguins, et plus encore chez celles du groupe AB, qui cumulent les risques à cause de leur double héritage génétique.

J'ai utilisé avec succès contre les parasitoses intestinales une plante appelée armoise chinoise *(Artemisia annua)*. Parlez-en à votre naturopathe.

Peste, typhoïde, choléra, et autres

Choléra

Un rapport récemment publié dans la revue médicale *The Lancet* au sujet d'une épidémie de choléra au Pérou – une maladie infectieuse qui se caractérise par une diarrhée aiguë provoquant une déshydratation et une perte en sels minéraux qui peuvent entraîner la mort – attribuait la gravité de celle-ci à la forte proportion de personnes du groupe O au sein de la population péruvienne. Les historiens pensent d'ailleurs que la vulnérabilité particulière de ce groupe sanguin à cette maladie serait responsable de la destruction de nombre de cités antiques sud-américaines, les épidémies n'épargnant que les individus plus résistants du groupe A (c'est-à-dire les conquistadors ou leurs descendants, puisque les populations amérindiennes originelles appartenaient en totalité au groupe O).

Paludisme

On prétend souvent que l'anophèle, le moustique qui propage le paludisme, préfère le sang des personnes du groupe B ou du groupe O aux autres – à l'inverse des moustiques ordinaires, qui semblent afficher une prédilection pour les groupes A et AB. Cette maladie, rarissime en Occident, possède un impact énorme à l'échelle mondiale car elle touche chaque année, d'après l'Organisation mondiale de la santé, plus de 2,1 millions de personnes supplémentaires.

Peste

Terreur du Moyen Âge, la peste est une maladie infectieuse provenant d'une bactérie le plus souvent propagée par les rongeurs – les rats, notamment. Il semble qu'elle attaque en priorité le groupe O.

Bien que la peste ait disparu des pays industrialisés, elle poursuit ses ravages dans nombre d'États du tiers-monde. Le fait que de telles maladies soient virtuellement inconnues en Occident ne doit pas nous faire oublier leur coût social, économique, culturel et humain. Ni que, même dans les pays les plus modernes, il arrive occasionnellement qu'elles refassent leur apparition, comme à Seattle, en 1980, où un groupe de personnes avait contracté la peste en consommant du tofu non pasteurisé et contaminé (le tofu emballé sous vide est en revanche totalement sans danger). Un rapport récent de l'Organisation mondiale de la santé met d'ailleurs en garde contre le risque de déclenchement d'épidémies de peste et d'autres maladies infectieuses par suite de l'abus d'antibiotiques et d'autres médicaments, de la colonisation de zones jusqu'à présent inhabitées, de l'essor des voyages internationaux et de la pauvreté.

Typhoïde

Cette maladie infectieuse, courante dans les régions où règne une mauvaise hygiène ou durant les périodes de guerre, infeste en général le sang et le système digestif. Là encore, c'est le groupe O qui semble le plus vulnérable à ses atteintes. Il paraît également exister une prédisposition liée au sous-groupe Rhésus négatif.

Variole

La variole a officiellement été éradiquée à la suite d'une politique de vaccination méthodique à l'échelle internationale, mais cette maladie a probablement plus influencé l'histoire du monde que l'on ne saurait le concevoir. Les personnes du groupe O sont particulièrement vulnérables à la variole, ce qui explique sans doute pourquoi elle a tant décimé les populations amérindiennes après l'arrivée des premiers colons européens – de groupe A ou B – qui étaient porteurs de ses germes. Rappelons que les populations amérindiennes appartiennent presque à 100 % au groupe O.

Poliomyélite

Cette infection virale du système nerveux est plus répandue au sein du groupe B (qui est en général plus prédisposé que les autres groupes sanguins aux affections neurologiques d'origine virale). La polio est demeurée endémique en Occident, où elle a provoqué bien des cas de paralysie juvénile, jusqu'à l'apparition du vaccin mis au point par Salk et Sabin.

Rhume, grippe et sinusite

Il existe des centaines de virus responsables de rhumes et il serait impossible de déceler l'attirance pour un groupe sanguin particulier de chacun d'entre eux. Des statistiques effectuées par l'armée britannique sur ses recrues montrent cependant une incidence légèrement inférieure des rhumes au sein du groupe A, ce qui cadre bien avec notre théorie selon laquelle le groupe A est précisément né pour permettre aux humains vivant en communauté de mieux résister aux virus courants, tels que celui-ci. Ces virus atteignent également moins les individus du groupe AB, puisqu'ils sont eux aussi porteurs de l'antigène A, qui empêche ces virus de s'accrocher aux membranes de la gorge et des voies respiratoires.

La grippe, affection plus grave, touche aussi plus les personnes du groupe O et du groupe B que les autres. Attention : si au début, la grippe ressemble beaucoup à un banal rhume, elle provoque aussi des douleurs musculaires, une grande faiblesse générale et une déshydratation. On se sent en général très mal, mais c'est le signe que l'organisme se mobilise pour combattre le virus. Pendant qu'il s'y emploie, vous pouvez prendre les mesures suivantes pour rendre la vie sur le champ de bataille moins pénible :

1. Pour vous prémunir autant que possible contre les rhumes et la grippe, voire en réduire la durée si vous les attrapez tout de même, conservez une bonne santé générale en vous reposant, en ayant une activité physique régulière et en apprenant à gérer les inévitables stress quotidiens. N'oubliez pas que le stress est un grand facteur d'affaiblissement du système immunitaire.

2. Suivez le régime adapté à votre groupe sanguin, afin d'optimiser votre réponse immunitaire et de favoriser une guérison rapide de votre rhume ou de votre grippe.

3. Prenez de la vitamine C (250 à 500 mg par jour), ou augmentez votre apport en vitamine C alimentaire. Nombre de personnes pensent que prendre de petites doses d'échinacée contribue aussi à prévenir les rhumes, ou au moins à en raccourcir la durée.

4. Humidifiez l'atmosphère de votre chambre à l'aide d'un vaporisateur ou d'un humidificateur d'air pour éviter d'avoir le nez et la gorge desséchés.

5. En cas de mal de gorge, gargarisez-vous avec de l'eau salée (dissolvez une demi-cuillerée à thé de sel fin dans un verre d'eau chaude). Ce gargarisme adoucit la gorge et la purifie. Essayez aussi cette autre recette, surtout si vous êtes sujet aux angines : préparez une tisane de racine d'hydraste du Canada et de sauge, à parts égales, et gargarisez-vous toutes les deux ou trois heures.

6. Si vous avez le nez qui coule ou le nez bouché, utilisez un anti-histaminique pour diminuer la réaction de vos

muqueuses au virus et décongestionner vos fosses nasales. Utilisez avec précaution les médicaments ou préparations à base d'éphédrine, car ils peuvent provoquer des hausses de tension artérielle, empêcher de dormir et, chez les hommes, aggraver d'éventuels problèmes de prostate.

7. Les antibiotiques sont sans effet sur les virus. Inutile, donc, de vous précipiter sur la boîte à demi vide datant de votre dernière angine...

Les sinusites chroniques touchent plus souvent les personnes du groupe O ou du groupe B. Très souvent, leur médecin en vient à les soumettre à un traitement antibiotique presque permanent, chaque cure réglant le problème temporairement, jusqu'à ce que, inévitablement, une autre crise se déclare, nécessitant la prise de nouveaux antibiotiques et, à terme, une intervention chirurgicale.

J'ai pu constater que *Collinsonia*, une plante que l'on utilise aussi pour traiter des problèmes d'œdème comme ceux liés aux varices, soulageait les personnes atteintes de sinusite – sans doute parce qu'une sinusite chronique ne diffère pas fondamentalement d'une varice ou d'une hémorroïde qui se situerait à l'intérieur du crâne. Quand je prescris cette plante, j'obtiens souvent des résultats spectaculaires. Nombre de mes patients peuvent interrompre leur traitement antibiotique car *Collinsonia* supprime la cause du problème, c'est-à-dire l'enflure de la muqueuse tapissant les sinus. Si vous souffrez de problèmes de sinus, essayez ce traitement. *Collinsonia* n'est pas très facile à trouver, mais les magasins de produits naturels bien approvisionnés en vendent sous forme de teinture mère. La dose habituelle est de vingt à vingt-cinq gouttes de teinture mère dans un verre d'eau chaude à absorber par voie orale deux ou trois fois par jour. J'ajoute au passage que cette plante ne présente aucun risque de toxicité.

Il arrive parfois que des personnes du groupe A ou du groupe AB souffrent de sinusite, mais cela résulte presque toujours d'une alimentation trop riche en aliments favorisant la sécrétion de mucosités. Ces sinusites se résorbent donc habituellement sans difficulté avec de simples modifications diététiques.

Sida (syndrome d'immuno-déficience acquise)

J'ai traité maints patients séropositifs ou atteints de sida déclaré sans pouvoir déceler de corrélation entre le groupe sanguin et la vulnérabilité au virus HIV. Cela dit, voyons comment les informations fournies par ce livre peuvent aider à se défendre contre les atteintes de ce virus.

Si tous les groupes sanguins semblent égaux devant le sida, il existe des disparités au niveau de la fréquence des infections opportunistes (pneumonies, tuberculose, etc.) qui caractérisent cette maladie.

Si vous êtes séropositif ou atteint du sida, commencez par adopter le plan d'action adapté à votre groupe sanguin. Si, par exemple, vous appartenez au groupe O, augmentez peu à peu la part des protéines animales dans votre alimentation et entamez un programme d'entraînement sportif. Agir ainsi vous permettra de mobiliser pleinement vos défenses immunitaires et d'optimiser leur fonctionnement. Veillez à limiter votre apport en graisses, en choisissant notamment des morceaux de viande rouge maigres, car les parasites intestinaux, fréquents chez les malades du sida, entravent la digestion des graisses et favorisent les diarrhées. Évitez aussi les aliments comme le blé, qui contiennent des lectines nocives pour vous.

Comme une bonne part des affections opportunistes qui accompagnent le sida provoquent des nausées, des diarrhées et des ulcérations de la bouche, les malades souffrent souvent de dénutrition avancée. Les patients du groupe A, dont les aliments de prédilection sont souvent peu concentrés en calories, devront donc veiller tout particulièrement à maintenir leur apport calorique tout en éliminant rigoureusement tous les aliments susceptibles de provoquer des troubles digestifs, comme la viande ou les produits laitiers. Votre système immunitaire est déjà naturellement délicat; ne donnez pas aux « mauvaises » lectines l'occasion de venir l'affaiblir encore. Augmentez en revanche votre apport en «bonnes» protéines, comme celles fournies par le tofu, le poisson et les fruits de mer.

Les personnes du groupe B doivent fuir les aliments «à problèmes» évidents, tels que le poulet, le maïs et le sarrasin, mais aussi éliminer les noix, difficiles à digérer, et réduire la part des produits à base de blé dans leur alimentation. Celles qui souffrent d'intolérance au lactose doivent aussi renoncer aux produits laitiers et les autres doivent savoir que ces aliments peuvent se révéler irritants pour toute personne immuno-déprimée du groupe B.

Les sujets du groupe AB, enfin, doivent limiter leur consommation de pois et de légumineuses riches en lectines et éliminer les noix de toutes sortes. Leur source principale de protéines doit être le poisson – vous avez le choix entre beaucoup d'espèces. Ils peuvent occasionnellement s'autoriser la viande et les produits laitiers, à condition de surveiller de près leur apport en lipides. Évitez aussi d'abuser du blé.

En résumé, quel que soit votre groupe sanguin, fuyez au maximum les lectines susceptibles d'endommager les cellules de votre système immunitaire et de votre sang. Votre organisme n'est pas capable de les remplacer aussi vite que le ferait un organisme en bonne santé. Cet aspect protecteur des cellules du régime Groupe sanguin fait de celui-ci un allié particulièrement précieux pour les malades du sida qui souffrent d'anémie ou dont le décompte de lymphocytes T helper (ou facilitateurs) est bas.

Adopter le régime convenant à votre groupe sanguin est un atout supplémentaire entre vos mains et vous aidera à protéger vos précieuses cellules immunitaires de toutes les agressions évitables. Dans la mesure où il n'existe encore aucun traitement efficace contre le sida, cela peut faire une différence appréciable.

CAS CLINIQUE : SIDA

Patient : Arnold, 46 ans, groupe AB

Quand Arnold est venu me consulter, il m'a expliqué qu'il était atteint du sida et pensait avoir été infecté par le virus HIV douze ans plus tôt. Son taux de lymphocytes T, baromètre des destructions opérées par le virus, était de 6 – le taux normal étant compris entre 650 et 1700. Il souffrait de tumeurs cutanées appelées molluscums, souvent observées chez les malades du sida en phase terminale, et il était très amaigri par des mois de nausées et de diarrhées continuelles.

Il s'était décidé à consulter un naturopathe en dernier ressort, dans un ultime réflexe pour s'accrocher à la vie. Je lisais sur son visage qu'il ne pensait pas que je puisse grand-chose pour lui et, pour ma part, je ne pouvais rien lui promettre car j'ignorais comment il réagirait.

Je m'attachai en premier lieu à éviter que la moindre lectine toxique pour son système immunitaire pénètre dans son organisme. Dans le même temps, il me fallait enrayer la cachexie qui le consumait, afin de lui donner la vigueur nécessaire pour combattre les atteintes infectieuses.

J'ai donc adapté le régime du groupe AB aux besoins spécifiques d'un malade du sida, ce qui passait par l'élimination de toutes les volailles à l'exception de la dinde, et par l'introduction de viandes maigres bio, de poisson et de fruits de mer plusieurs fois par semaine, le tout accompagné de riz, de légumes et de fruits en abondance. Parallèlement, j'ai réduit la part de presque tous les pois et légumineuses et éliminé le beurre, la crème, les fromages industriels, le maïs et le sarrasin. J'ai de surcroît prescrit à Arnold des plantes stimulant les défenses immunitaires, notamment de la luzerne, de la bardane, de l'échinacée, du ginseng et du gingembre, à absorber sous forme de comprimés et de tisanes.

En trois mois, le molluscum d'Arnold disparut et il put reprendre le chemin de la salle de gym. Depuis cette date, il est demeuré asymptomatique alors même que son taux de lymphocytes T n'a pas augmenté. Il travaille et mène une vie relativement active. Les médecins qui le suivent à l'hôpital n'en reviennent pas : voilà un homme qui survit assez bien sans aucun système immunitaire !

CAS CLINIQUE : SIDA

Patiente : Susan, 27 ans, groupe O

Quand elle apprit que son mari était séropositif, Susan fit aussitôt le test HIV et crut perdre la raison quand celui-ci se révéla positif. Les examens de laboratoire complémentaires indiquèrent en outre un taux de lymphocytes T très bas. Susan me supplia de l'aider ; elle ne voulait pas mourir, mais elle redoutait de prendre de l'AZT ou les autres traitements médicaux préconisés aux personnes séropositives.

Nous avons commencé par la soumettre au régime du groupe O, accompagné de suppléments nutritionnels et d'un programme sportif régulier. J'ai recommandé à Susan de se conformer scrupuleusement à ce plan d'action.

Quelques mois plus tard, elle m'appela pour m'annoncer que son taux de lymphocytes T était remonté autour de 800 (le taux normal étant, rappelons-le, compris entre 500 et 1 700). Elle n'a jusqu'à présent eu à déplorer aucun symptôme.

En l'absence de traitement efficace contre le virus HIV ou le sida, il est impossible de prévoir combien de temps Susan demeurera en bonne santé, mais je pense que mieux nous comprendrons les mystères du système immunitaire, plus nous aurons de chances de faire du sida une maladie avec laquelle on apprend à vivre, au lieu d'une maladie mortelle.

Syphilis

Les personnes du groupe A semblent plus vulnérables que les autres à la syphilis et elles contractent souvent cette maladie sous la forme la plus violente. La syphilis étant une maladie sexuellement transmissible, voici une raison supplémentaire pour ces personnes de se protéger lors de relations sexuelles.

Tuberculose et sarcoïdose

La tuberculose, un temps considérée comme une maladie du passé en Occident, est aujourd'hui redevenue plus fréquente, à cause de sa forte incidence chez les malades du sida et chez les sans-abri. La tuberculose, infection opportuniste, apprécie grandement les systèmes immunitaires affaiblis par le manque d'hygiène et les maladies chroniques. La tuberculose pulmonaire est plus courante chez les personnes du groupe O, tandis qu'au sein du groupe A, cette maladie attaque plutôt d'autres organes que les poumons.

La sarcoïdose est une inflammation des poumons et des tissus conjonctifs, qui constitue peut-être une forme de réponse immunitaire au bacille responsable de la tuberculose. On a longtemps pensé qu'elle atteignait en priorité les personnes d'origine africaine, mais elle est actuellement plus répandue chez les personnes d'ascendance européenne, en particulier chez les femmes. On la diagnostique plus souvent au sein du groupe A que chez le groupe O. Il semble aussi que les individus de Rhésus négatif soient plus prédisposés à la tuberculose et à la sarcoïdose que leurs congénères Rhésus positif.

MALADIES LIÉES AU VIEILLISSEMENT

Tout le monde vieillit, quel que soit son groupe sanguin. Mais pourquoi vieillit-on, et peut-on ralentir le processus ? Ces questions fascinent l'homme depuis la nuit des temps. Le mythe de la fontaine de jouvence resurgit régulièrement sous des avatars différents. Aujourd'hui, nos technologies médicales de pointe et notre compréhension accrue des facteurs qui contribuent au vieillissement nous rapprochent d'une réponse.

Une autre question nous taraude aussi : pourquoi les processus de vieillissement individuels diffèrent-ils tant ? Pourquoi un jogger de cinquante ans, mince et apparemment en pleine santé, tombe-t-il soudain raide mort, alors qu'une femme de quatre-vingt-neuf ans qui n'a jamais fait le moindre exercice de sa vie demeure alerte et en pleine forme ? Pourquoi certains sont-ils atteints de la maladie d'Alzheimer ou de démence sénile, tandis que d'autres conservent toute leur vivacité d'esprit jusqu'à leur dernier souffle ? À partir de quel âge la détérioration physique devient-elle inéluctable ?

Nous avons réussi à assembler certaines pièces de ce puzzle. La génétique joue un rôle et certaines variations spécifiques des chromosomes prédisposent à un vieillissement plus rapide. Mais les recherches restent encore très incomplètes.

J'ai pour ma part isolé une corrélation entre le groupe sanguin et le vieillissement, plus précisément entre l'action agglutinante des lectines et les deux principaux problèmes physiologiques liés à l'âge, c'est-à-dire les problèmes rénaux et la détérioration du cerveau.

À mesure que nous avançons dans la vie, nos reins fonctionnent de moins en moins efficacement. Or, de l'activité des reins dépend le volume de sang qui est filtré et nettoyé avant de repartir irriguer l'organisme. Ce système de filtrage est très précis puisqu'il faut qu'il laisse passer les éléments liquides du sang, mais pas les cellules entières. Il n'est donc pas difficile d'imaginer comment les lectines peuvent entraver un tel processus. En effet, celles-ci parviennent à pénétrer dans le flux sanguin et finissent par s'accumuler et par se stocker dans les reins. Le phénomène est identique à celui qui se produit lorsqu'un écoulement de lavabo s'encrasse : peu à peu, le système de filtration cesse de fonctionner. Plus les lectines s'agglutinent dans les reins, moins ceux-ci peuvent épurer de sang. C'est un processus lent, mais fatal à terme. Et les problèmes rénaux comptent parmi les principales causes de détérioration physique chez les personnes âgées.

Évoquons à présent le cerveau, sur lequel les lectines exercent une action tout aussi destructrice. Des chercheurs ont observé que ce qui distingue un vieux cerveau d'un jeune est que, dans le premier, beaucoup d'éléments de neurones s'« emmêlent » littéralement. Ce fouillis qui conduit à la démence sénile et à la détérioration globale des fonctions cérébrales (et joue peut-être un rôle dans l'apparition de la maladie d'Alzheimer) s'installe peu à peu au fil des ans.

Comment les lectines atteignent-elles le cerveau ? Certaines d'entre elles sont suffisamment petites pour passer du sang dans le cerveau lui-même. Une fois arrivées là, elle se mettent en devoir d'agglutiner les cellules sanguines, s'immisçant peu à peu dans l'activité des neurones. Après quelques dizaines d'années de ce travail de sape, les neurones sont suffisamment « emmêlés » pour que cela entrave les fonctions cérébrales.

Il me paraît clair qu'éliminer les lectines les plus nocives de votre alimentation permet de préserver plus longtemps la santé des reins et du cerveau. Voilà pourquoi certains demeurent vifs et alertes jusqu'à un âge très avancé.

Les lectines contribuent aussi au vieillissement par leur action sur le plan hormonal. On sait qu'en vieillissant on absorbe et métabolise moins facilement les nutriments. C'est une des raisons pour lesquelles les personnes âgées se trouvent souvent en état de malnutrition, même avec une alimentation normale. On leur conseille en général d'absorber des suppléments. Mais, si leur organisme n'était pas envahi de lectines agglutinantes qui entravent l'action de leurs hormones, ces personnes pourraient probablement absorber les nutriments aussi efficacement que lorsqu'elles étaient plus jeunes.

Attention : je ne prétends pas que le régime Groupe sanguin soit une nouvelle fontaine de jouvence ! Ce n'est pas non plus une méthode pour rajeunir et réparer les outrages des ans. On peut en revanche à tout âge réduire les atteintes cellulaires en chassant les lectines nocives de son assiette. Et surtout, ce régime est conçu pour vous aider à maîtriser le temps en ralentissant le processus de vieillissement tout au long de votre vie d'adulte.

PROBLÈMES SANGUINS

Aucun de mes lecteurs ne s'étonnera, je pense, d'apprendre que les maladies du sang, telles que l'anémie ou les problèmes de coagulation, sont liées au groupe sanguin.

Anémie pernicieuse

Cette affection atteint principalement le groupe A, mais elle n'a aucun rapport avec le régime végétarien qui lui est recommandé. L'anémie pernicieuse résulte d'une carence en vitamine B12, une vitamine que les personnes du groupe A ont plus de mal que les autres à absorber. Le groupe AB est lui aussi relativement prédisposé à ce type d'anémie, quoique moins que le groupe A.

Pour absorber efficacement la vitamine B12 présente dans les aliments, l'organisme a besoin d'un taux d'acidité gastrique élevé et d'une substance chimique appelée facteur intrinsèque, qui est sécrétée par la muqueuse gastrique. Or les sujets du groupe A et du groupe AB produisent moins de facteur intrinsèque que les autres groupes sanguins et ont l'estomac moins acide. C'est pourquoi les victimes d'anémie pernicieuse qui appartiennent à ces groupes sanguins réagissent mieux à un traitement par voie injectable qui court-circuite ces problèmes d'assimilation. Voici donc un exemple de cas où les solutions diététiques ne suffisent pas, même si les personnes des groupes A et AB sont en mesure d'absorber certains suppléments liquides antianémiques.

L'anémie est rare au sein des autres groupes sanguins car leur taux d'acidité gastrique est satisfaisant et ils produisent assez de facteur intrinsèque.

CAS CLINIQUE : ANÉMIE

Fourni par le Dr Jonathan V. Wright, Kent (Washington)

Patiente : Carol, 35 ans, groupe O

Le régime Groupe sanguin commence à acquérir une certaine notoriété au sein du corps médical traditionnel. Le Dr Wright l'a testé avec succès sur une femme souffrant d'anémie chronique. Carol avait essayé sans résultat toutes les supplémentations en fer existantes. Le Dr Wright tenta plusieurs autres traitements classiques. En vain. Seul le fer sous forme injectable améliorait l'état de la jeune femme, mais uniquement de manière temporaire. Tôt ou tard, le taux de fer sanguin de Carol chutait de nouveau.

J'avais évoqué avec le Dr Wright mes travaux sur les lectines et les groupes sanguins, si bien qu'il décida de tenter de soigner Carol avec le régime du groupe O. Après que Carol eut renoncé aux lectines incompatibles avec son groupe sanguin – et donc susceptibles d'attaquer ses globules rouges – et adopté une alimentation riche en protéines animales, elle vit son taux de fer sanguin augmenter comme par magie, et les suppléments devenir utiles. Le Dr Wright et moi sommes tombés d'accord pour en conclure que le processus d'agglutination provoqué dans l'intestin par les lectines nocives empêchait la bonne assimilation du fer par l'organisme de Carol.

Problèmes de coagulation

Voilà qui touche principalement le groupe O, car les personnes appartenant à ce groupe sanguin manquent souvent de divers facteurs de coagulation. Ce problème peut être lourd de conséquences, notamment en cas d'intervention chirurgicale ou d'accident. Ainsi les femmes du groupe O tendent-elles à perdre significativement plus de sang au cours d'un accouchement que les femmes appartenant aux autres groupes sanguins.

Les sujets du groupe O qui ont déjà souffert de problèmes de coagulation ou d'accidents cardio-vasculaires doivent forcer sur les aliments riches en chlorophylle – c'est-à-dire presque tous les légumes verts – ou en absorber sous forme de supplément.

Les personnes des groupes A et AB souffrent plus rarement de problèmes de coagulation, mais leur sang plus épais présente d'autres inconvénients. Par exemple, il dépose plus facilement des plaques d'athérome sur les parois artérielles, ce qui explique la prédisposition de ces groupes sanguins aux affections cardiovasculaires. Les femmes du groupe A et du groupe AB qui ne respectent pas l'alimentation appropriée à leur groupe sanguin risquent en outre des problèmes de caillots pendant leurs règles.

Le groupe B, lui, échappe en général à la fois aux difficultés de coagulation et aux problèmes engendrés par un sang trop épais. Pourvu que les sujets de ce groupe suivent le régime adapté à leur groupe sanguin, leur organisme équilibré fonctionne le plus souvent sans heurt.

J'aimerais pouvoir vous fournir une liste de maladies plus détaillée et plus exhaustive. Nous pourrions ainsi sans doute encore mieux comprendre leurs liens avec le groupe sanguin... et peut-être enfin commencer à comprendre pourquoi certaines d'entre elles – qui semblent en l'état actuel de nos connaissances frapper au hasard, tel le cancer qui fauche aussi bien les plus jeunes que les plus âgés – se déclenchent.

Il est d'ores et déjà évident que beaucoup de maladies affichent une préférence pour certains groupes sanguins. J'espère que les exemples donnés dans ce chapitre vous auront convaincu de cette corrélation.

Rien ni personne ne peut vous prémunir totalement contre la maladie, mais connaître vos chances et vos facteurs de risque et comprendre la situation permet d'agir positivement pour contrer au mieux les forces néfastes.

Dans le chapitre qui suit, nous allons nous pencher ensemble sur le cas du cancer. J'ai choisi de consacrer un chapitre entier à cette maladie à la fois parce qu'elle constitue une des premières causes de mortalité en Occident, et aussi parce que ses liens avec les groupes sanguins sont extrêmement clairs.

3

Groupe sanguin
et cancer

Le combat pour guérir

S 'il est un domaine qui suscite en moi des réactions parti- culièrement passionnées, c'est celui qui traite des corréla- tions unissant cancers et groupes sanguins. Ma mère est en effet morte d'un cancer du sein, voilà dix ans, après des mois de souf- frances atroces.

C'était une femme merveilleuse, attachée aux valeurs simples de ses ancêtres espagnols, et qui détestait autant les faux-semblants que l'ostentation.

Maman constituait une anomalie dans notre famille : une personne du groupe A qui mangeait ce qu'elle avait envie de manger. En bonne Catalane, elle ne laissait personne lui dicter sa conduite. Chez elle – mes parents étaient divorcés –, on ser- vait des plats typiquement méditerranéens, à base de viande et de légumes, et quelques aliments transformés. Et, en dépit des travaux de mon père sur les groupes sanguins, on n'apercevait jamais une pousse de soya ni une légumineuse dans sa cuisine.

Quiconque a assisté à la lutte vaillante, et en définitive vaine, d'un proche contre le cancer comprendra combien ma famille a souffert en la voyant aller de mastectomie en chimio-

thérapie et de brève rémission en rechute. Il me semblait parfois presque visualiser les armées de minuscules envahisseurs
qui s'introduisaient dans ses cellules saines pour les coloniser,
puis organiser à partir de là une attaque surprise contre un
organe. Au bout du compte, rien n'a pu endiguer leur progression et ils ont gagné la partie.

Depuis la mort de ma mère, je ne cesse de me pencher sur
les mystères du cancer. Je me suis souvent demandé si adhérer
au régime du groupe A aurait sauvé sa vie, ou si elle était d'une
manière ou d'une autre génétiquement programmée pour
périr ainsi. Je me suis juré d'avancer le plus possible dans ma
compréhension de ces mécanismes. À sa mémoire. Je mène en
quelque sorte ma vendetta personnelle à la catalane contre le
cancer du sein, plus encore que contre tous les autres cancers.

Une tumeur trouve-t-elle un terrain intrinsèquement plus
fertile dans les organismes appartenant à certains groupes sanguins ? La réponse est clairement positive. Tout concourt à
démontrer que les personnes du groupe A et du groupe AB sont
plus souvent victimes de cancer que celles du groupe O ou du
groupe B et ont un taux de survie plus faible. L'Association des
médecins américains a signalé dès les années quarante la plus
forte incidence des cancers chez le groupe AB, mais la nouvelle
ne fit pas la une des journaux, probablement parce que ce
groupe sanguin est très peu répandu. L'information était donc
beaucoup moins affolante sur le plan statistique que si elle avait
concerné le groupe A – ce qui ne représente sans doute qu'une
maigre consolation pour les personnes du groupe AB. Les
chercheurs se préoccupent surtout de chiffres globaux ; je
préfère pour ma part considérer chaque cas de cancer comme
un drame individuel et unique.

Les groupes O et B affichent des taux de cancer beaucoup
plus bas, mais nous ignorons encore largement pourquoi.
L'activité des antigènes et des anticorps propres à chaque
groupe sanguin fournit cependant des indices précieux et
prometteurs. Cela dit, les corrélations unissant les cancers aux
groupes sanguins sont aussi complexes que mystérieuses.

Comprenez donc bien que le fait d'appartenir au groupe AB ou au groupe A ne signifie nullement que vous allez sûrement – ni même probablement – souffrir d'un cancer. Et qu'appartenir au groupe O ou au groupe B n'implique pas non plus que vous ne couriez aucun risque d'en souffrir. Les cancers résultent de causes multiples et chacun d'entre nous conserve le douloureux souvenir d'une personne qui ne présentait aucun facteur de risque et qui a pourtant succombé à cette maladie.

Le rôle du groupe sanguin apparaît de plus en plus clairement, mais il ne constitue qu'une pièce du puzzle, à côté des facteurs extérieurs – agents chimiques carcinogènes, radiations, etc. – et des autres facteurs génétiques, pour ne citer qu'eux. Tous ces éléments responsables de l'apparition de cancers sont en grande partie indépendants du groupe sanguin et interagissent avec lui de manière à rendre toute prédiction aléatoire. Ainsi le tabac pourrait-il facilement masquer une corrélation groupe sanguin-cancer car c'est un agent carcinogène suffisamment puissant pour provoquer par lui-même un cancer, quelle que soit la vulnérabilité innée du fumeur à ce type de maladie.

S'il existe d'énormes programmes de recherche sur les relations entre le groupe sanguin et le cancer à l'échelle moléculaire, rares sont ceux qui se sont penchés sur les chances de survie des personnes appartenant à tel ou tel groupe sanguin face à un cancer spécifique.

Qui va vivre et qui va mourir? Qui va survivre et qui va succomber? C'est là à mon sens le grand chaînon manquant des recherches menées sur le cancer et sur les groupes sanguins. La corrélation la plus intéressante à cet égard n'est en effet pas tant celle qui concerne l'incidence de cette maladie en fonction du groupe sanguin que celle qui conditionne les chances de guérison de chacun. Et cette corrélation pourrait bien résider dans la « colle » des lectines.

LE CANCER ET LES LECTINES

Comme l'a écrit Shakespeare : « Même les plus mauvaises choses renferment un peu de bien. » Et, dans certains cas, il peut être judicieux et même bénéfique d'administrer un poison, comme on le fait dans le cadre d'un traitement chimiothérapique anticancéreux. De même, l'action des lectines – a priori néfaste – peut parfois se révéler un bienfait. On peut en effet utiliser les lectines pour agglutiner des cellules cancéreuses, ce qui fait d'elles un catalyseur de la réponse immunitaire, un réveil destiné à stimuler l'organisme et à l'inciter à déclencher le branle-bas de combat pour protéger ses cellules saines.

Comment ce mécanisme fonctionne-t-il ? Dans des circonstances normales, la production de sucres à la surface d'une cellule est très spécifique et contrôlée. Les choses se passent différemment dans les cellules cancéreuses. Leur matériau génétique étant bouleversé, ces cellules perdent tout contrôle sur la production de leurs sucres de surface et en produisent en général davantage qu'une cellule saine. Les cellules cancéreuses sont donc plus susceptibles de s'agglutiner si elles entrent en contact avec une lectine adéquate.

Les cellules cancéreuses sont jusqu'à cent fois plus sensibles à l'effet agglutinant des lectines que les cellules normales. Si l'on étudie au microscope une culture de cellules saines et une culture de cellules malignes, assaisonnées du même dosage de lectine agglutinante, les secondes ne représenteront plus qu'un amas informe de cellules amalgamées, alors que les premières montreront peu de changements.

Quand les cellules malignes s'agglutinent en énormes enchevêtrements de centaines, de milliers, voire de millions de cellules, le système immunitaire se réveille. À présent, les anticorps peuvent sans problème identifier les « paquets » de cellules cancéreuses et concentrer leurs efforts destructeurs dessus. Ces missions de nettoyage sont en général effectuées par de puissantes cellules épuratrices situées dans le foie.

Les interactions entre lectines et cancers

Cellule normale →

← Cellule maligne

Lectines spécifiquement attirées par un groupe sanguin

Pourquoi les lectines agglutinent les cellules cancéreuses. Les cellules représentées dans la partie gauche de ce schéma sont des cellules saines. La production des sucres présents sur leur pourtour étant elle aussi normale, ceux-ci sont rangés en bon ordre à la surface externe de la cellule. Les cellules malignes (à droite) produisent des sucres de manière anarchique car leur matériau génétique est endommagé. Cela explique pourquoi, lorsqu'on ajoute à une culture de cellules saines et de cellules malignes une lectine attirée par un groupe sanguin spécifique, cette dernière interagira plus rapidement avec les cellules cancéreuses « poilues » qu'avec leurs consœurs saines à la surface plus lisse.

UTILISER SON GROUPE SANGUIN POUR LUTTER CONTRE LE CANCER

Il se produit tant de divisions cellulaires au cours d'une vie qu'il est étonnant qu'on ne dénombre pas plus de cancers. Il est vrai que notre système immunitaire est parfaitement capable de détecter et d'éliminer la grande majorité des mutations qui surviennent au quotidien. Les cancers résultent probablement d'une faille dans ce mécanisme de surveillance, les cellules cancéreuses parvenant à tromper les défenses immunitaires en se faisant passer pour des cellules normales.

Si vous accédiez à une base de données médicales et entriez les mots clés lectines et cancer, l'ordinateur cracherait des informations pendant plusieurs jours d'affilée. On utilise en

effet fréquemment les lectines pour étudier la biologie moléculaire des cancers, car elles constituent d'excellentes sondes qui
aident à identifier des antigènes spécifiques, appelés marqueurs,
présents à la surface des cellules cancéreuses. Cela donne une
idée des rapports unissant les groupes sanguins, les lectines
agglutinantes et les cancers.

Malheureusement, le corps médical s'en tient en général là,
ce qui est fort dommage car les lectines sont des substances
faciles à trouver, notamment dans les aliments. Et, avec son
groupe sanguin et les lectines appropriées – à déterminer à partir du régime adapté à son groupe sanguin –, chaque malade du
cancer dispose d'un puissant outil pour augmenter ses chances
de survie.

La question suivante est à l'évidence : Que signifie tout
cela ? Et, si je suis atteint d'un cancer, qu'est-ce que cela change
pour moi ? Que puis-je faire ?

Je serai franc avec vous. Nous ne possédons à l'heure
actuelle d'informations substantielles que pour un seul cancer,
le cancer du sein. Pour les autres, les corrélations avec le groupe
sanguin sont moins bien connues, même si l'on possède aussi
des informations, que je vous donnerai. Nous savons également
que maints liens entre la nourriture et le groupe sanguin s'ap-
pliquent sans doute, sinon à tous, du moins à la plupart des cancers,
et nous étudierons ceux-ci en détail. J'évoquerai parallèlement
des thérapies naturopathiques nouvelles qui sont de plus en
plus appréciées du corps médical et fort intéressantes à mon
sens.

Les recherches se poursuivent, mais les progrès sont déses-
pérément lents. J'entame pour ma part la huitième année d'un
essai thérapeutique sur dix ans de l'incidence du régime
Groupe sanguin sur les cancers des organes reproducteurs
féminins. Qu'il me soit permis d'écrire que les résultats de cette
étude sont encourageants. Pour l'instant, les femmes participant
à mes travaux affichent en effet un taux de survie moyen double
du taux normal. Quand je publierai les résultats de cet essai,
dans deux ans, j'espère pouvoir démontrer scientifiquement

que le régime Groupe sanguin contribue à la rémission des cancers.

Pour l'heure, laissez-moi vous exposer ce que j'ai découvert au sujet des cancers, et les mesures que vous pouvez prendre pour vous protéger.

CANCER DU SEIN ET GROUPE SANGUIN

Voilà quelques années, j'ai constaté en relevant les antécédents médicaux de nouvelles patientes, que beaucoup de femmes qui avaient à une époque souffert d'un cancer du sein et qui étaient complètement guéries appartenaient au groupe O ou au groupe B. Le taux de guérison observé à l'intérieur de ces groupes sanguins était d'autant plus impressionnant que la plupart de ces femmes n'avaient pas suivi de traitement anticancéreux très agressif, la majorité d'entre elles n'ayant subi en tout et pour tout qu'une ablation chirurgicale de la tumeur, sans aucune radiothérapie ni chimiothérapie d'appoint.

Je me demandais à quoi attribuer ce phénomène. Était-il possible que le groupe sanguin de ces femmes les ait protégées contre l'apparition de métastases et contre la généralisation de leur maladie?

Au fil des années, j'ai aussi constaté chez les femmes du groupe A – et chez celles du groupe AB, quoique j'aie eu moins d'occasions d'examiner des patientes appartenant à ce groupe sanguin rare – une nette propension à souffrir de tumeurs plus graves et un taux de survie plus faible, même quand les biopsies réalisées sur les ganglions lymphatiques indiquaient que leur cancer ne s'était pas propagé jusqu'à eux. Ma propre expérience clinique et mes lectures m'ont donc permis de conclure à l'existence d'une corrélation étroite entre la guérison des cancers du sein et le groupe sanguin.

Une étude publiée en 1991 dans la revue médicale britannique *The Lancet* apporte un début d'explication. D'après les auteurs de l'article, il semble en effet possible de prédire si un cancer du sein se propagera ou non au système lymphatique en étudiant simplement les réactions des cellules tumorales en présence d'une teinture contenant une lectine extraite de l'escargot comestible *Helix pomatia*. Selon eux, il existe un lien étroit entre ces réactions à la lectine de l'escargot et l'apparition subséquente de métastases au niveau des ganglions lymphatiques. En d'autres termes, les antigènes présents à la surface des cellules du cancer du sein primaire sont évolutifs, et ce sont les changements survenus ou non en eux qui permettent ou non au cancer de migrer vers les ganglions.

Les chercheurs étudiant le cancer du sein ont en outre remarqué que cette transformation amenait les cellules cancéreuses à ressembler de plus en plus à des cellules du groupe A, ce qui leur permettait de franchir sans peine les barrières immunitaires des personnes appartenant à ce groupe sanguin pour envahir leurs ganglions lymphatiques.

Mes patientes du groupe O survivaient-elles mieux parce qu'elles appartenaient au groupe O? Mes patientes du groupe B étaient-elles sauvées par leur groupe sanguin? Il semblait bien que oui. Qu'advenait-il, alors, des femmes du groupe A et du groupe AB? Étaient-elles irrémédiablement condamnées à souffrir de cancers plus graves? Non, car une autre information cruciale figurait dans l'étude publiée dans *The Lancet*: la lectine de l'escargot *Helix pomatia* est attirée par un groupe sanguin spécifique, le groupe A, c'est-à-dire par les cellules de groupe A et toutes celles qui leur ressemblent. Elle agglutine donc ces cellules et favorise leur élimination par l'organisme.

Ce que nous savons des mécanismes du cancer vient confirmer la thèse de l'existence d'un lien étroit groupe sanguin-cancer. Beaucoup de cellules malignes portent à leur surface des antigènes spécifiques, appelés marqueurs. Par exemple, les patientes atteintes de cancer du sein ont souvent un taux élevé d'antigène cancéreux 15-3 (CA15-3), marqueur du cancer du sein; pour le cancer des ovaires, il s'agit d'un antigène cancéreux 125 (CA125); pour les hommes souffrant d'un cancer de la prostate, d'un antigène spécifique de la prostate (PSA), et ainsi de suite. On utilise couramment ces marqueurs tumoraux pour évaluer la progression de la maladie et l'efficacité des traitements. Beaucoup de ces marqueurs se comportent différemment suivant le groupe sanguin. Précisons que ces antigènes sont parfois des antigènes sanguins incomplets ou dénaturés, qui, dans une cellule normale, auraient constitué un élément du groupe sanguin.

Vous ne vous étonnerez pas, je pense, d'apprendre que beaucoup de marqueurs tumoraux ressemblent aux cellules de groupe A, ce qui leur assure un accès facile dans les organismes du groupe A et du groupe AB. Accueillis en amis, ils y jouent le rôle de chevaux de Troie moléculaires. Pour des raisons évidentes, de tels intrus sont beaucoup plus facilement démasqués et éliminés s'ils s'aventurent dans un organisme du groupe O ou du groupe B.

Dès que l'on sait que les marqueurs du cancer du sein ressemblent en majorité à des cellules de groupe A, on a l'explication des disparités observées au niveau du taux de guérison des patientes. Les femmes du groupe O ou du groupe B atteintes d'un cancer du sein sont mieux armées pour combattre cette maladie, puisque leur système immunitaire décèle plus tôt les cellules malignes et les élimine donc plus facilement. Les patientes du groupe A ou du groupe AB ne sont pas en mesure de se défendre aussi efficacement puisque leur organisme ne peut repérer ses agresseurs : aveuglé par les talents d'imitatrices des cellules mutantes, leur système immunitaire ne voit longtemps en elles que de banales cellules de groupe A.

CAS CLINIQUE : PRÉVENTION DU CANCER DU SEIN
Patiente : Anne, 47 ans, groupe A

Voilà quatre ans, Anne est venue pour une visite médicale de routine. Elle ne souffrait d'aucun problème de santé particulier. En l'interrogeant sur ses antécédents médicaux et familiaux, j'ai appris que l'on dénombrait beaucoup de cas de cancer du sein aussi bien dans la famille de son père que dans celle de sa mère, et que le taux de mortalité des femmes touchées était très élevé. Anne connaissait ce risque génétique, mais elle ignorait que son groupe sanguin constituât un facteur de risque supplémentaire. Sa réaction, lorsque je le lui appris, fut empreinte de philosophie. «Je suppose que cela ne change pas grand-chose, me dit-elle. Soit je vais avoir un cancer du sein, soit je n'en aurai pas, mais je ne peux pas infléchir le cours des événements.»

Sûr du contraire, je lui indiquai alors les mesures qu'elle pouvait prendre pour limiter les risques. Tout d'abord, à cause de ses antécédents familiaux, elle devait veiller à se montrer hypervigilante dans l'examen de ses seins, se prêter à des mammographies régulières et consulter un médecin au moindre doute. Anne n'avait pas subi de mammographie depuis sept ans. Je devais par la suite apprendre que toutes les méthodes médicales classiques lui inspiraient la plus vive méfiance ; elle préférait les remèdes phytothérapiques et les vitamines, qu'elle avait appris à utiliser efficacement. Elle me promit cependant de prendre rendez-vous pour cet examen.

La mammographie de ma nouvelle patiente n'indiqua aucun problème. Fort soulagée, elle entama aussitôt un programme santé anticancer. Adopter le régime du groupe A ne lui posa guère de difficulté car elle était déjà quasiment végétarienne. Je me suis donc contenté de lui proposer quelques ajustements, de manière à accroître la part des aliments anticancéreux – le soya, en particulier – et de lui prescrire des plantes médicinales adaptées à son cas. Anne s'est également inscrite à un cours de yoga. Elle m'avoua alors que, pour la première fois de sa vie, elle parvenait à oublier l'épée de Damoclès du cancer, suspendue au-dessus de sa tête.

Un an plus tard, Anne passa une nouvelle mammographie. Cette fois, l'examen décela une tache suspecte au niveau du sein gauche. La biopsie indiqua qu'il s'agissait d'une lésion précancéreuse appelée néoplasie. Une néoplasie n'est pas un cancer – elle indique seulement la présence de cellules mutantes – mais elle peut à terme en devenir un, si les cellules continuent à se détériorer et à se multiplier. En pratiquant la biopsie, le chirurgien d'Anne ôta complètement cette lésion.

Cette intervention s'est déroulée voilà trois ans et, depuis, aucune lésion nouvelle ne s'est déclarée. Nous surveillons la santé d'Anne de très près et elle-même continue à suivre scrupuleusement le régime du groupe A. Elle affirme ne s'être jamais si bien portée.

De toutes les tâches qui incombent à un médecin, aucune n'est plus utile et gratifiante que celle qui consiste à prévenir efficacement un problème et à intervenir à bon escient. Je suis heureux qu'Anne soit venue me consulter quand elle l'a fait et qu'elle ait pris les dispositions qui s'imposaient.

La piste du vaccin antigène

Le cancer du sein demeure une maladie déroutante et trop souvent mortelle. Mais certains signes indiquent que le groupe sanguin pourrait fournir une clé pour le vaincre.

Le Dr George Springer, chercheur au centre anticancéreux Bligh de la Faculté de médecine de l'Université de Chicago, a étudié les effets d'un vaccin basé sur une molécule appelée antigène T. Cet homme compte parmi ceux qui ont le plus contribué aux recherches sur les liens unissant le groupe sanguin et la santé depuis les années cinquante. On lui doit des découvertes fondamentales et ses travaux sur l'antigène T sont très prometteurs.

Cet antigène T est un marqueur tumoral présent dans maints types de cancer, notamment le cancer du sein. Les personnes en bonne santé et qui ne sont pas atteintes d'un cancer sont porteuses d'anticorps contre lui, si bien qu'on ne le décèle jamais chez elles.

Le Dr Springer pense qu'un vaccin associant l'antigène T et le marqueur tumoral CA15-3 exerce un choc salutaire sur le système immunitaire assoupi des malades du cancer, le réveille et l'aide à attaquer et à éliminer les cellules malignes. Lui et son équipe utilisent depuis vingt ans un vaccin dérivé de l'antigène

T en traitement de fond pour prévenir les métastases du cancer du sein. Bien que son échantillon-test soit mince – il compte moins de vingt-cinq femmes –, les résultats de cette approche thérapeutique sont impressionnants. Toutes les patientes atteintes de cancers avancés (en phase III ou IV) ont survécu plus de cinq ans – ce qui est remarquable, car la médecine traditionnelle juge de telles malades condamnées. Six d'entre elles (trois malades avec un cancer en phase III et trois avec un cancer en phase IV) ont survécu entre dix et dix-huit ans. Cela relève presque du miracle.

Les travaux du Dʳ Springer sur les groupes sanguins et le cancer me confortent dans mon opinion que mieux comprendre les groupes sanguins nous apportera bien plus qu'une meilleure évaluation des facteurs de risques : nous pourrons en déduire un traitement curatif efficace contre toutes les manifestations de cette maladie.

LES AUTRES CANCERS

Tous les cancers se ressemblent sur le fond : l'organisme est investi par une bande d'envahisseurs sans foi ni loi. Il existe cependant des variations tant sur le plan des causes de la maladie que sur celui du groupe sanguin. Les marqueurs tumoraux imitant les cellules de groupe A ou de groupe B inhibent remarquablement bien la réponse immunitaire des organismes concernés (du groupe A, AB ou B, suivant les cas) face à l'apparition et au développement d'une lésion cancéreuse.

La plupart des cancers affichent, tout comme le cancer du sein, une prédilection pour les organismes du groupe A et du groupe AB, quoique l'on dénombre des cancers friands d'organismes du groupe B, tels les cancers des organes reproducteurs féminins et le cancer de la vessie. Les sujets du groupe O semblent plus résistants à tous les types de cancer. Je suppose que la structure glucidique plus simple de ce groupe sanguin et ses anticorps anti-A et anti-B l'aident à se débarrasser des éventuelles cellules malignes d'aspect A ou B.

Comme je l'ai expliqué plus haut, nous connaissons encore très mal les implications du groupe sanguin dans les cancers autres que le cancer du sein. Il est toutefois probable qu'elles soient identiques à celles observées dans le cadre de ce cas particulier. Examinons ensemble les cancers les plus courants.

Cancers de la bouche
et des voies digestives supérieures

Les cancers des lèvres, de la langue, des gencives et des joues, les tumeurs des glandes salivaires et le cancer de l'œsophage sont tous étroitement liés aux groupes sanguins A et AB. La plupart de ces cancers obéissent cependant aussi à des facteurs externes, si bien que l'on peut réduire le risque d'en souffrir en s'abstenant de fumer, en limitant sa consommation d'alcool et en surveillant son alimentation.

Cancer du côlon

Le groupe sanguin ne semble pas figurer au nombre des facteurs décisifs conditionnant l'apparition d'un cancer du côlon. Les véritables facteurs de risque sont dans ce cas liés à l'alimentation, au mode de vie et au tempérament. Mal soignés, les colites ulcératives, la maladie de Crohn et le syndrome du côlon irritable laissent le système digestif affaibli et plus vulnérable au cancer. Une alimentation riche en graisses jointe au tabagisme et à l'absorption régulière de boissons alcoolisées crée également un environnement idéal pour les cancers digestifs. Le risque s'accroît en cas de prédisposition familiale au cancer du côlon.

Cancer de l'estomac

Le cancer de l'estomac est favorisé par une faible acidité gastrique, caractéristique que l'on retrouve chez les personnes du groupe A et du groupe AB. Une étude portant sur plus de 63 000 cas de cancer de l'estomac a d'ailleurs montré une large prédominance de ces deux groupes sanguins.

Cette maladie est particulièrement répandue en Chine, au Japon et en Corée, car la nourriture des habitants de ces pays est riche en mets fumés, conservés dans la saumure ou fermentés. Ces aliments nocifs semblent contrer tous les bienfaits du soya, sans doute parce qu'ils regorgent de nitrates carcinogènes.

On notera qu'à alimentation égale, les Asiatiques appartenant au groupe B, dont les sucs gastriques sont plus acides, souffrent moins souvent du cancer de l'estomac.

Cancers des organes reproducteurs féminins

Les cancers du système reproducteur féminin (cancers de l'utérus, du col de l'utérus, des ovaires ou des lèvres) affichent une préférence pour les organismes du groupe A et du groupe AB. On dénombre néanmoins aussi beaucoup de femmes du groupe B parmi les patientes atteintes de ces maladies. Cela laisse supposer que ces cancers sécrètent des marqueurs tumoraux différents en fonction des circonstances. On sait en outre que les kystes ovariens et les fibromes utérins, qui sont en général bénins mais indiquent peut-être une prédisposition à certains cancers, produisent en abondance des antigènes du groupe A et du groupe B.

Comme je l'ai déjà expliqué, je suis dans la huitième année d'un essai clinique de dix ans sur des femmes atteintes de cancers des organes reproducteurs. La plupart de mes patientes appartiennent au groupe A et quelques-unes au groupe B. La rareté du groupe AB fait qu'il m'arrive très peu de traiter des malades de ce groupe sanguin.

Cancers des os

Ces cancers affichent une nette préférence pour les organismes du groupe B, et, à un moindre degré, ceux du groupe A et du groupe AB.

Cancers du pancréas, du foie, de la vésicule biliaire et des canaux biliaires

Tous ces cancers sont rares chez les individus du groupe O, au système digestif robuste. Ils atteignent plus souvent les personnes du groupe A et du groupe AB, et à un moindre degré celles du groupe B – surtout lorsque ces dernières abusent d'aliments agressifs pour leur tube digestif, tels que les noix et les graines.

Un des premiers traitements administrés contre ces cancers consistait à faire absorber au patient de grosses portions de foie frais de chèvre, de cheval ou de bison. Cette méthode semblait efficace, mais personne ne savait pourquoi. On a découvert depuis que ces foies d'animaux contenaient des lectines qui ralentissent la progression des tumeurs du pancréas, du foie, de la vésicule biliaire et des canaux biliaires.

CAS CLINIQUE : CANCER DU FOIE

Patiente : Cathy, 49 ans, groupe A

Cathy a consulté pour la première fois au début des années quatre-vingt pour une masse suspecte dans son abdomen, qui se révéla être une forme agressive de cancer du foie. Elle fut traitée à l'hôpital des Diaconesses de Harvard, à Boston, où elle finit par subir une transplantation du foie. On l'adressa à moi en 1990.

Je me concentrai principalement sur la mise au point d'un traitement naturopathique pour remplacer les médicaments antirejet qu'elle absorbait à la suite de sa greffe du foie. J'y réussis si bien qu'elle put renoncer à son traitement médical.

En 1992, Cathy se mit à se sentir essoufflée. Lors de sa visite de contrôle à l'hôpital, les médecins remarquèrent des ombres suspectes sur la radiographie de son buste, qui se révélèrent être des lésions cancéreuses pulmonaires. Les médecins ne savaient que faire car les lésions étaient trop disséminées pour permettre un traitement chirurgical, et le foie greffé de Cathy interdisait toute chimiothérapie.

Je me suis donc mis à l'ouvrage avec elle, lui prescrivant le régime adapté aux patients cancéreux du groupe A – qui tire le meilleur parti des lectines agglutinant les cellules de groupe A – et des plantes stimulant les défenses immunitaires. Elle absorbait de surcroît une préparation à base de cartilage de requin par voie orale et en lavements.

Les médecins de Cathy, à l'hôpital de Harvard, me tenaient informé de la progression de l'état de santé de notre patiente. J'appris ainsi, par une lettre datée du 3 septembre 1992, que les lésions pulmonaires de Cathy avaient diminué de volume et ressemblaient à présent plus à des tissus cicatriciels qu'à des tumeurs. Des courriers ultérieurs confirmèrent cette observation. En 1993, même les tissus cicatriciels commençaient à se résorber.

Cathy était aussi stupéfaite que ravie. «Quand on m'a dit que mon cancer semblait entrer dans une phase de rémission, j'ai eu l'impression d'avoir gagné à la loterie», m'avoua-t-elle. Ce ne fut pas un miracle total, vu la gravité de son cas. Mais elle bénéficia quand même de trois années sans symptôme.

Le cas de Cathy est particulièrement intéressant à deux égards. D'abord parce que durant toute cette période de rémission, elle n'a suivi qu'un traitement naturopathique. Et deuxièmement parce que l'équipe médicale qui la soignait, à Harvard, a su se montrer ouverte d'esprit et accepter qu'elle consulte un médecin naturopathe. Peut-être avons-nous eu là un bref aperçu d'un avenir dans lequel tous les thérapeutes travailleraient main dans la main pour le bien de leurs patients.

Cancers de la peau

Les cancers de la peau représentent un cas particulier à cause de leur prédilection pour les personnes du groupe O. Il est possible que le pourcentage plus élevé de peaux claires de Nordiques – qui appartiennent en majorité au groupe O – en son sein joue un rôle, de même que l'intensification du rayonnement ultraviolet liée à la destruction de la couche d'ozone sous l'effet de la pollution.

Cependant, la forme la plus grave de cancer de la peau, le mélanome malin, semble toucher plus souvent les personnes du groupe A ou du groupe AB, même si les autres groupes sanguins en souffrent aussi.

Cancer du poumon

Le cancer du poumon frappe indifféremment tous les groupes sanguins. Il résulte le plus souvent de la consommation de tabac.

Bien sûr, d'autres facteurs peuvent provoquer un cancer du poumon et il arrive que des gens qui n'ont jamais touché à la cigarette en périssent. Mais on sait aujourd'hui que le tabac est de très loin la cause la plus fréquente de cancer du poumon. Le tabac est un agent carcinogène si puissant qu'il annule tout autre facteur de risque tel qu'une éventuelle prédisposition génétique.

Cancer de la prostate

Il semble que ce type de cancer soit plus répandu parmi les individus sécréteurs (voir Annexe C, p. 417). D'après ma propre expérience clinique, il atteint plus souvent les hommes du groupe A et du groupe AB que ceux du groupe O ou du groupe B. Ce sont donc les hommes sécréteurs appartenant au groupe A ou au groupe AB qui courent le plus grand risque de souffrir un jour d'un cancer de la prostate.

Cancers des voies urinaires

Chez les hommes comme chez les femmes, le cancer de la vessie frappe plus souvent les groupes sanguins A et B. Les personnes du groupe AB, qui cumulent les caractéristiques du groupe A et celles du groupe B, sont sans doute celles qui courent le plus grand risque de souffrir de ce type de cancer.

Les personnes du groupe B qui souffrent d'infections urinaires ou rénales récurrentes doivent tout particulièrement veiller à bien se soigner, car ces affections conduisent plus souvent chez elles à des maladies plus graves que chez leurs congénères du groupe A, par exemple.

Un mystère intrigue les chercheurs à cet égard : l'agglutinine du germe de blé, une lectine fort utile dans certains cas de cancer du sein, accélère le développement des cellules malignes des cancers de la vessie.

Lymphomes, leucémies et maladie de Hodgkin

Voici quelques cancers auxquels les personnes du groupe O sont – peut-être – prédisposées. Ces cancers du sang et de la lymphe touchent en effet plus souvent les personnes appartenant à ce groupe sanguin. Cependant, il est possible qu'il ne s'agisse pas de véritables cancers, mais d'affections virales ayant pris un tour incontrôlable. Cela cadrerait bien avec ce que nous savons du groupe O, plutôt doué pour combattre les agents cancéreux et les bactéries, mais relativement démuni face aux virus.

Tumeurs cérébrales

La plupart des tumeurs du cerveau et du système nerveux, comme les gliomes multiformes ou les astrocytomes, semblent préférer les organismes du groupe A et du groupe AB, et leurs marqueurs tumoraux imitent les cellules de groupe A.

COMBATTRE LE MAL

Le cancer est une maladie accablante. Et j'imagine que, si vous appartenez au groupe A ou au groupe AB, la lecture des pages qui précèdent a mis votre moral à rude épreuve. Ne vous affolez cependant pas. Rappelez-vous qu'une prédisposition à une maladie n'est qu'un facteur causal parmi d'autres.

En revanche, connaître votre éventuelle prédisposition à tel ou tel type de cancer et comprendre les mécanismes gouvernant votre groupe sanguin vous donne des armes supplémentaires pour lutter en cas d'offensive de cette maladie.

Les stratégies qui suivent peuvent vous donner le moyen de faire la différence, surtout si vous appartenez au groupe A ou au groupe AB, car beaucoup d'aliments correspondent aux besoins anticancéreux spécifiques de ces groupes sanguins. La recherche médicale concentre actuellement ses efforts sur les marqueurs du cancer du sein ressemblant à des cellules de groupe A. On en sait beaucoup moins long sur les cancers imitant le groupe B. Cela signifie malheureusement que les aliments indiqués ci-dessous, quoique très efficaces pour les sujets du groupe A et du groupe AB, risquent de n'aider en rien les malades du groupe B ou du groupe O. Pire, la plupart d'entre eux – notamment les lentilles, les arachides et le germe de blé – provoquent d'autres troubles chez ces personnes.

Les essais cliniques que je mène en ce moment, joints aux travaux d'autres scientifiques et chercheurs, nous permettront un jour de mieux comprendre les liens alimentation-cancer relatifs à tous les groupes sanguins. Pour l'heure, les personnes du groupe B et du groupe O peuvent réduire le risque d'apparition de cellules mutantes malignes en se conformant tout simplement au régime adapté à leur groupe sanguin. Si vous appartenez à l'un de ces groupes sanguins et souffrez déjà d'un cancer, considérez avec soin les méthodes thérapeutiques non alimentaires indiquées ci-après, en particulier le vaccin antipneumococcique (Pneumovax). Les progrès de la recherche médicale fourniront ultérieurement des réponses plus complètes.

Les aliments prévention

Les individus de groupe sanguin A ont un tube digestif qui métabolise difficilement les graisses animales et les protéines. Si vous appartenez à ce groupe ou au groupe AB, veillez donc à absorber une alimentation riche en fibres et pauvre en ingrédients d'origine animale.

Il existe également des aliments particulièrement intéressants sur le plan de la prévention des cancers.

Le soya... une fois encore

Un morceau de tofu contient en moyenne 3 à 11 % d'agglutinines* de soya. Ces lectines sont capables d'identifier de manière sélective et à un stade précoce les cellules mutantes produisant de l'antigène de groupe A et de les éliminer de l'organisme – tout en laissant en paix les cellules de groupe A normales. Bonne nouvelle supplémentaire, il suffit de très peu de soya pour déclencher cette réaction d'agglutination.

La lectine du soya reconnaît particulièrement vite les cellules cancéreuses du sein, si bien qu'on a même utilisé cette substance pour épurer des prélèvements de moelle osseuse des cellules cancéreuses qu'ils contiennent. Cela a ouvert la voie à un nouveau protocole thérapeutique au cours duquel on commence par prélever de la moelle osseuse chez des patientes atteintes de cancer du sein, avant de les traiter avec des doses massives de chimiothérapie et de radiothérapie. Ces traitements détruisent en général la moelle osseuse. Après quoi on réimplante chez la patiente la moelle prélevée avant le traitement et préalablement nettoyée à l'aide de la lectine du soya. Cette méthode donne des résultats très prometteurs.

La lectine du soya contient aussi des phyto-œstrogènes appelés génestéine et diazidène qui, outre leur action équilibrante sur le taux d'œstrogènes, semblent aussi contribuer à réduire l'apport de sang aux cellules tumorales.

Pour toutes ces raisons, le soya et ses dérivés constituent pour les personnes du groupe A et du groupe AB d'excellents aliments préventifs des cancers. De plus, les protéines végétales qu'ils contiennent sont plus faciles à utiliser pour leur organisme que les protéines animales. Si vous appartenez à l'un de ces groupes sanguins et avez fui jusqu'à présent ces aliments, je vous recommande donc vivement de reconsidérer votre position. Ne voyez plus seulement le tofu comme un mets, mais aussi comme un puissant médicament. Les personnes du

---

*   Lectine ou anticorps (voir Annexe B, p. 413).

groupe B peuvent elles aussi consommer du soya, mais il n'est pas prouvé que celui-ci produise les mêmes effets chez elles.

Le taux de cancer du sein particulièrement bas observé chez les Japonaises s'explique en raison de la part importante que le tofu et les autres ingrédients à base de soya occupent dans leur alimentation traditionnelle. Mais, les menus nippons tendant à s'occidentaliser, on s'attend à voir certains types de cancers se faire à l'avenir plus fréquents. Une étude menée sur des Japonaises immigrées à San Francisco indique d'ailleurs que celles-ci ont deux fois plus de cancers du sein que leurs cousines demeurées dans leur pays natal – sans nul doute à cause de l'évolution de leur alimentation.

Les arachides

Les arachides renferment elles aussi une lectine active sur les cellules de la plupart des formes de cancer du sein. Cette action se retrouve très probablement pour tous les autres cancers imitant les cellules de groupe A.

Mangez donc des arachides fraîches avec leur peau – mais pas avec leur écale ! Le beurre d'arachide ne semble en revanche pas constituer une bonne source de lectines car il est le plus souvent trop industriel et homogénéisé.

Les lentilles

La lectine de *Lens culinaris*, les lentilles vertes ou brunes, affiche une prédilection notable pour les cancers du sein. Elle exerce probablement aussi une action sur tous les cancers imitant les cellules de groupe A.

Les haricots beurre (de Lima)

La lectine du haricot beurre (de Lima) est l'une des plus puissantes substances agglutinantes recensées pour les cellules de groupe A, qu'elles soient cancéreuses ou non. Cela signifie que si vous êtes en bonne santé, les haricots beurre (de Lima) sont nocifs pour vous; ils ne doivent donc pas s'intégrer dans une stratégie préventive du cancer. Si en revanche vous souffrez d'un cancer imitant les cellules de groupe A, mangez des haricots beurre (de Lima). Sa lectine agglutinera et occira des cellules cancéreuses. Elle détruira au passage des cellules parfaitement saines et innocentes, mais le jeu en vaut la chandelle.

Le germe de blé

L'agglutinine du germe de blé possède elle aussi des affinités avec les cancers imitant les cellules de groupe A. Comme elle se concentre dans l'enveloppe du grain de blé, c'est le son de blé brut qui apporte le plus de lectine – mais vous pouvez aussi recourir à du germe de blé en poudre.

Les escargots

Si vous appartenez au groupe A ou au groupe AB, n'hésitez jamais à commander des escargots lorsque vous dînez au restaurant. Considérez ces gastéropodes comme un médicament de gourmet.

L'escargot comestible *Helix pomatia* est en effet une puissante agglutinine agissant sur le cancer du sein et capable de l'empêcher de se propager aux ganglions lymphatiques. Alors, à moins que l'idée d'avaler des escargots vous répugne vraiment – goûtez-en ou regoûtez-en d'abord car c'est un mets délicieux –, faites-vous du bien tout en flattant vos papilles.

Les autres stratégies

Prenez soin de votre foie et de votre côlon

Les femmes doivent savoir que le foie et le côlon sont les deux organes qui métabolisent les œstrogènes et que, s'ils fonctionnent mal, le taux de ces hormones dans leur organisme peut augmenter. Or un taux d'œstrogènes trop élevé peut stimuler la croissance de certaines cellules cancéreuses.

Pour préserver la santé de votre foie et de votre côlon, adoptez une alimentation riche en fibres qui accroît la concentration de butyrate, un acide gras qui favorise la normalisation des tissus, dans les cellules de la paroi du côlon.

L'amarante – une céréale – contient quant à elle une lectine possédant des affinités particulières avec les cellules du cancer du côlon, qui contribue à éliminer celles-ci.

Le vaccin antipneumococcique (Pneumovax)

Le vaccin antipneumococcique augmente le taux d'anticorps anti-A. Lorsqu'on leur administre ce vaccin, les personnes du groupe O et du groupe B produisent donc encore plus d'anticorps anti-A qu'à l'accoutumée, ce qui accroît leur capacité à combattre les cancers imitant les cellules de groupe A. Il s'agit là du premier traitement prometteur offert aux malades de cancer appartenant aux groupes O et B. Il renforce leurs défenses contre les mutations cancéreuses imitant le groupe A et les prépare donc au mieux à lutter contre des cancers tels que les cancers du sein, de l'estomac, du foie ou du pancréas.

Les sujets du groupe A ne produiront évidemment pas d'anticorps anti-A au contact du vaccin antipneumococcique, mais celui-ci peut cependant donner un coup de fouet à leur système immunitaire, l'aidant ainsi à déceler des cellules cancéreuses qui seraient normalement passées inaperçues. En clair, comme la plupart des cancers tendent à imiter les cellules de groupe A, ce vaccin peut, grâce à son mode d'action, améliorer les défenses immunitaires de tous les groupes sanguins.

Ajoutons que le vaccin antipneumococcique est dépourvu de danger et protège contre certaines formes de pneumonie – ce qui ne gâte rien. Mais ce n'est pas tout. Plus intéressant encore : il engendre la sécrétion de substances appelées isohémagglutinines, qui sont des anticorps incomparablement plus puissants que ceux que l'organisme produit en présence d'un virus ou d'une bactérie. Ce sont de véritables Terminator, qui n'ont besoin d'aucune aide des sentinelles ordinaires du système immunitaire pour agglutiner puis exécuter leur proie. Elles voguent au gré du flux sanguin, légères comme des flocons de neige, mais, lorsqu'elles s'accrochent à une cellule, elles changent d'aspect pour se muer en un énorme crabe prédateur. Les isohémagglutinines sont si imposantes qu'elles sont visibles au microscope.

En résumé : les personnes du groupe O et du groupe B peuvent efficacement stimuler leurs défenses immunitaires par une injection de vaccin antipneumococcique tous les huit à dix ans. Leurs congénères des groupes A et AB auront avantage à se faire revacciner plus souvent, tous les cinq ans environ.

Les antioxydants

Les informations sur les antioxydants sont si abondantes et contradictoires qu'il est difficile de savoir qu'en penser.

Des études ont démontré la relative inefficacité des vitamines antioxydantes dans la prévention des cancers du sein. Les concentrations de vitamine E et de bêta-carotène (ou provitamine A) dans les tissus mammaires restent en effet trop faibles pour produire un réel effet.

Les antioxydants à base de plantes semblent plus efficaces, mais ils doivent être pris en association avec une supplémentation en vitamine C afin d'en optimiser l'action. Les oignons jaunes sont riches en quercétine, un antioxydant particulièrement puissant – plusieurs centaines de fois plus que les vitamines antioxydantes – qui présente l'avantage supplémentaire d'être, à l'inverse de la vitamine E, dépourvu de toute action œstrogénisante. La quercétine peut également s'absorber sous forme de supplément (en vente dans les pharmacies et les magasins de produits naturels).

Les femmes à haut risque de cancer du sein, qui envisagent de suivre ou suivent déjà une hormonothérapie de substitution pour contrecarrer les effets de la ménopause, pourront utilement remplacer leur traitement chimique par des phyto-œstrogènes naturels. Les œstrogènes extraits de plantes sont riches en œstriol, un œstrogène moins puissant que l'œstradiol synthétique. Or l'œstriol semble réduire le risque de cancer du sein, tandis que l'œstradiol semble l'accroître.

Le tamoxifène, un médicament anti-œstrogène prescrit aux patientes atteintes de cancers du sein hormono-dépendants, est une variété plus faible encore d'œstrogène.

La génestéine, substance voisine des œstrogènes présente dans la lectine du soya – c'est-à-dire un phyto-œstrogène – inhibe pour sa part l'angiogenèse, c'est-à-dire la création de vaisseaux sanguins nouveaux destinés à alimenter les tumeurs cancéreuses. Elle représente donc une piste thérapeutique prometteuse.

Conseils d'ordre général

Ayez une activité physique régulière.

Reposez-vous suffisamment.

Fuyez les agents polluants et les pesticides.

Mangez des fruits et des légumes – et, pour les personnes du groupe A et du groupe AB, beaucoup de tofu.

Utilisez les antibiotiques à bon escient. Quand vous tombez malade, laissez vos défenses immunitaires combattre votre mal. Vous vous porterez beaucoup mieux que si vous recourez systématiquement aux antibiotiques, qui suppriment votre réponse immunitaire, pourtant très efficace si on lui en donne le loisir.

CAS CLINIQUE : CANCER DU SEIN AVANCÉ

Patiente : Jane, 50 ans, groupe AB

J'ai reçu Jane pour la première fois dans mon cabinet en avril 1993. Elle avait déjà subi une mastectomie et plusieurs chimiothérapies pour traiter un cancer du sein infiltrant qui s'était propagé aux ganglions lymphatiques. Le diagnostic initial avait décelé deux tumeurs distinctes dans son sein gauche – d'un diamètre respectif de 4 et 1,5 centimètres – et nul ne donnait cher de ses chances de survie à long terme.

J'ai prescrit à Jane le régime du groupe AB adapté aux malades du cancer, en insistant sur la nécessité pour elle de manger beaucoup de soya (riche en lectines anti-A), un vaccin Pneumovax et un traitement phytothérapique mis au point par mes soins à l'intention de mes patientes atteintes de cancer du sein. Le dosage de marqueur tumoral CA15-3 de Jane, qui était de 166 (le taux normal étant inférieur à 10) est presque immédiatement retombé à 87 au mois de juin et à 34 au mois d'août. Je lui ai également recommandé de consulter le Dr Springer (voir p. 383), à Chicago, afin de voir si elle pourrait participer à son essai clinique sur le vaccin antigène T. Ce qui fut fait.

Pour l'instant, Jane se porte bien et tous ses examens, y compris sa scintigraphie du squelette, donnent des résultats prometteurs, mais, comme elle appartient au groupe AB, il est trop tôt pour se prononcer sur une éventuelle guérison.

La prévention des cancers par la stimulation des défenses immunitaires naturelles représente l'un des grands espoirs de la médecine du futur. Les recherches génétiques nous permettent de comprendre chaque jour un peu mieux – voire de contrôler – les mécanismes cellulaires de cette merveilleuse machine qu'est le corps humain.

Les chercheurs de l'Institut national des allergies et des maladies infectieuses de Bethesda, dans le Maryland, ont annoncé le 9 mai 1996 qu'ils avaient découvert une protéine utilisée par le virus HIV pour accéder au système immunitaire. Cette découverte permettra peut-être un jour de tester de nouveaux médicaments et vaccins contre le sida et contre certains cancers. Elle fournit aussi un commencement d'explication au mystère qui veut que certaines personnes porteuses du virus

HIV demeurent en bonne santé pendant de longues années alors que d'autres succombent rapidement au sida. Ne serait-il pas consolant que la tragique épidémie de sida ouvre la voie à un traitement du cancer?

Le cancer compte depuis longtemps parmi les maladies qui terrifient le plus l'humanité. Nous semblons incapables de nous protéger contre lui ou de soustraire ceux que nous aimons à ses griffes implacables.

L'analyse des groupes sanguins met en lumière nos éventuelles prédispositions à certains cancers. Jointes à un examen plus attentif des agents carcinogènes environnementaux et alimentaires, et aux nécessaires changements de mode de vie qu'il doit motiver, ces nouvelles connaissances peuvent nous aider à limiter les dégâts.

Le groupe sanguin offre aussi le moyen d'accroître la capacité du système immunitaire de déceler et de détruire les cellules mutantes ou cancéreuses alors qu'elles sont encore peu nombreuses.

Les malades atteints d'un cancer peuvent pour leur part utiliser leurs connaissances en matière de groupe sanguin pour déployer pleinement les mécanismes de défense de leur organisme et pour mieux comprendre comment un cancer se développe et se propage.

Les traitements anticancéreux demeurent fort imparfaits, même si des milliers de personnes ont été sauvées par les derniers progrès de la science et de la médecine. Pour ceux d'entre vous qui sont atteints d'un cancer ou qui sont héréditairement prédisposés à cette maladie, mes recommandations sont claires : modifiez votre alimentation, changez d'attitude et commencez à absorber des antioxydants. Suivre ces suggestions vous aidera à mieux contrôler votre santé. Vous y gagnerez aussi une plus grande paix intérieure. Nous avons tous peur de cette horrible maladie, mais nous pouvons agir pour nous en protéger le mieux possible.

ÉPILOGUE

Une brise
sur l'océan
du temps

L'épopée humaine a débuté avec un seul peuple du même sang – le groupe O, celui de nos tout premiers ancêtres. Nul ne sait exactement quand le premier représentant du groupe A a vu le jour, ni quels parents ont donné naissance au premier enfant du groupe B, ni même quand le groupe AB, pourtant beaucoup plus récent, est apparu. Nous ignorons tout cela car le parchemin de l'Histoire ne conserve la mémoire que de ses grands traits, et pas de ses menus détails. Mais nous en apprenons chaque jour un peu plus long sur la question.

Le projet « Génome humain », en cours actuellement, utilise les technologies les plus sophistiquées pour tenter de dresser la carte complète de la structure génétique du corps humain et de distinguer, gène après gène et chromosome après chromosome, le rôle de chaque cellule vivante dans l'œuvre grandiose d'un Créateur que chacun de nous incarne. Nous comptons déjà à notre actif nombre de découvertes qui nous aident à mieux comprendre l'amalgame de cellules composant chaque être humain. C'est ainsi que nous avons isolé un gène du cancer du sein. Et, en mai 1996, les chercheurs du projet « Génome humain » ont annoncé la découverte d'un gène de l'arthrite. Bientôt, nous serons en mesure de contrôler notre avenir génétique comme jamais auparavant, à moins que...

Le propre de l'évolution est de s'inscrire dans la durée. En cette fin de XXe siècle, que nous reste-t-il à découvrir ? Le télescope spatial Hubble pointe ses yeux électroniques jusqu'aux confins d'un Univers en apparence sans limites, constellé de galaxies inconnues, et les spécialistes nous annoncent qu'il existe probablement quatre ou cinq cents billions de galaxies de plus qu'ils ne le pensaient jusqu'alors. Ils nous précisent aussi que l'univers visible s'étend sur au moins quinze billions d'années-lumière de chaque côté de nous. Les sirènes d'Internet nous séduisent et l'on communique aujourd'hui d'un continent à l'autre de manière presque instantanée. Le XXe siècle a vu une explosion de connaissances dans tous les domaines, et nous n'en sommes encore qu'aux prémices. Nous sommes devenus une espèce hypersophistiquée, à son zénith génétique. Que va-t-il se passer, maintenant ?

Après tout, l'homme de Neandertal a lui aussi en son temps connu une phase d'apogée similaire, puis, pendant des milliers d'années, l'homme de Cro-Magnon a dominé cette planète. Plus tard, quand les hordes barbares ont fondu sur l'Europe par vagues successives, il a dû sembler aux populations envahies que leur calvaire n'en finirait jamais. Mais notre vie et notre mémoire sont courtes. Nous ne pesons pas plus lourd à l'échelle du temps qu'une poussière emportée par le vent.

La révolution de l'évolution n'est pas achevée ; elle se poursuit jour après jour selon un processus extrêmement subtil. Notre patrimoine génétique, celui de nos enfants et celui des enfants de nos enfants, se modifie constamment de manière imperceptible et suivant des mécanismes totalement inconnus de nous. Si certains considèrent l'évolution comme un phénomène clos, je la perçois pour ma part comme un mouvement perpétuel et constant. La révolution est en marche !

D'où vient la vie ? Quelle force nous meut et nous oblige à survivre ? Notre sang. Notre force vitale.

L'exploration récente par l'homme des quelques jungles encore vierges de notre planète s'est traduite par des flambées de virus et de maladies infectieuses rares, contre lesquelles la médecine est complètement démunie. Notre organisme va-t-il apprendre à répondre à de nouveaux dangers ? Voici un échantillonnage des risques modernes auxquels nous sommes soumis :

– Intensification du rayonnement ultraviolet provoquée par la destruction progressive de la couche d'ozone.

– Pollution croissante de l'air que nous respirons et de l'eau que nous buvons.

– Contamination grandissante des aliments par des substances nocives.

– Surpopulation et famine.

– Maladies infectieuses qui défient les moyens médicaux existants.

– Épidémies imprévisibles résultant des facteurs qui précèdent.

L'homme survivra, je n'en doute pas, car il a toujours survécu. Mais j'ignore quel aspect cette survie prendra et de quel monde et de quelles conditions de vie les survivants hériteront.

Peut-être un nouveau groupe sanguin – appelons-le le groupe C –, capable de produire des anticorps à l'encontre de tous les antigènes qui existent aujourd'hui et de toutes leurs permutations futures, apparaîtra-t-il. Dans un monde surpeuplé et pollué où les ressources naturelles seront presque épuisées, ce nouveau groupe sanguin se fera peu à peu prédominant, tandis que les groupes sanguins plus anciens – les nôtres – iront se raréfiant dans un environnement qui leur sera de plus en plus hostile et auquel ils ne seront plus adaptés. Et, à terme, le groupe C régnera.

Mais peut-être un tout autre scénario se produira-t-il, un scénario dans lequel nos connaissances scientifiques nous permettront d'exercer enfin un contrôle sur les pires instincts de l'humanité, et dans lequel notre civilisation sera capable de surmonter les attitudes suicidaires qui semblent devoir la conduire à sa perte. Après tout, nous bénéficions de connaissances étendues et nous avons toutes les raisons d'espérer que les esprits les plus fins et les plus altruistes s'attacheront à trouver la manière de mieux gérer les réalités de notre monde – la violence, les guerres, les crimes, l'ignorance, l'intolérance, la haine et la maladie – et nous tireront de la spirale infernale dans laquelle nous sommes actuellement engagés.

Rien n'est jamais terminé. Ce monde et notre raison d'être sont une équation en perpétuelle évolution dont chacun de nous fait momentanément partie intégrante. La révolution se poursuivra avec nous ou sans nous. L'éternité ne nous voit que l'espace d'un clin d'œil et c'est cette impermanence même qui rend nos vies si précieuses.

En transmettant comme je l'ai fait au fil de ces pages la fascination de mon père pour les groupes sanguins et mes connaissances scientifiques sur ce sujet, j'espère avoir influencé de manière positive la vie de chacun de mes lecteurs.

Comme mon père avant moi, j'exerce la médecine naturopathique. J'ai consacré ma vie à cette activité et à mes recherches en la matière, et mon travail me passionne depuis de longues années. Ce qui a commencé comme un don paternel s'est peu à peu transformé en un cadeau fait à mon père : voici la solution par le groupe sanguin, une approche révolutionnaire de la santé, qui va changer à tout jamais votre manière de manger et de vivre.

POSTFACE

Une percée médicale pour l'éternité

Par Joseph Pizzorno, N.D.,
président de l'Université Bastyr

L a médecine naturelle vit en ce moment une époque particulièrement exaltante. Enfin, la science médicale moderne dispose des outils d'analyse et des bases de données nécessaires à la compréhension des mécanismes de remèdes issus de la sagesse populaire. Bien que le monde regorge de théories en matière thérapeutique, rares sont celles qui aient été soumises à une observation scientifique, car peu de praticiens adeptes des médecines naturelles disposent des compétences techniques adéquates ou du désir d'étudier la littérature spécialisée. Pourtant, pour que les médecines naturelles en viennent à constituer un volet reconnu de l'arsenal thérapeutique moderne, elles doivent répondre aux exigences actuelles en matière de fiabilité et de crédibilité. Le sang est magique ; le sang est mystique ; le sang est alchimique.

L'Université Bastyr, à Seattle, a montré la voie. Depuis sa fondation, en 1978, elle s'est donné pour mission d'apporter à l'humanité les bienfaits de thérapies naturelles crédibles et reposant sur des bases scientifiques solides. Bastyr dispense un enseignement de pointe et comprend également des unités de recherche et un service clinique de médecine naturopathique. Elle forme des diplômés de haut niveau, qui deviennent tous de grandes figures de leur spécialité.

Le Dr Peter D'Adamo, diplômé de notre première promotion de médecins naturopathes, en 1982, illustre à merveille tout ce que l'enseignement de notre faculté peut apporter. Son fascinant travail d'avant-garde risque de changer le visage de la médecine des siècles à venir. En partant des thèses de son père sur le rôle du groupe sanguin dans la biochimie des organismes humains, Peter a travaillé plus de six années durant avec les étudiants de Bastyr, compilant plus d'un millier d'articles de revues médicales et de rapports d'études, et ses recherches exhaustives en matière de médecine et d'anthropologie, jointes à ses observations cliniques, ont fourni la base d'une théorie cohérente et solide. Les règles objectives ainsi mises au point amélioreront fondamentalement la santé publique et permettront une meilleure compréhension de l'influence de l'hérédité sur la biochimie d'un individu et sur sa vulnérabilité à certaines maladies, mais aussi à divers facteurs environnementaux, dont l'alimentation. Les travaux du D^r D'Adamo apporteront sans nul doute beaucoup aux médecins chargés de traiter les maladies les plus graves.

Je me suis trouvé confronté pour la première fois aux théories de Peter D'Adamo sur l'utilisation du groupe sanguin pour mieux comprendre les besoins diététiques et biochimiques individuels de chacun en 1981, alors qu'il étudiait encore à Bastyr. Pour l'un des cours que j'assurais, les étudiants devaient effectuer des recherches sur un sujet de leur choix, puis présenter un exposé écrit et oral au reste de la classe. Peter suscita une effervescence considérable lorsqu'il développa devant ses condisciples le concept révolutionnaire intuitivement découvert par son père selon lequel le groupe sanguin pouvait être un facteur déterminant de la santé. Comme on peut l'imaginer, ses camarades lui posèrent mille questions auxquelles il ne sut pas toujours répondre. Mais l'intérêt qu'ils manifestèrent et leurs interrogations pertinentes ont piqué la curiosité intellectuelle de Peter et l'ont incité à pousser plus avant ses recherches.

Au cours des années qui suivirent, il accomplit un travail considérable. Son enthousiasme était si contagieux que je résolus de recruter plusieurs de mes meilleurs étudiants pour l'aider à passer au peigne fin les revues de médecine et d'anthropologie. Nul avant lui n'avait jamais songé à compiler ces informations, ni à en étudier les implications. Je me rappelle qu'il m'appelait régulièrement pour m'exprimer sa joie lorsqu'il découvrait une étude confirmant ses théories.

Enfin, en 1989, il présenta le fruit de ses recherches lors de la convention annuelle de l'Association des naturopathes américains, qui se tenait cette année-là à Rippling River, dans l'Oregon. L'assistance se montra évidemment fort intéressée par les applications cliniques de ses théories et un débat animé s'ensuivit. Depuis, beaucoup de médecins ont adopté les régimes fondés sur le groupe sanguin de Peter D'Adamo.

On rapporte qu'Hippocrate disait : « Que ton seul médicament soit ta nourriture et que ta nourriture soit ton seul médicament. » Se conformer à un tel adage est bien délicat ! L'une des tâches les plus importantes d'un médecin est de déterminer le régime le plus approprié à chacun de ses patients et il lui est relativement facile de conseiller à tous une alimentation équilibrée composée d'aliments aussi naturels que possible, voire issus de l'agriculture biologique. Mais une telle approche ne tient pas compte des spécificités biochimiques de chacun. Les facteurs génétiques et environnementaux affectent considérablement le métabolisme et, s'il ne sait pas évaluer ces influences, le thérapeute en sera réduit à appliquer bêtement le dernier régime à la mode. Au fil des siècles, bien des théories relatives à l'optimisation de l'alimentation se sont succédé, mais nulle n'a résisté à l'épreuve du temps, car nulle ne reposait sur des recherches scientifiques.

Grâce aux travaux de Peter D'Adamo et, avant cela, ceux de son père, James D'Adamo, tout ceci a changé. Voilà deux preuves vivantes que des idées originales étudiées avec une rigueur scientifique adéquate peuvent influer sur le cours de la médecine.

Joseph Pizzorno, N.D.

Seattle, juin 1996

Joseph Pizzorno, président de l'Université Bastyr, à Seattle (Washington), la première faculté multidisciplinaire de médecine naturelle des États-Unis, compte parmi les figures les plus marquantes du monde médical alternatif. Coauteur d'un *Guide de médecine naturelle** applaudi dans le monde entier et du best-seller *L'Encyclopédie de médecine naturelle***, il a contribué à définir les règles de la médecine naturopathique, étudié la valeur scientifique des médecines naturelles et repoussé les frontières de la guérison par des méthodes naturelles.

En 1993, la Commission de réforme du système de santé publique, dirigée par Mme Hillary Clinton, épouse du président des États-Unis, a invité Joseph Pizzorno à lui présenter la médecine naturopathique. Il est également conseiller auprès du Congrès et auprès de la Commission fédérale du commerce.

---

*   *A Textbook of Natural Medicine.*

**   *Encyclopedia of Natural Medicine.*

ANNEXE A

Récapitulatif des groupes sanguins

Le groupe O

Le chasseur

fort

autonome

leader-né

Forces	Faiblesses	Risques médicaux	Profil nutritionnel	Pour perdre du poids	Suppléments	Programme sportif
Tube digestif robuste Système immunitaire solide Défenses naturelles contre les infections Métabolisme performant	Tolère mal un nouvel environnement ou de nouveaux aliments Système immunitaire parfois trop actif et s'agressant lui-même	Troubles de la coagulation Maladies inflammatoires : arthrite Tendance à l'hypothyroïdie ou à l'hyperthyroïdie Allergies Psoriasis Ulcères Maladies auto-immunes	Régime riche en protéines animales viande poisson légumes fruits En quantité limitée : céréales légumineuses	À *éviter* : blé, maïs haricots rouges lentilles chou, choux de Bruxelles chou-fleur feuilles de moutarde *Utiles* : crustacés viande rouge chou frisé brocoli épinards	vitamine B vitamine K calcium iode réglisse varech vésiculeux («kelp»)	Activités physiques intensives telles que : aérobie arts martiaux sports de contact course à pied

Le groupe A

Le cultivateur

sédentaire

coopératif

respectueux des lois

Forces	Faiblesses	Risques médicaux	Profil nutritionnel	Pour perdre du poids	Suppléments	Programme sportif
S'adapte bien aux changements environnementaux et diététiques

Système immunitaire qui protège et métabolise les nutriments plus efficacement | Tube digestif sensible

Système immunitaire vulnérable aux agressions bactériennes

Tendance à accumuler des mucosités dans les voies digestives | Affections cardiaques (cholestérol)

Cancer

Anémie

Troubles du foie et de la vésicule biliaire

Diabète de type I
Arthrite rhumatoïde
Hypothyroïdie | Végétarien

légumes tofu poissons céréales pois légumineuses

fruits | À éviter : viande produits laitiers haricots rouges haricots beurre (de Lima) blé

Utiles : huile d'olive huile de lin soya et ses dérivés légumes ananas | vitamine B12 vitamine B9 (acide folique) vitamine C vitamine E aubépine échinacée quercétine chardon Marie | Activités calmantes et favorisant la concentration telles que : yoga taï chi |

Le groupe B

Le nomade

équilibré

adaptable

créatif

Forces	Faiblesses	Risques médicaux	Profil nutritionnel	Pour perdre du poids	Suppléments	Programme sportif
Système immuni- aire olide Adaptation acile aux change- ments environne- mentaux et diété- iques Bon équilibre nerveux	Pas de véritables faiblesses naturelles, mais les déséquili- bres favorisent une tendance aux affections auto- immunes et une vulnéra- bilité aux virus rares	Diabète de type I Syndrome de fatigue chronique Affections auto- immunes : sclérose en plaques sclérose amyotro- phique latérale lupus Hypoglycémie	Régime omnivore équilibré viande (pas de poulet) produits laitiers céréales pois légumineuses légumes fruits	À *éviter* : maïs lentilles arachides graines de sésame sarrasin blé *Utiles* : légumes verts œufs gibier à poil foie réglisse thé	magnésium réglisse gingko lécithine	Activités physiques modérées favorisant l'équilibre mental telles que : randonnée bicyclette tennis natation

Le groupe AB

L'énigme

rare

charismatique

mystérieux

Forces	Faiblesses	Risques médicaux	Profil nutritionnel	Pour perdre du poids	Suppléments	Programme sportif
Conçu pour le monde moderne Système immunitaire très tolérant Combine les avantages du groupe A et du groupe B	Tube digestif sensible Système immunitaire parfois trop tolérant qui favorise les infections bactériennes Cumule les réactions négatives du groupe A et du groupe B	Affections cardiaques Cancer Anémie	Un peu de tout mais avec modération viande poissons produits laitiers tofu pois légumineuses céréales légumes fruits	*À éviter:* viande rouge haricots rouges haricots beurre (de Lima) graines blé sarrasin *Utiles:* tofu poissons produits laitiers légumes verts varech vésiculeux («kelp») ananas	vitamine C aubépine échinacée valériane quercétine chardon Marie	Activités calmantes favorisant la concentration telles que yoga taï chi Combinée avec des activités physiques modérées telles que randonnée bicyclette tennis

Annexe B

Quelques précisions...

ABO (système): Principal système de classification des groupes sanguins, déterminant en matière de transfusions sanguines et de transplantations d'organes. Le système ABO distingue quatre groupes sanguins: O, A, B et AB.

Agglutiner: Dérivé du latin *agglutinare*, lui-même issu du mot *glutinum*, qui désignait la colle. Processus par lequel des cellules se collent les unes aux autres, en général sous l'action d'une agglutinine telle qu'un anticorps ou une lectine. Certains virus et bactéries peuvent aussi agglutiner les cellules sanguines.

Agglutinine: Substance – anticorps ou lectine – qui provoque l'agglutination de certaines cellules contenant l'agglutinogène – le « récepteur » – correspondant. Beaucoup d'agglutinines, notamment les lectines alimentaires, n'agissent que sur certains groupes sanguins. Certains aliments provoquent donc une agglutination des cellules de tel groupe sanguin, tandis qu'elles sont neutres pour les autres.

Agglutinogène: Substance (antigène) située à la surface des globules rouges et qui provoque leur agglutination en présence de l'agglutinine correspondante.

Anthropologie: Science qui étudie l'espèce humaine, sa répartition sur notre planète, ses origines et ses classifications. Les anthropologues se penchent sur les caractéristiques physiologiques, les liens entre les races, les relations avec l'environnement, les rapports sociaux et la culture des populations humaines. Le système ABO représente pour eux un outil précieux pour étudier les premiers hommes.

Anticorps : Classe de substances chimiques, appelées immunoglobulines, fabriquées par les cellules du système immunitaire pour marquer ou identifier spécifiquement les matériaux étrangers entrés par effraction dans l'organisme. Les anticorps se combinent avec des marqueurs spécifiques, les antigènes, présents dans les virus, les bactéries et les autres toxines, pour agglutiner ces derniers. Le système immunitaire est capable de fabriquer des millions d'anticorps différents contre un éventail quasi infini d'envahisseurs potentiels.

Les individus du groupe O, du groupe A et du groupe B sont porteurs d'anticorps à l'encontre des autres groupes sanguins. Ce n'est pas le cas de ceux du groupe AB, qui sont receveurs universels.

Antigène : Toute substance chimique dont le contact avec le système immunitaire suscite la production d'anticorps. Les marqueurs chimiques qui déterminent le groupe sanguin sont considérés comme des antigènes car les autres groupes sont susceptibles de créer des anticorps à leur encontre. On trouve également des antigènes à la surface des micro-organismes, qui permettent au système immunitaire de détecter la présence de ces intrus. Les cellules cancéreuses produisent souvent des antigènes spécifiques, que l'on appelle antigènes tumoraux.

Beaucoup d'antigènes de micro-organismes et de cancers sont d'excellents imitateurs capables de singer le groupe sanguin de l'organisme dans lequel ils s'introduisent pour mieux s'y dissimuler.

Antioxydant : Vitamines ou autres substances dont on pense qu'elles renforcent les défenses immunitaires et préviennent l'apparition de cancers en combattant l'action destructrice de substances toxiques appelées radicaux libres sur les cellules. Les plus puissants antioxydants sont la vitamine C, la vitamine E et le bêta-carotène (provitamine A).

Cétonémie : État métabolique caractérisé par la présence de corps cétoniques dans le sang, qui résulte d'une alimentation riche en protéines et en lipides et pauvre en glucides. Pour maintenir son taux de glucose sanguin – indispensable à sa survie et à son énergie –, l'organisme doit puiser dans ses réserves graisseuses. En restituant le glucose de ces réserves, l'organisme élimine au passage des corps cétoniques (indices d'un métabolisme rapide). Le régime alimentaire de nos ancêtres préhistoriques du groupe O associé à un mode de vie très « physique » plaçait en permanence ces chasseurs de mammouths en état de légère cétonémie.

Cro-Magnon (homme de) : Le premier homme moderne. Apparu il y a quarante mille ans avant notre ère, l'homme de Cro-Magnon a essaimé de l'Afrique vers l'Europe et l'Asie. Chasseur hors pair, il vivait essentiellement du produit de sa chasse et de ses cueillettes. La plupart des caractéristiques digestives des personnes du groupe O leur viennent directement de ce lointain ancêtre.

Différenciation : Processus au cours duquel les caractéristiques et fonctions spécifiques des cellules apparaissent. La différenciation est contrôlée par les mécanismes génétiques de la cellule. Les cellules cancéreuses, qui comportent souvent des gènes défectueux, suivent le plus souvent un processus de contre-évolution, au cours duquel elles perdent beaucoup des caractéristiques d'une cellule normale, pour ressembler bien souvent à des structures embryonnaires extrêmement primitives.

Gène : Composant de la cellule qui gère la transmission des caractères héréditaires grâce à la construction d'une protéine ou d'une enzyme spécifique. Les gènes se composent d'une longue chaîne d'acide désoxyribonucléique (ADN) localisée dans les chromosomes du noyau de chaque cellule.

Immunoglobuline : Autre terme désignant les anticorps.

Indo-européen : Peuple primitif de race blanche qui a quitté son berceau, situé en Asie et au Moyen-Orient, pour migrer vers l'ouest et s'implanter en Europe entre 7000 et 3500 avant Jésus-Christ. C'est probablement lui qui a introduit le groupe sanguin A en Europe occidentale.

Lectine: Toute substance – en général, une protéine – susceptible d'interagir avec les antigènes de surface des cellules de l'organisme pour provoquer un processus d'agglutination. On trouve souvent des lectines dans les aliments et beaucoup d'entre elles n'agressent que certains groupes sanguins. Les cellules cancéreuses fabriquant énormément d'antigènes, de nombreuses lectines les agglutinent de préférence aux autres cellules.

Mucosités: Sécrétions de tissus spécifiques, par les muqueuses, qui servent à lubrifier et à protéger les délicates parois internes du corps humain. Les mucosités contiennent des anticorps destinés à nous prémunir contre les microbes. Chez les individus sécréteurs, elles renferment aussi beaucoup d'antigènes sanguins qui leur permettent de filtrer les bactéries, les champignons et les parasites ressemblant aux groupes sanguins autres que celui auquel leur porteur appartient.

Naturopathe: Praticien spécialiste des méthodes curatives naturelles.

Panhémagglutinant (agent): Lectine qui agglutine tous les groupes sanguins. Exemple: lectine de la tomate.

Polymorphisme: Littéralement, «plusieurs formes». En anthropologie, on appelle polymorphisme toute variation physique au sein d'une espèce vivante qui obéit à des causes génétiques. Le groupe sanguin constitue un bon exemple de polymorphisme.

Phytochimique (substance): Tout produit naturel doté de propriétés thérapeutiques. La plupart des substances phytochimiques sont issues de plantes médicinales traditionnelles.

Triglycérides: Réservoirs de graisse de l'organisme, qui sont aussi présents dans le flux sanguin. Un taux de triglycérides – ou de graisses sanguines – élevé est un facteur de risque cardio-vasculaire.

ANNEXE C

Les sous-groupes sanguins

P lus de 90 % de tous les facteurs associés au groupe sanguin sont liés à la classification principale ABO. Il existe toutefois quantité de sous-groupes sanguins mineurs, la plupart du temps dépourvus de réelle importance. Seuls trois de ces sous-groupes jouent sur votre profil sanguin et peuvent influer sur votre santé et sur votre alimentation. Je ne les mentionne ici que parce vous m'avez quelquefois vu les évoquer au fil du régime adapté à votre groupe sanguin. Je tiens cependant à répéter une fois encore que connaître votre groupe sanguin principal, O, A, B ou AB, est la seule information vraiment indispensable pour prendre en main votre santé.

Nous allons à présent nous pencher sur les trois sous-groupes sanguins suivants :

– Sécréteurs et non-sécréteurs

– Rhésus positif (Rh+) et Rhésus négatif (Rh-)

– Le système MN

SÉCRÉTÉURS ET NON-SÉCRÉTEURS

Si chacun d'entre nous porte un antigène sur ses globules rouges, certains portent aussi des antigènes sanguins dans leurs sécrétions corporelles. On appelle ces individus sécréteurs, parce qu'ils sécrètent des antigènes sanguins dans leur salive, leurs mucosités, leur sperme et leurs autres sécrétions. On peut d'ailleurs déterminer leur groupe sanguin à partir de ces sécrétions aussi bien qu'à partir de leur sang. Environ 80 % de l'espèce humaine est sécrétrice. On appelle les 20 % restants des non-sécréteurs.

L'appartenance à l'une ou l'autre de ces catégories est riche d'implications médico-légales. Ainsi, un échantillon de sperme prélevé sur la victime d'un viol permettra, si son agresseur est sécréteur, d'identifier son groupe sanguin et de limiter ainsi le champ d'investigation des forces de l'ordre. Si, en revanche, il est non sécréteur, des analyses beaucoup plus poussées seront nécessaires pour faire « parler » le prélèvement.

Le statut sécréteur est indépendant du groupe sanguin car contrôlé par un gène distinct. On peut donc être de groupe A sécréteur ou de groupe A non sécréteur. Déterminer à quelle catégorie on appartient est aussi simple que de faire analyser son groupe sanguin. On prélève en général un simple échantillon de salive, dans lequel on recherche la présence d'antigènes sanguins. Il s'agit cependant d'un examen plus rarement pratiqué que le groupage sanguin et que tous les laboratoires ne sont pas obligatoirement à même de réaliser. La répartition des sécréteurs et des non-sécréteurs étant ce qu'elle est, je vous conseille de considérer, jusqu'à preuve du contraire, que vous appartenez à la première catégorie.

On utilise le plus souvent, pour découvrir le statut sécréteur, une méthode appelée système Lewis, qui est fort simple. Ce système distingue deux antigènes appelés Lewis a et Lewis b (à ne pas confondre avec les antigènes A et B du système ABO), dont la combinaison détermine l'appartenance au sous-groupe sécréteur. Un sujet Lewis a+ b- est non sécréteur, et un sujet Lewis a- b+ est sécréteur. Si vous apercevez ces sigles sur un résultat d'analyse sanguine, vous saurez dorénavant ce qu'ils signifient.

RHÉSUS POSITIF ET RHÉSUS NEGATIF

Quand je fais analyser le groupe sanguin de mes patients, ils me demandent presque aussitôt s'ils sont Rhésus positif ou négatif. La plupart d'entre eux ignorent qu'il s'agit là d'une classification supplémentaire sans influence sur le groupe sanguin – même si elle présente une importance certaine pour les femmes enceintes.

Le système Rhésus tire son nom d'un singe, le macaque rhésus, souvent utilisé dans les laboratoires et dans le sang duquel ce facteur fut pour la première fois identifié.

Les médecins s'interrogeaient depuis des années sur la raison pour laquelle des femmes ayant mené à terme sans problème une première grossesse souffraient de graves complications aux cours de leurs grossesses ultérieures, pouvant conduire à des fausses couches, voire à la mort de la mère. En 1940, le Dr Landsteiner – encore lui ! – découvrit que ces femmes possédaient un groupe sanguin différent de celui de leur bébé, lequel était déterminé par celui du père. Les bébés étaient Rh+, ce qui signifie que leurs globules rouges étaient porteurs de l'antigène Rh, alors que leur mère était Rh-, donc dépourvue du dit antigène.

À l'inverse de ce qui se passe dans le cadre du système ABO, où les antigènes à l'encontre des autres groupes sanguins sont présents dès la naissance de chaque individu, les personnes Rh- ne fabriquent d'anticorps contre l'antigène Rh que lorsqu'elles ont été en contact avec lui. Cette sensibilisation se produit en général au cours du premier accouchement, à l'occasion d'un échange sanguin entre la mère et son enfant. Le système immunitaire de la mère n'a pas le temps matériel de réagir contre son premier bébé, mais toute conception subséquente d'un enfant Rh+ suscitera la production d'anticorps contre lui.

Cette réaction ne se produit que chez les femmes Rh- qui conçoivent un enfant d'un père Rh+. Les femmes Rh+, qui représentent 85 % de la population féminine, ne sont donc pas concernées par ce problème.

Même si le facteur Rhésus est dépourvu d'influence en matière de santé ou de besoins nutritionnels, il est de ce fait très important pour les femmes en âge de procréer.

VOUS POSSÉDEZ	MAIS PAS	VOUS ÊTES
l'antigène Rh	l'anticorps anti-Rh	Rh+
l'anticorps anti-Rh	l'antigène Rh	Rh-

LE SYSTÈME MN

Le système de classification des groupes sanguins MN est virtuellement inconnu du public car il ne joue qu'un rôle mineur dans les transfusions sanguines et dans les transplantations d'organes et présente peu d'intérêt pour la pratique médicale quotidienne. Il ne faut cependant pas le négliger car une foule de maladies lui sont associées, même si ce n'est que de manière mineure. C'est pourquoi vous avez vu ce paramètre surgir au fil des explications données dans ce livre, notamment dans les paragraphes consacrés aux cancers et aux affections cardiaques.

Ce système de classification distingue trois cas de figure : une personne peut-être MM, NN ou NM, suivant que ses cellules portent seulement l'antigène M (individu MM), seulement l'antigène N (individu NN) ou les deux (individu MN). Environ 28 % de la population est MM, 22 % est NN et 50 %, MN.

VOUS POSSÉDEZ	MAIS PAS	VOUS ÊTES
l'antigène M	l'antigène N	Groupe MM
l'antigène N	l'antigène M	Groupe NN
l'antigène M et l'antigène N		Groupe MN

VOTRE PEDIGREE SANGUIN

J'utilise souvent ces trois sous-groupes sanguins et beaucoup de mes collègues en tiennent comptent pour leurs panels d'étude. Bien que la connaissance de votre groupe ABO vous apporte presque toutes les informations dont vous ayez besoin, les sous-groupes sanguins affinent l'analyse et permettent de progresser plus avant dans la compréhension du sang et de ses caractéristiques.

Le résultat de cette batterie de tests est ce que j'appelle le « pedigree sanguin », une succession de lettres représentant le profil sanguin précis de chaque patient, et qui suffit à m'aiguiller dans la bonne direction et m'aide à mettre au point un protocole nutritionnel et une stratégie préventive des maladies adaptés aux besoins spécifiques de chacun. Voici un exemple de pedigree sanguin :

Groupe sanguin	Statut sécréteur	Rhésus	MN
O	Lewis a+ b- (non-sécréteur)	Rh-	MM

Et un second :

Groupe sanguin	Statut sécréteur	Rhésus	MN
A	Lewis a- b+ (sécréteur)	Rh+	MN

Si vous souhaitez affiner à ce point le régime adapté à votre groupe sanguin, discutez-en avec votre médecin, qui pourra vous prescrire les examens de laboratoire adaptés. Ne vous laissez toutefois pas détourner du pivot du régime Groupe sanguin, qui demeure votre groupe (O, A, B ou AB) et apporte 90 % des informations nécessaires pour vivre mieux et en meilleure santé.

ANNEXE D

Les 27 questions
que l'on me pose
le plus souvent

J'ai pu constater que le lien groupe sanguin-alimentation suscitait un grand enthousiasme et une grande curiosité au sein du public. Mais adopter une théorie originale est une chose ; l'étudier pour se plonger dans son application pratique en est une autre.

Le régime Groupe sanguin est révolutionnaire et exige de ce fait de ses adeptes un certain nombre de concessions importantes. Certains trouvent cela plus facile que d'autres, souvent parce que leur mode de vie était déjà relativement bien adapté à leur groupe et à ses besoins.

La plupart des questions que l'on me pose tournent autour des mêmes thèmes. J'ai reproduit ci-après les plus courantes. Elles vous aideront peut-être à mieux comprendre ce qu'entamer un tel régime signifiera pour vous.

D'où vient mon groupe sanguin ?

Le sang est universel, mais chaque sang est aussi unique. Tout comme la couleur de vos yeux ou de vos cheveux, votre groupe sanguin est déterminé par le mélange, lors de votre conception, de deux séries de gènes provenant de votre mère et de votre père.

Tout comme certains gènes, certains groupes sanguins sont dominants, d'autres, récessifs. Lors de la création de la toute première cellule d'un nouvel être vivant, les groupes A et B sont dominants par rapport au groupe O. Si, donc, lors de sa conception, un embryon reçoit de sa mère un gène A et de son père un gène O, il deviendra un enfant du groupe A, même si son ADN demeure à jamais porteur du gène O paternel muet. Quand, devenu adulte, il transmettra à son tour ses gènes à la génération suivante, la moitié d'entre eux seront de groupe A et l'autre moitié, de groupe O.

Les gènes A et B étant de force égale, un enfant né d'un parent du groupe A et d'un parent du groupe B sera de groupe AB. Enfin, le groupe O étant récessif par rapport à tous les autres groupes sanguins, on ne peut appartenir à ce groupe que si l'on a reçu un gène O de chacun de ses parents.

Il est cependant possible que deux parents appartenant au groupe A mettent au monde un enfant de groupe O. Cela se produit lorsque que chacun d'eux est porteur d'un gène A et d'un gène O et que tous deux transmettent le second à leur enfant. C'est exactement le même processus qui permet parfois à deux parents aux yeux bruns – mais porteurs du gène récessif « yeux bleus » – de donner naissance à un enfant aux yeux bleus.

La génétique du groupe sanguin peut parfois servir à déterminer la paternité d'un enfant. Mais cette technique connaît des limites, car, en fait, on peut uniquement prouver avec certitude qu'un homme n'est pas le père d'un enfant. Le groupe sanguin ne permet pas de preuve positive de paternité – pour cela, il faut recourir à l'analyse de l'ADN.

Voici un exemple illustrant ce problème : imaginez un enfant du groupe A, avec une mère du groupe O et un père présumé appartenant au groupe B. Les gènes A et B étant tous deux dominants par rapport au gène O, il est impossible que cet enfant soit le fils d'un homme du groupe B. Entrons dans les détails : le gène A de l'enfant ne peut provenir de cet homme qui, puisqu'il appartient au groupe B, est soit porteur de deux gènes B soit porteur d'un gène B et d'un gène O. Il ne peut pas non plus provenir de sa mère puisque les personnes du groupe O sont obligatoirement porteuses de deux gènes O. Donc, son gène A vient d'une troisième personne, son véritable père. C'est exactement le cas de figure qui s'est présenté lors d'une action en recherche de paternité menée contre Charlie Chaplin en 1944. Malheureusement, à cette époque, les tribunaux californiens n'acceptaient pas comme preuve les tests sanguins, si bien que, quoiqu'il ne pût en aucun cas être le père de cet enfant, le comédien fut condamné, à l'issue d'un procès tumultueux, à verser une pension alimentaire à la plaignante.

Comment connaître mon groupe sanguin ?

Commencez par demander à votre médecin si votre groupe sanguin figure dans votre dossier médical. Si ce n'est pas le cas, vous pouvez soit donner votre sang – auquel cas un groupage sera automatiquement effectué –, soit le faire analyser par un laboratoire.

Dois-je absolument effectuer d'emblée tous les changements recommandés pour que le régime adapté à mon groupe sanguin fonctionne ?

Non. Je vous recommande au contraire de procéder par étapes, en éliminant petit à petit les aliments mauvais pour vous et en augmentant dans le même temps la part de ceux qui sont très bénéfiques. Bien des régimes exigent de leurs adeptes qu'ils se convertissent immédiatement, si brutaux que soient les changements nécessaires pour y parvenir. Je juge plus réaliste, et à terme plus payant, de préférer un apprentissage progressif. Ne vous contentez pas de croire ce que je vous affirme : il faut que vous sentiez dans les fibres de votre corps la justesse de mes conseils.

Peut-être ne connaissiez-vous pas grand-chose aux aliments bons ou mauvais pour vous avant de découvrir le régime adapté à votre groupe sanguin. Nous sommes en effet habitués à choisir nos mets en nous fiant à nos papilles, aux traditions familiales et au dernier régime amincissant à la mode. Sans doute consommez-vous déjà sans le savoir des aliments bons pour votre santé, mais le régime Groupe sanguin va vous donner le moyen de composer en connaissance de cause chacun de vos repas.

Une fois votre plan nutritionnel idéal mémorisé, rien ne vous interdit de vous en écarter un peu à l'occasion. La rigidité est ennemie du plaisir et je n'en suis certes pas adepte. Le propos du régime adapté à votre groupe sanguin est de vous apporter santé et bien-être, pas de vous affamer, ni de vous faire perdre le goût de vivre. Le simple bon sens vous dictera parfois d'oublier un peu vos principes diététiques – par exemple lorsque vous dînez chez vos parents !

J'appartiens au groupe A et mon mari, au groupe O. Comment procéder ? Je ne veux pas préparer deux menus différents à chaque repas.

Voilà un problème que je connais bien car Martha, ma femme, appartient au groupe O et moi, j'appartiens au groupe A. En général nous parvenons à partager deux tiers de nos repas. Seuls nos aliments protéinés diffèrent vraiment. Ainsi, nous préparerons par exemple des légumes sautés au wok pour nous deux, auxquels Martha ajoutera un peu de poulet et moi, du tofu. Nous avons pu constater que beaucoup d'aliments sont très bénéfiques à la fois pour le groupe O et pour le groupe A. Ainsi d'un menu composé de saumon, de riz et de brocoli, par exemple. Vous verrez qu'à mesure que l'on connaît mieux son propre régime et celui de son conjoint, les choses deviennent plus faciles. Je vous conseille d'étudier, en plus de celles qui vous concernent, les listes d'aliments relatives au groupe sanguin de votre mari ou de votre femme, afin de vous familiariser avec ceux-ci. Vous pouvez aussi fort bien dresser une liste des aliments – bien plus nombreux que vous ne l'imaginez – qui conviennent à tous deux.

Ne vous laissez pas intimider par le volet « à éviter » du régime Groupe sanguin : ce régime étudie plus de deux cents aliments et beaucoup d'entre eux sont excellents pour tous les groupes sanguins. Si l'on considère que la plupart des gens composent leurs menus avec une moyenne de vingt-cinq aliments seulement, le régime Groupe sanguin élargit plutôt les choix !

Je suis d'origine italienne, avec toutes les implications nutritionnelles qu'une telle ascendance comporte, et j'appartiens au groupe A. Dois-je vraiment renoncer à mes plats italiens favoris – et surtout, à la sauce tomate ?

De grâce, ne réduisons pas la gastronomie italienne aux spaghettis bolognaise ! La cuisine traditionnelle de ce pays est bien plus variée et beaucoup de ses plats sont excellents pour les personnes du groupe A et du groupe AB. Au lieu d'une banale assiette de pâtes noyées sous une sauce rouge, goûtez aux saveurs plus subtiles du pesto (sauce à l'huile d'olive, au basilic et à l'ail), d'une sauce au vin blanc, ou même d'un simple filet d'huile d'olive. Préférez aussi un fruit frais ou une délicieuse et légère glace à l'italienne aux pâtisseries trop riches.

Mon mari, qui est âgé de soixante-dix ans, souffre de problèmes cardio-vasculaires et a déjà subi un pontage coronarien. Pourtant, il a du mal à éviter les aliments nocifs pour lui. Il appartient au groupe B et je pense que le régime du groupe B lui conviendrait parfaitement, mais il déteste en bloc tous les régimes. Que me conseillez-vous pour effectuer les changements indispensables sans heurts ?

Il n'est pas facile de bouleverser radicalement son alimentation à soixante-dix ans, ce qui explique sans doute que votre mari rechigne à manger sainement, même après une lourde intervention chirurgicale. Au lieu de le houspiller, ce qui ne ferait que le braquer, introduisez peu à peu dans son assiette les aliments très bénéfiques pour son groupe sanguin. Dans le même temps, éliminez insensiblement les mets mauvais pour lui. Il est probable qu'à mesure que son tube digestif s'adaptera à leurs bienfaits, votre mari se découvrira une prédilection pour les « bons » aliments.

Pourquoi donnez-vous des recommandations nutritionnelles distinctes en fonction de l'origine ethnique ?

Il s'agit là de conseils destinés à aider mes lecteurs à affiner le régime Groupe sanguin en fonction des caractères liés à leur hérédité. De même que les besoins des hommes, des femmes et des enfants diffèrent, on doit aussi tenir compte de la morphologie, du climat et des préférences gustatives culturelles de chacun. Ces suggestions vous aideront à entamer votre régime. Plus tard, quand vous y serez complètement habitué, vous absorberez de vous-même les portions qui vous conviennent le mieux.

Ces recommandations prennent également en considération les problèmes alimentaires spécifiques liés à l'origine ethnique, tels que l'intolérance au lactose pour les personnes d'ascendance africaine ou encore la réticence à l'égard des produits laitiers dont beaucoup de peuples asiatiques font preuve, qui peuvent rendre nécessaire une introduction plus progressive de ces denrées dans l'alimentation.

Je suis allergique aux arachides, mais vous indiquez que ce sont des aliments très bénéfiques pour mon groupe sanguin – le groupe A. Cela signifie-t-il que je devrais en manger tout de même ?

Absolument pas. Vous disposez d'un choix suffisamment vaste de sources de protéines pour pouvoir renoncer sans regret aux arachides.

Rappelons qu'une allergie alimentaire est une réaction du système immunitaire, qui produit des anticorps contre un aliment. Puisque vous appartenez au groupe A, il est probable que vous n'êtes pas réellement allergique aux arachides – qui contiennent bien des éléments ressemblant aux cellules de groupe A – mais que votre appareil digestif les tolère mal. Cela peut résulter d'une foule de facteurs, notamment une mauvaise alimentation. Peut-être aussi avez-vous accusé les arachides, alors que vous les aviez consommées avec un autre aliment « à problèmes », véritable responsable de vos troubles.

Mais, en tout état de cause, vous pouvez très bien vous passer d'arachides. Il se peut cependant que vous constatiez, une fois que vous aurez adopté le régime du groupe A, que vous les supportez beaucoup mieux.

J'appartiens au groupe B et les viandes que votre régime autorise me laissent perplexe. Il semble que je ne puisse plus manger que de l'agneau, du mouton, du gibier et du lapin – toutes viandes que je ne consomme JAMAIS. Pourquoi le poulet m'est-il interdit?

Éliminer le poulet est la concession la plus pénible pour la plupart des patients du groupe B. Non seulement cette volaille constitue la source de protéines de base de beaucoup de peuples, mais, en plus, la plupart d'entre nous ont été conditionnés à la considérer comme « plus saine » que le bœuf et les autres viandes. Voilà une preuve supplémentaire qu'aucune règle diététique ne vaut pour tous les humains. Les tissus musculaires du poulet contiennent une lectine très nocive pour les personnes du groupe B et il vous faut renoncer à en manger. Essayez de voir le bon côté des choses: outre le mouton, l'agneau, le gibier et le lapin, que vous citiez, la dinde et un large éventail de poissons et de fruits de mer vous sont autorisés.

Qu'est-ce exactement qu'un aliment neutre? Est-il bon pour moi?

Les trois catégories indiquées dans chaque régime sont destinées à vous aider à bien connaître les aliments les plus bénéfiques pour vous, et ceux qui sont les plus nocifs, en fonction des réactions de votre groupe sanguin à certaines lectines. Les aliments très bénéfiques agissent sur votre organisme comme des médicaments, tandis que les aliments à éviter font plutôt figure de poisons. Les aliments neutres, eux, ne sont que de simples aliments. Et, même s'ils ne vous apportent aucun bienfait exceptionnel, ils sont indubitablement bons pour vous, en ce sens qu'ils vous apportent des nutriments nécessaires à votre santé.

Dois-je manger de tous les aliments estampillés «très bénéfiques» pour mon groupe sanguin ?

Ce serait impossible ! Considérez le régime adapté à votre groupe sanguin comme la palette sur laquelle un peintre sélectionne ses couleurs pour obtenir une infinité de teintes et de nuances. Efforcez-vous toutefois d'absorber chaque semaine les quantités indiquées de chaque catégorie d'aliments, en sachant que le rythme hebdomadaire est plus important que la taille des portions. Si vous appartenez au groupe O mais avez un appétit d'oiseau, veillez à manger des protéines animales cinq à sept fois par semaine, quitte à réduire vos portions si les 115 à 180 grammes indiqués vous paraissent excessifs. Cela assurera un apport constant de nutriments essentiels dans votre flux sanguin.

Bien combiner les aliments est-il utile dans le cadre du régime Groupe sanguin ?

Certains régimes recommandent de combiner les aliments, c'est-à-dire d'absorber certains types d'aliments avec d'autres appartenant à une autre catégorie, afin d'en favoriser la digestion. La plupart de ces recommandations sont fantaisistes. Évitez cependant d'associer dans un même repas des protéines animales, comme de la viande, et une grosse portion de féculents, comme du pain ou des pommes de terre. En effet, comme les aliments d'origine animale sont digérés dans l'estomac, dans un milieu très acide et que les féculents sont digérés dans l'intestin, en milieu très alcalin, lorsque l'organisme doit les métaboliser en même temps, il commence par picorer quelques protéines avant de passer aux féculents, puis de revenir aux protéines, etc. Ce qui n'est pas une méthode très efficace. Séparer ces deux groupes d'aliments permet au tube digestif de se concentrer pleinement sur chacun d'eux. Accompagnez donc plutôt vos viandes de légumes riches en fibres et pauvres en glucides, comme les légumes verts.

Attention : cette recommandation ne concerne que les protéines animales. Les protéines végétales comme celles du tofu se digèrent beaucoup plus facilement, car elles sont presque entièrement prédigérées.

Que dois-je faire lorsqu'un aliment à éviter est le quatrième ou cinquième élément de base d'une recette de cuisine ?

Cela dépend de votre état de santé et de votre tempérament. Si vous souffrez d'allergies alimentaires ou de colite, vous préférerez peut-être renoncer à exécuter cette recette. Même chose si vous aimez respecter exactement un régime et, donc, en l'espèce, bannir complètement les aliments à éviter. Je juge pour ma part ce type de comportement un peu excessif. Sauf, bien sûr, si vous y êtes allergique, consommer occasionnellement un aliment qui n'est pas recommandé par votre régime ne peut pas vous faire grand mal.

Vais-je perdre du poids grâce au régime adapté à mon groupe sanguin ?

Dans le régime adapté à votre groupe sanguin, vous trouverez des recommandations spécifiques destinées aux personnes souhaitant perdre du poids. Elles sont différentes pour chaque groupe sanguin car les lectines des divers aliments agissent de manière différente sur chacun. Par exemple, le groupe O digère et métabolise la viande efficacement, alors que celle-ci ralentit la digestion et le métabolisme des sujets du groupe A.

Le régime adapté à votre groupe sanguin élimine par définition tous les déséquilibres qui peuvent se traduire par une prise de poids. Si vous le respectez, votre métabolisme va se stabiliser à son niveau idéal, si bien que vous brûlerez les calories plus efficacement, que votre appareil digestif utilisera les nutriments de manière optimale et que vous ne retiendrez plus d'eau dans vos tissus. Et vous perdrez aussitôt du poids.

Paradoxalement, la plupart de mes patients qui souffrent de problèmes de poids «font régime» de manière chronique depuis de longues années. On pourrait penser que surveiller constamment son alimentation conduise à la minceur, mais c'est faux si la structure de l'alimentation à laquelle on s'astreint et les mets qu'elle autorise vont à l'encontre de tout ce qui conviendrait à son organisme...

Notre civilisation tend à définir des protocoles amincissants universels et convenant à tous. Après, on s'étonne que cela ne fonctionne pas. L'explication est pourtant évidente! Des groupes sanguins différents réagissent aux aliments de manière différente. Si, en revanche, vous suivez le programme nutritionnel et le programme sportif adapté à votre groupe sanguin, vous devriez observer des résultats positifs très rapidement.

Doit-on tenir compte des calories dans le cadre du régime Groupe sanguin?

Comme beaucoup de problèmes généraux liés à la nutrition, tout ce qui touche aux calories est automatiquement réglé par le régime adapté à votre groupe sanguin. La plupart des patients qui adoptent ce régime et les conseils sportifs y afférents perdent du poids. Certains se plaignent même d'en perdre trop. En tout état de cause, après une période d'ajustement, vous apprendrez très vite quelles portions vous conviennent le mieux. Les quantités indiquées dans les tableaux figurant dans chacun des quatre régimes vous donneront une référence de départ.

Il est important de prendre en compte la taille des portions alimentaires que vous consommez. En effet, quoi que l'on mange, on grossit si on en abuse. Cela semble si évident que j'ose à peine le souligner, mais la voracité de nos contemporains constitue un grave problème de santé publique. Quand on mange trop, les parois de l'estomac se distendent comme l'enveloppe d'un ballon gonflable. Et, bien que les muscles qui les entourent soient élastiques et conçus pour se contracter et se détendre, point trop n'en faut et les cellules de la paroi abdominale sont terriblement malmenées lorsque l'on grossit excessivement. Si vous tendez à vous empiffrer jusqu'à ne plus rien pouvoir avaler et que vous vous sentez souvent somnolent après les repas, efforcez-vous de diminuer le volume de vos portions. Apprenez à écouter votre corps.

Je souffre de troubles cardiaques et l'on m'a dit d'éviter complètement les graisses et le cholestérol. Puisque j'appartiens au groupe O, je devrais, selon vous, manger de la viande. Comment concilier ces deux exigences?

Comprenez tout d'abord que, pour les personnes du groupe O, ce sont les céréales et non la viande qui engendrent des problèmes cardio-vasculaires. C'est d'autant plus intéressant que l'on recommande à presque toutes les personnes qui souffrent de ce type de problème ou souhaitent prévenir leur apparition d'adopter une alimentation majoritairement composée de glucides complexes!

Lorsqu'on appartient au groupe O, absorber en grande quantité certains glucides complexes, notamment du pain, fait grimper le taux d'insuline. L'organisme réagit en stockant plus de graisses dans ses tissus, si bien que le taux de graisses dans le sang augmente à son tour.

Gardez aussi présent à l'esprit que le taux de cholestérol sanguin dépend assez peu de l'absorption d'aliments riches en cholestérol (sauf, évidemment, si on mange des huîtres tous les jours). Il résulte à environ 85 à 90 % du métabolisme et de la fabrication de cholestérol par le foie.

J'appartiens au groupe O et je ne veux pas manger trop gras. Que me conseillez-vous ?

Une alimentation riche en protéines n'est pas nécessairement riche en graisses, surtout si l'on pense à éviter les pièces de viande trop persillées. Bien qu'elle soit plus chère, préférez la viande d'animaux élevés en plein air sans excès d'antibiotiques et d'autres substances chimiques. Nos ancêtres consommaient du gibier relativement maigre et des animaux domestiques qui mangeaient de l'herbe et de la luzerne ; aujourd'hui, les éleveurs tendent à donner au bétail des aliments trop riches qui rendent leur viande plus grasse.

Si les viandes bio ou assimilées sont vraiment hors de portée de votre budget, choisissez au moins des morceaux maigres et ôtez-en toute la graisse visible avant de les faire cuire.

Vous pouvez aussi opter pour d'autres sources de protéines naturellement plus pauvres en graisses telles que le poulet, le poisson ou les fruits de mer. Rappelez-vous aussi que les graisses des poissons gras (saumon, maquereau, hareng, etc.) sont composées d'acides gras oméga-3, qui semblent faire baisser le taux de cholestérol sanguin et protéger le cœur.

Comment puis-je m'assurer d'acheter les aliments les plus frais et les plus sains possible ?

Faites preuve de bon sens et comportez-vous en consommateur avisé. Les magasins de produits naturels et autres supermarchés bio peuvent représenter une bonne solution, mais ne tombez pas dans le piège qui consiste à relâcher votre attention sous prétexte que vous faites vos courses dans un lieu de ce type. Beaucoup de ces magasins, surtout ceux de petite taille, ont moins de débit que leurs voisins, et leurs produits risquent d'être moins frais.

Les aliments bio sont-ils plus sains que les autres ?

Un bon conseil: utilisez des légumes bio s'ils ne sont pas hors de prix. Ils sont en général plus savoureux et incontestablement plus sains. Si toutefois vos moyens ne vous permettent pas de vous en offrir ou que vous ne trouvez pas de tels légumes à des prix compétitifs, des légumes frais, de bonne qualité et soigneusement nettoyés conviendront fort bien.

De plus en plus de supermarchés ouvrent un rayon bio et il est à prévoir que la loi de l'offre et de la demande poussera un nombre grandissant de cultivateurs à se reconvertir dans l'agriculture biologique, ne serait-ce que parce que l'utilisation des engrais chimiques à base de dérivés du pétrole reviendra à terme plus cher que les produits cultivés selon des méthodes naturelles.

Est-ce que consommer des aliments en conserve va à l'encontre de mon régime ?

Les conserves industrielles, soumises pendant leur fabrication à une température et à une pression élevées, perdent l'essentiel de leur teneur en vitamines – en particulier en antioxydants tels que la vitamine C – et en enzymes naturelles au cours du processus. Ne subsistent que les vitamines qui ne sont pas sensibles à la chaleur, comme la vitamine A. Les aliments en conserve sont aussi en général moins riches en fibres et plus salés (on ajoute souvent du sel pour compenser la perte de saveur liée au procédé de conservation) que leur équivalent frais. Légumes et fruits ramollis et aqueux ne gardent d'ailleurs que peu de ressemblance avec les aliments frais pleins de « vie » qu'ils ont été autrefois. Usez donc des conserves avec modération ou pas du tout. Et rappelez-vous qu'à poids égal, les mets en conserve sont plus chers.

Lorsque vous ne pouvez pas vous procurer d'aliments frais, optez pour leur équivalent surgelé. Le processus de congélation ne modifie en rien la teneur nutritionnelle d'un aliment (en revanche, la préparation qu'il subit avant d'être surgelé peut le faire : soyez donc vigilant), même s'il lui fait souvent perdre une partie de sa saveur et lui donne une texture moins agréable.

En quoi la cuisson au wok* est-elle si bénéfique ?

Faire rapidement sauter les aliments à la manière orientale est bien plus sain que les faire frire. On utilise moins d'huile, et on peut choisir une huile résistant aux hautes températures telle que l'huile de sésame. La forme du wok concentre la chaleur dans une petite zone centrale, où l'on saisit les aliments sur toutes leurs faces avant de poursuivre leur cuisson sur les bords moins chauds de la poêle. Ce mode de cuisson possède l'avantage supplémentaire de préserver toute la saveur des ingrédients.

La cuisine au wok mêle généralement légumes et fruits de mer ou viande. La plupart des viandes peuvent être préparées de cette manière. Faites cuire en premier les ingrédients nécessitant le temps de cuisson le plus long, puis repoussez-les sur les bords du wok pour saisir en son centre les aliments qui cuisent plus rapidement.

Pour les légumes, la cuisson à la vapeur représente également une excellente solution, rapide et qui préserve leur teneur en nutriments. Placez les légumes dans un panier-vapeur – un modèle très simple suffit – au-dessus d'une casserole d'eau et couvrez. Arrêtez la cuisson alors que les légumes sont encore légèrement croquants : ils seront meilleurs, d'une texture plus appétissante, et plus nutritifs.

Dois-je absorber chaque jour un comprimé de multivitamines avec le régime Groupe sanguin ?

Si vous êtes en bonne santé et suivez le régime adapté à votre groupe sanguin, vous n'avez sans doute pas besoin

---

*   Poêle chinoise creuse à fond épais (en vente dans les magasins de produits orientaux), qui existe en version antiadhésive.

d'absorber des suppléments diététiques – mais il existe des cas particuliers. Les femmes enceintes doivent prendre une supplémentation en fer, en calcium et en vitamine B9 (acide folique). La plupart des femmes manquent également de calcium, surtout lorsque leur alimentation comporte peu de produits laitiers.

Les personnes qui ont une activité physique intense, qui exercent une profession stressante, les personnes âgées ou malades et les gros fumeurs, doivent tous ajouter des suppléments diététiques à leur alimentation. Pour plus de détails, reportez-vous au plan d'action consacré à votre groupe sanguin.

Quelle est l'importance réelle des plantes et des tisanes ?

Cela dépend de votre groupe sanguin. Les sujets du groupe O tirent un grand bénéfice des plantes calmantes, et leurs congénères du groupe A, des plantes plus stimulantes. Les personnes du groupe B s'en passent fort bien et celles du groupe AB doivent suivre les conseils donnés pour le groupe A en veillant à bien éviter toutes les herbes déconseillées au groupe A et/ou au groupe B.

Pourquoi le régime Groupe sanguin autorise-t-il si peu de variétés d'huiles végétales ? Je croyais toutes ces huiles bonnes pour la santé.

Vous vous êtes probablement laissé prendre à des publicités annonçant que les huiles végétales sont « sans cholestérol », ce qui n'apprendra rien à toute personne possédant le moindre rudiment de connaissances en matière nutritionnelle. Les végétaux ne fabriquent pas de cholestérol et cette substance n'est donc présente que dans les produits d'origine animale. Mais qui dit « sans cholestérol » ne dit pas forcément « bon pour la santé », loin s'en faut.

Ainsi les huiles tropicales, telle l'huile de coco, sont à éviter car riches en graisses saturées, potentiellement nocives pour l'appareil cardio-vasculaire. La plupart des huiles végétales consommées aujourd'hui, y compris l'huile de tournesol et l'huile de canola (colza), sont polyinsaturées, donc plus saines que le saindoux et les huiles tropicales. Certaines études semblent cependant indiquer qu'une surconsommation de ce type de graisses pourrait favoriser certains cancers, surtout si on les soumet à des températures élevées.

Pour ma part, j'utilise autant que possible de l'huile d'olive, qui est le corps gras le mieux toléré et le plus sain de tous. Il s'agit en effet d'une huile mono-insaturée, qui paraît exercer une action positive sur la santé du cœur et des artères. Il existe une foule de variétés d'huile d'olive. La meilleure est l'huile d'olive extra-vierge première pression à froid, à la robe tirant sur le vert. Elle est souvent presque inodore, mais dès qu'on la chauffe, son arôme embaume la cuisine.

Le tofu ne me paraît guère appétissant. Dois-je vraiment en consommer, puisque j'appartiens au groupe A ?

Beaucoup de patients du groupe A ou du groupe AB répondent par une grimace de dégoût lorsque je leur recommande de faire une place au tofu dans leur assiette. J'admets volontiers que ce n'est guère un aliment glamoureux.

Je pense que le vrai problème vient de la manière dont il est présenté sur les étals. Ces cubes d'un blanc jaunâtre immergés dans l'eau froide d'un bac de plastique ne sont en effet guère alléchants. Pour ne rien arranger, lorsqu'on parvient à surmonter son aversion initiale pour en acheter un morceau, une fois rentré chez soi, on le pose sur une assiette et on le goûte. Voilà une très mauvaise façon de découvrir le tofu ! C'est un peu comme si, voyant un œuf pour la première fois, vous le gobiez tout cru et le mâchiez... Peut-être n'y regoûteriez-vous plus jamais ! Le tofu doit se manger cuit, combiné à des légumes et agrémenté de condiments à la saveur prononcée tels que l'ail, le gingembre ou la sauce de soya.

Le tofu est un aliment complet, nourrissant et aussi très bon marché. Quand j'étais étudiant et sans le sou, je me suis virtuellement nourri de tofu, de légumes et de riz complet pendant quatre ans. En bref, amis du groupe A, prenez note de ce qui suit : le chemin de votre santé est pavé de tofu !

Je n'ai jamais entendu parler de la plupart des céréales que vous évoquez. Comment puis-je me documenter ?

Les magasins de produits naturels sont une véritable caverne d'Ali Baba pour qui souhaite diversifier son apport en céréales. Beaucoup de céréales anciennes et largement oubliées ont été récemment remises au goût du jour et sur les rayons. Ainsi l'amarante, une céréale mexicaine, ou l'épeautre, cousine rustique du blé qui ne semble présenter aucun des inconvénients du blé entier. Goûtez-les : elles ne sont pas mauvaises du tout. La farine d'épeautre donne un pain compact et plutôt savoureux et l'amarante, d'originales préparations céréalières pour le déjeuner. Essayez aussi les pains de céréales germées car les lectines du gluten, concentrées dans l'enveloppe du grain, sont détruites par le processus de germination. Comme ces pains s'abîment rapidement, on les trouve en général dans le rayon réfrigéré des magasins de produits naturels. Il s'agit d'aliments vivants, riches en enzymes bénéfiques. Ces pains à la saveur un rien sucrée – car la germination des grains libère aussi des sucres –, tendres et légèrement humides, font d'excellents toasts.

J'appartiens au groupe A et je cours régulièrement depuis des années. Ce sport me paraît une excellente façon d'évacuer mon stress. Pourtant, d'après vous, je ne devrais pratiquer aucune activité physique intense. Je ne sais que penser.

Tout concourt à démontrer que le groupe sanguin détermine largement la manière dont on réagit face à une situation de stress et que les personnes du groupe A bénéficient mieux d'activités physiques peu intensives. Mon père a observé cela maintes fois au cours de ses trente-cinq années d'exercice de la médecine. Toutefois, il subsiste encore trop de zones d'ombre pour que j'ose affirmer que vous devez renoncer à la course à pied.

Je vous recommande en revanche de vous mettre à l'écoute de votre santé et de votre énergie. Je reçois souvent des patients qui m'objectent : « Mais, j'ai toujours pratiqué la course à pied » ou « Mais, j'ai toujours mangé du poulet », comme si cela suffisait à prouver que cette activité ou cet aliment leur convenait. Dans le même temps, ces personnes souffrent de troubles physiques divers et de stress, mais ils n'ont jamais établi de lien entre ces troubles et leur activité ou leur alimentation.

Peut-être êtes-vous un sujet du groupe A hors normes, qui tire parti d'une activité physique intense, mais peut-être aussi vous épuisez-vous sans le savoir.

ANNEXE E

Notes sur l'anthropologie des groupes sanguins

D'OU VIENT NOTRE SANG?

L'anthropologie étudie les différences séparant les êtres humains, tant sur le plan culturel que sur le plan biologique. On distingue généralement l'anthropologie culturelle, qui s'attache aux manifestations liées à la culture, comme le langage ou les rites, et l'anthropologie physique, qui étudie l'évolution biologique de notre espèce, Homo sapiens. Les anthropologues qui choisissent cette seconde spécialité s'efforcent de retracer le développement historique de l'humanité grâce à des outils scientifiques comme l'étude des groupes sanguins. L'une de leurs tâches majeures a consisté à déterminer comment nous avions évolué à partir de nos lointains ancêtres primates.

L'anthropologie physique s'intéresse aussi à la manière dont l'homme s'est adapté à son environnement. Après avoir longtemps recouru pour l'essentiel aux mesures des crânes, des squelettes et d'autres particularités physiques, les spécialistes ont pris l'habitude d'y adjoindre l'étude des groupes sanguins, donnant naissance à une science nouvelle appelée paléosérologie, qui signifie «étude du sang ancien». Dans les années cinquante, comme on commençait à se passionner pour la génétique, le groupe sanguin et les autres marqueurs reposant sur des bases génétiques suscitèrent un intérêt accru. A. E.

Mourant, médecin et anthropologue, a rassemblé la plupart des informations dont on dispose dans ce domaine dans ses deux ouvrages, *Les Groupes sanguins et la maladie**, publié en 1978, et *Liens de sang : groupes sanguins et anthropologie***, publié en 1985.

J'ai également utilisé, pour rédiger cette annexe, d'autres sources, notamment des études plus anciennes comme *La Génétique et les races humaines****, de William Boyd, publié en 1950, ainsi qu'une série de travaux publiés dans diverses revues de médecine légale entre 1920 et 1945.

Il est possible de dresser la carte de la répartition des groupes sanguins au sein d'un peuple antique en étudiant les restes humains exhumés, à partir desquels le groupe sanguin est souvent reconstituable. L'étude des groupes sanguins d'une population fournit aux anthropologues des informations sur son histoire : ses mouvements, les règles qui prévalaient en matière de mariage (endogamie ou exogamie) et ses déplacements.

Beaucoup d'ethnies ou de nations possèdent une répartition de groupes sanguins qui leur est spécifique. Les groupements humains vivant en vase clos affichent souvent encore la nette prépondérance d'un groupe sanguin. Dans les sociétés modernes, le mélange est en général plus homogène. Ainsi, aux États-Unis, la proportion presque égale d'individus du groupe O et d'individus du groupe A reflète les mouvements migratoires à l'origine de leur population. On y dénombre aussi un pourcentage de personnes du groupe B plus élevé qu'en Europe occidentale, sans doute à cause de l'apport de populations venues d'Europe de l'Est.

Pour cette analyse, nous séparerons l'humanité originelle en deux branches, les peuples éthiopiens et les peuples paléoarctiques, ces derniers se subdivisant en Mongoloïdes et Europoïdes. La plupart de leurs descendants sont issus d'un mélange de ces deux sous-groupes. Chacune de ces « races »

---

*   Blood Groups and Disease.
**   Blood Relations : Blood Groups and Anthropology.
***   Genetics and the Races of Man.

primitives se distinguait par des caractéristiques physiques que déterminait son environnement, et occupait une zone géographique distincte. Les Éthiopiens, sans doute le peuple le plus ancien, avaient la peau foncée et habitaient le tiers méridional de la péninsule arabique et l'Afrique sub-saharienne. La zone de population paléoarctique comprenait pour sa part le nord de l'Afrique, l'Europe, la majeure partie de l'Asie (à l'exception du sud de l'Arabie), l'Inde, le Sud-Est asiatique et la Chine du Sud.

On admet en général que les migrations humaines de l'Afrique vers l'Asie ont débuté voici environ un million d'années. En Asie, l'*Homo sapiens* moderne descend probablement d'un rameau de la branche éthiopienne mêlé de sang mongoloïde et europoïde, mais nous ignorons quand et pourquoi ce métissage s'est produit.

Chaque « race » primitive possédait aussi son berceau, une zone géographique où elle devait demeurer prédominante – pour les Éthiopiens, l'Afrique, pour les Europoïdes, l'Europe et le nord de l'Asie et pour les Mongoloïdes, l'Asie centrale et méridionale.

À mesure que les groupes humains ont migré et se sont métissés, des populations intermédiaires sont apparues. Ainsi, la zone comprise entre le Sahara, le Moyen-Orient et la Somalie abritait une population afro-europoïde, et le sous-continent indien, un mélange d'Europoïdes « nordiques » et de Mongoloïdes plus méridionaux. De ces nouveaux groupes naquirent une infinité de sous-populations, parfois rapidement exterminées par les maladies, la famine ou le climat. Ces populations mixtes ont sans doute occupé pendant plusieurs millénaires les franges des zones d'habitat traditionnel des premiers peuples. Et, bien que les migrations aient eu pour conséquence première de répandre le groupe sanguin O aux quatre coins du monde, c'est dans les régions de métissage que de nouveaux groupes sanguins devaient voir le jour.

Ce serait une erreur que d'imaginer nos premiers ancêtres du groupe O comme des primitifs. Aucune progression intellectuelle antérieure ou ultérieure n'a jamais égalé les progrès accomplis à l'époque de l'homme de Cro-Magnon. Nous leur devons les premières communautés socialisées, les premiers rites, plus que des rudiments de communication, et notre manie d'explorer de nouveaux espaces. Et, bien que les origines du groupe O remontent à l'aube de la préhistoire, il reste tout à fait adapté au monde moderne, en grande partie à cause de sa simplicité et du fait que les protéines animales occupent encore une grande place dans l'alimentation humaine contemporaine.

ETHNIES ET GROUPES SANGUINS

La première tentative de description des caractéristiques ethniques et nationales au moyen du groupe sanguin date de 1918. On la doit à un couple de médecins du nom de Hirszfeld, qui avaient soigné les blessés de la Première Guerre mondiale dans la région de Salonique (aujourd'hui Thessalonique), en Grèce. Les soldats des forces alliées et les réfugiés, d'origines diverses, leur fournirent un terrain d'étude idéal. Ils analysèrent systématiquement le groupe sanguin de leurs patients et le notèrent à côté de leur appartenance ethnique et de leur nationalité. À la fin du conflit, chacun de leurs sous-groupes comportait environ cinq cents sujets. Ils découvrirent ainsi que l'incidence du groupe sanguin B variait de 7,2 % parmi les sujets britanniques à un maximum de 41,2 % au sein de la population indienne et que ce groupe était moins répandu en Europe de l'Ouest que chez les Slaves des Balkans, lesquels comptaient moins d'individus du groupe B que les Russes, les Turcs et les juifs, qui en comptaient moins que les Vietnamiens et les Indiens. La répartition du groupe AB était à peu près identique, avec un minimum de l'ordre de 3 à 5 % en Europe occidentale et un maximum de 8,5 % en Inde.

Cette incidence relativement élevée du groupe AB sur le sous-continent indien – pour un groupe sanguin qui ne représente que 2 à 5 % de la population mondiale – s'explique sans doute par la position de l'Inde sur la route des invasions mongoles.

Les groupes O et A suivaient une répartition essentiellement inverse de celle des groupes B et AB : l'Europe, les populations slaves des Balkans et les populations arabes comptaient
toutes, d'après les résultats obtenus par les Hirszfeld, un
pourcentage de l'ordre de 40 % d'individus du groupe A, alors
que ce dernier est assez peu répandu en Afrique de l'Ouest, au
Vietnam ou en Inde ; 46 % des Anglais testés appartenaient au
groupe O, contre seulement 31,3 % pour les Indiens.

Ces informations devaient largement demeurer lettre morte
pendant plus de trente ans car, en 1918, nul ne s'intéressait à
l'étude de la répartition des groupes sanguins comme moyen de
décrypter l'histoire de l'humanité. Seule une obscure revue
d'anthropologie accepta de publier les travaux du couple
Hirszfeld.

Aujourd'hui, nous disposons, notamment grâce aux archives
des banques du sang, du groupage sanguin de plus de vingt millions d'êtres humains habitant les quatre coins de la Terre. Et
la masse d'informations ainsi recueillies ne fait que confirmer
les observations de ces deux précurseurs.

Dans les années vingt, plusieurs anthropologues tentèrent
cependant une ébauche de classification raciale basée sur les
groupes sanguins. En 1929, Laurance Snyder a ainsi publié un
livre intitulé *Analyse du groupe sanguin en médecine clinique et
légale**, dans lequel il propose un système de classification particulièrement intéressant car il se concentre essentiellement sur
la répartition des groupes ABO, seul outil dont on disposait à
l'époque.

Snyder distinguait les groupes raciaux suivants :

Type européen: Fort pourcentage de groupe A, peut-être parce
que le groupe A est apparu à l'origine en Europe occidentale, et groupe B rare. Cette catégorie englobait les Anglais,

---

*   *Blood Grouping in Relationship to Clinical and Legal Medicine.*

les Écossais, les Français, les Belges, les Italiens et les Allemands.

Type intermédiaire: Mélange de populations européennes occidentales à forte incidence de groupe A et de populations d'Europe centrale à forte incidence de groupe B. Proportion supérieure à la moyenne d'individus du groupe O. Cette catégorie comprenait les Finnois, les Arabes, les Russes, les juifs espagnols, les Arméniens et les Lituaniens.

Type Hunan: Populations orientales à forte incidence de groupe A, sans doute à cause d'un métissage de leurs ancêtres mongoloïdes avec des populations europoïdes. Ce groupe comprenait les Ukrainiens, les Polonais, les Hongrois, les juifs roumains, les Japonais, les Coréens et les Chinois du Sud.

Type indo-mandchourien: Peuples au sein desquels le groupe B prédomine par rapport au groupe A. Ce groupe englobe les Indiens, les Tziganes, les Chinois du Nord et les Mandchous.

Type afro-malais: Pourcentage un peu supérieur à la moyenne du groupe A et du groupe B et incidence normale du groupe O. Cette catégorie regroupe les Javanais, les natifs de l'île de Sumatra, les Africains et les Marocains.

Type pacifico-américain: Très forte prédominance du groupe O et du facteur Rh+, groupe A rare et groupe B presque absent. Ce groupe comprend les Philippins, les Amérindiens du Nord et du Sud et les Inuit (Esquimaux).

Type australasien: Forte incidence du groupe A (presque égale à celle observée en Europe occidentale), presque pas de groupe B et forte incidence du groupe O (quoique moindre qu'au sein du groupe pacifico-américain). Ce groupe comprend principalement les Aborigènes d'Australie.

Comme elle n'étudie que la répartition ABO des groupes sanguins, seule connue à l'époque, la classification établie par Snyder propose des regroupements improbables, comme celui qui associe au sein d'une même catégorie (type

Hunan) les Coréens et les populations juives de Roumanie. Plus tard, l'analyse supplémentaire des sous-groupes Rh et MN et d'autres facteurs sanguins (voir Annexe C, p. 417) devait permettre aux chercheurs d'affiner ces résultats.

Ce qui donnait, par exemple, la classification suivante :

EUROPÉENS (populations nordiques et alpines d'Europe et de Proche-Orient)

MÉDITERRANÉENS

MONGOLS (Asie centrale et Eurasie)

AFRICAINS

INDONÉSIENS

AMÉRINDIENS

OCÉANIENS (groupe qui inclut les Japonais)

AUSTRALIENS

Une autre classification, essentiellement fondée sur le groupe sanguin ABO et le facteur Rhésus donne ce qui suit :

GROUPE EUROPÉEN : Incidence supérieure à la moyenne du facteur Rh- et proportion relativement élevée d'individus du groupe A avec une répartition moyenne des autres groupes sanguins.

GROUPE NÉGROÏDE : Plus forte incidence des sous-groupes Rh rares, incidence moyenne du facteur Rh-, proportion relativement élevée du sous-groupe A2 et de certains sous-groupes intermédiaires rares du groupe A (sous-groupes Ax et A Bantou).

GROUPE MONGOL : Quasi-absence des sous-groupes Rh- et A2. La classification MN (voir Annexe C, p. 417) conduit à subdiviser cette catégorie en quatre sous-groupes, le groupe asiatique, le groupe îles du Pacifique et Australie, le groupe amérindien et le groupe inuit.

Dans son ouvrage *La Génétique et les Races humaines**, publié en 1950, William Boyd propose une classification plus juste, qui présente l'avantage de refléter également la répartition géographique des groupes humains.

GROUPE EUROPÉEN ANCIEN : Incidence la plus élevée (plus de 30 %) du facteur Rh-, et sans doute absence du groupe B. Incidence relativement élevée du groupe O. Gène du sous-groupe N (voir Annexe C, p. 417) probablement un peu plus répandu qu'au sein des populations européennes modernes. Ce groupe est aujourd'hui représenté par ses descendants directs, les Basques.

GROUPE EUROPÉEN (OU EUROPOÏDE) : Incidence un peu moins élevée du facteur Rh- et incidence relativement élevée du sous-groupe A2, avec une répartition moyenne des autres groupes sanguins. Fréquence normale du gène du sous-groupe M.

GROUPE AFRICAIN (OU NÉGROÏDE) : Incidence très élevée d'un gène rare du facteur Rh+, le gène Rh0, et incidence modérée du facteur Rh-. Incidence relativement élevée du sous-groupe A2 et des sous-groupes intermédiaires rares du groupe A, ainsi que du groupe B.

GROUPE ASIATIQUE (OU MONGOL) : Fort pourcentage de sujets du groupe B, mais très peu, voire pas du tout, de gènes des sous-groupes A2 et Rh-.

GROUPE AMÉRINDIEN : Très peu ou pas de groupe A et probablement pas de groupe B ni de facteur Rh-. Proportion très élevée de groupe O.

GROUPE AUSTRALOÏDE : Forte incidence du sous-groupe A1, mais pas du sous-groupe A2 ni du facteur Rh-. Forte incidence du gène du sous-groupe N.

Les travaux récents du Dr Luigi Cavalli-Sforza, de l'université de Stanford, ont mis en lumière la carte génétique des migrations humaines anciennes à l'aide de technologies bien plus sophistiquées, utilisant l'analyse de l'ADN. Mais beaucoup de ses découvertes ont confirmé les observations de Mourant, des Hirszfeld, de Snyder et de Boyd sur la répartition des groupes sanguins sur la planète.

---

*   Voir p. 442.

ANNEXE F

Bibliographie

Plutôt que d'alourdir ce livre par de multiples notes bibliographiques en bas de page, et par souci de simplification, j'ai préféré rassembler ici tous mes ouvrages de référence. Ils sont répartis en plusieurs catégories et classés par ordre alphabétique des noms d'auteurs*.

Groupes sanguins, informations d'ordre général

American Association of Blood banks, *Technical Manual*. 10th ed. 1990.

D'Adamo, P. « Gut ecosystems III : The ABO and other polymorphic systems ». *Townsend Ltr. for Doctors*, Aug. 1990.

Marcus, D. M. « The ABO and Lewis blood-group system ». *New England J. Med.*, 280 (1969): 994-1005.

Alimentation et mode de vie

Atkins, R., et Herwood, R. W. *Dr. Atkins's Diet Revolution*. New York : Bantam, 1972

D'Adamo, J. *The D'Adamo Diet*. Montreal : McGraw-Hill Ryerson, 1989. *One Man's Food*. New York : Marek, 1980. (out of print)

Kushi, M., et Jack, A. *The Cancer Prevention Diet*. New York : St. Martin's, 1983.

Nomi, T., et Besher, A. *You Are Your Blood Type*. New York : Pocket, 1983.

---

* Tous ces ouvrages de référence sont, bien entendu, en langue anglaise (NDT).

Pritikin, N., et McGrady, P. *The Pritikin Program for Diet and Exercise*. New York: Grosset & Dunlap, 1979.

Schmid, R. *Traditional Foods Are Your Best Medicine*. New York: Ballantine, 1987.

Groupes sanguins et anthropologie

Boyd, W. C. *Genetics and the Races of Man: An Introduction to Modern Physical Anthropology*. Boston: Little Brown, 1950.

Brues, A. M. « Tests of blood group selection ». *Amer. Forensic medicine*, 1929: 287-89.

Childe, V. G. *man Makes Himself*. London: Watts, 1936.

Coon, C. S. *The Races of Europe*. New York: Macmillan, 1939.

Gates, R. R. *Human Ancestry*. Cambridge, MA: Harvard University Press, 1948.

Hirszfeld, L., et Hirszfeld, H. *Lancet*, 2 (1919): 675.

Livingstone, F. R. « Natural selection disease and ongoing human evolution as illustrated by the ABO groups ». Source unknown (copy in author's possession).

McNeil, W. H. *Plagues and Peoples*. New York: Doubleday/Anchor, 1975.

Mourant, A. E. *Blood Relations: Blood Groups and Anthopology*. Oxford, England: Oxford University Press, 1983.

Mourant, A. E., Kopec, A. C., et Domaniewska-Sobczak, K. *Blood Groups and Disease*. Oxford, England: Oxford University Press, 4th ed. 1984.

Muschel, L. « Blood groups, disease and selection ». *Bacteriological Rev.*, 30, 2 (1966): 427-41.

Race, R. R., et Sanger, R. *Blood Groups in Man*. Oxford, England: Blackwell Scientific, 1975.

Sheppard, P. M. « Blood groups and natural selection ». *Brit. Med. Bull.*, 15 (1959): 132-39.

Soulsby, E. H. L. « Antigen-antibody reactions in helminth infections ». *Adv. Immunol.*, 2 (1962): 265-308.

Wyman, L. C., et Boyd, W. C. « Blood group determinations of prehistoric American Indians ». *Amer. Anthropol.*, 39 (1937): 583-92. « Human blood groups and anthropology ». *Amer. Anthropol.*, 37 (1935): 181.

Groupes sanguins et lectines

D'Adamo, P. « Gut ecosystems II : Lectins and other mitogens ». *Townsend Ltr. for Doctors*, 1991.

Freed, D. L. F. « Dietary lectins and disease ». *Food Allergy and Intolerance*, 1987 : 375-400. « Lectins ». *British Med. J.*, 290 (1985): 585-86.

Helm, R., et Froese, A. « Binding of receptors for IgE by various lectins ». *Int. Arch. Allergy Appl. Immunology*, 65 (1981): 81-84.

Nachbar, M. S., et al. « Lectins in the US diet: Isolation and characterization of a lectin from the tomato (*Lycopersicon esculentum*)». *J. Biol. Chem.*, 255 (1980): 2056-61. « Lectins in the US diet: A survey of lectins in commonly consumed foods and a review of the literature ». *Amer. J. Clin. Nut.*, 33 (1980): 233845.

Norn, S., et al. « Intrinsic asthma and bacterial histamine release via lectin effect ». *Agents and Action*, 12, 2/3 (1983).

Sharon, N., et Halina, L. « The biochemistry of plant lectins *(Phytohemaglutinins A)*». *Ann. Rev. Biochem.*, 42 (1973): 541-74. « Lectins : Cell agglutinating and sugar-specific proteins ». *Science*, 177 (1972): 949-59.

Schechter, Y. « Bound lectins that mimic insulin produce persistent insulin-like effects ». *Endocrinology*, 113 (1983): 1921-26.

Triadou, N., et Audron, E. « Interaction of the brush border hydrolases of the human small intestine with lectins ». *Digestion*, 27 (1983): 1-7.

Uhlendruck, G., et al. « Love to lectins : Personal history and priority hysterics ». *Lectins and Glycoconjugates in Oncology*. New York : Springer-Verlag, s.d.

Uimer, A. J. et al. « Stimulation of colony formation and growth factor production of human lymphocytes by wheat germ lectin »... *Immunology*, 47 (1982): 551-56.

Wagner, H., et al. « Immunostimulant action of polysaccharides (heteroglycans) from higher plants ». *Arzneimittelforschung*, 34 (1984): 659-61 (German abstract in English).

Waxdal, M. J. « Isolation, characterization and biological activities of five mitogens from pokeweed ». *Biochemistry*, 13 (1974): 3671-75.

Zafrini, D. et al. « Inhibitory activity of cranberry juice on adherence of type 1 and type P fimbriated *E. coli* to eucaryotic cells ». *Antimicrobial Agents and Chemotherapy*, 33 (1989): 92-98.

The Lectins : Properties, Functions and Applications in Biology and Medicine. New York : Harcourt Brace Jovanovich/Academic Press, 1986.

Corrélations entre maladies et groupes sanguins

Addi, G. J. «Blood groups in acute rheumatism». *Scottish Med. J.*, 4 (1959): 547.

Aird, I., et al. «Blood groups in relation to peptic ulceration and carcinoma of the breast, colon, bronchus and rectum». *Brit. Med. J.*, 1954: 315-42.

Allan, T. M., et Dawson, A.A. «ABO blood groups and ischemic heart disease in men». *Brit. Heart J.*, 30 (1968): 377-82.

Billington, B. P. «Note on the distribution of ABO blood groups in bronchiectasis and portal cirrhosis». *Australian Ann. Med.*, 5 (1956): 20-22. «Blood groups and the intestine» (editorial). *Lancet*, 7475 (dec. 3, 1966).

Buchanan, J. A. et Higley, E.T. «The relationship of blood groups to disease». *Brit. J. Exper. Pathol.*, 2 (1921): 247-53.

Buckwalter, et al. «Ethnologic aspects of the ABO blood groups: Disease associations». *JAMA*, 1957: 327. «ABO blood groups and disease». *JAMA*, 1956: 1210-14.

Camps, E.E., et Dodd, B. E. «Frequencies of secretors and non-secretors of ABH group substances among 1 000 alcoholic patients». *Brit. Med. J.*, 4 (1969): 457-59. «Increase in the incidence of non-secretors of ABH blood group substances among alcoholic patients». *Brit. Med. J.*, 1 (1967): 30-31.

D'Adamo, P. «Blood types and diseases, a review». Clinical rounds presentation, Bastyr University, 1982. «Combination naturopathic treatment of primary biliary cirrhosis». *J. Naturopathic Med.*, 4, I (1993). 24-25.

D'Adamo, P., et Zampieron, E. «Does ABO bias in natural immunity imply an innate difference in T-cell response?» *J. Naturopathic Med.*, 2 (1991): 11-17. «Blood groups and susceptibility to disease: A review». *Brit. J. Prev. Soc. Med.*, 11 (1957): 107-25.

Fraser Roberts, J. A. «Some associations between blood types and disease». *Brit. med. Bull.*, 15 (1959): 129-33.

Harris, R., et al. «Vaccine virus and human blood group A substance». *Acta genetica*, 13 (1963): 44-57.

Havlik, R. et al. «Blood groups and coronary heart disease» (letter). *Lancet*, Aug. 2, 1969: 269-70.

Hein, O. H., et al. « Alcohol consumption, Lewis phenotypes, and the risk of ischemic heart disease ». *Lancet*, Feb. 13, 1993 : 392-96. « An insight is gained on how ulcers develop ». *The New York Times*, dec. 17, 1993.

Koskins, L. C., et al. « Degradation of blood group antigens in human colon ecosystems ». *J. Clin. Invest.*, 57 (1976) 63-73.

Langman, M. J. S., et al. « ABO and Lewis blood groups and serum cholesterol ». *Lancet*, Sept. 20, 1969 : 607-9.

Lim, W., et al. « Association of secretor status and rheumatic fever in 106 families ». *Amer. J. Epidemiology*, 82 (1965): 103-11.

McConnell, R. B., et al. « Blood groups in diabetes mellitus ». *Brit. Med. J.*, 1 (1956): 772-76.

McDuffie and Hart. « The behavior in the Coombs test of anti-A and anti-B produced by immunization with various blood group specific substances and by heterospecific pregnancy ». *J. Immunology*, 77 (1956): 61-71.

Martin, N. G., et al. « Do the MN and JK systems influence environmental variability in serum lipid levels ? » *Clinical Genetics*, 24 (1983): 1- 14.

Myrianthopolous, N. C., et al. « Relation of blood groups and secretor factor to amyotrophic lateral sclerosis ». *Amer. J. Human Genetics*, 19 (1967): 607-16. « O ! My aching stomach ! » *Witby Republican*, Dec. 12, 1993.

Ratner, et al. « ABO group uropathogens and urinary tract infection ». *Amer. J. Med. Sci.*, 292 (1986): 84-92.

Roath, S., et al. « Transient acquired blood group B antigen associated with diverticular bowel disease ». *Acta Haematologica*, 77 (1987): 188-90.

Springer, G. F. « Relation of blood group active plant substances to human blood groups ». *Acta Haem.*, 20 (1958): 147-55. Springer, G.F., et Horton, R. E. « Erythrocyte sensitization by blood group specific bacterial antigens ». *J. Gen. Physio.*, 47 (1964): 1229-49.

Struthers, D. « ABO groups of infants and children dying in the west of Scotland (1949-51)». *Brit. J. Soc. Prev. Med.*, 5 (1951): 223-28.

Young, V. M., Gillem, H. G., et Akeroyd, J. H. « Sensitization of infant red cells by bacterial polysaccharides of *E. coli* during enteritis ». *J. Ped.*, 60 (1962): 172-76.

Groupes sanguins et cancer

Aird, E., et al. « Blood groups in relationship to peptic ulceration, and carcinoma of the colon, rectum, breast and bronchus ». *Brit. Med. J.*, 2 (1954): 315-21. « Relationship between ABO group and cancer of the stomach ». *Brit. Med. J.*, 1 (1954): 799-801.

Aird, I., et al. « ABO blood groups and cancer of the esophagus, cancer of the pancreas and pituitary adenoma ». *Brit. med. J.*, 1 (1960): 1163-66.

Bazeed, M. A., et al. « Effect of lectins on KK-47 bladder cancer cell line ». *Urology*, 32, 2 (1988): 133-35.

Boland, C. R. « Searching for the face of cancer ». *J. Clin. Gastroenterology*, 10, 6 (1988): 599-604.

Brooks, S. A. « Predictive value of lectin binding on breast cancer recurrence and survival ». *Lancet*, May 9, 1987: 1054-56. Brooks, S.A., et Leathem, A. J. C. « Prediction of lymph node involvement in breast cancer by detection of altered glycosylation in the primary tumor ». *Lancet*, 8759, 338 (1991): 71-74.

Cameron, C., et al. « Acquisition of a B-like antigen by red blood cells ». *Brit. Med. J.*, July 11, 1959: 29-34.

D'Adamo, P. « Possible alteration of ABO blood group observed in non-Hodgkin's lymphoma ». *J. Naturopath. Med.*, 1 (1990): 39-43.

Dahiya, R., et al. « ABH blood group antigen expression, synthesis and degradation in human colonic adenocarcinoma cell lines ». *Cancer Res.*, 49, 16 (1989): 4550-56. « ABH blood group antigen synthesis in human colonic adenocarcinoma cell lines » (meeting abstract). *Proc. Ann. Mtg. Amer. Assoc. Cancer Res.*, 30 (1989): A1405.

Davis, D. L., et al. « Medical hypothesis: Xenoestrogens as preventable causes of breast cancer ». *Environ. Health Persp.*, 101, 5 (1993): 372-777.

Feinmesser, R., et al. « Lectin binding characteristics of laryngeal cancer ». *Otolaryngeal Head Neck Surgery*, 100, 3 (1989): 207-9.

Fenlon, S., et al. «*Helix pomatia* and *Ulex europeus* lectin binding in human breast carcinoma ». *J. Pathology*, 152 (1987): 169-76.

Kvist, E., et al. « Relationship between blood groups and tumors of the upper unrinary tract ». *Scand. J. Urol. Nephrol.*, 22, 4 (1988): 289-91.

Langkilde, N. C., et al. « Binding of wheat and peanut lectins to human transitional cell carcinoma ». *Cancer*, 64, 4 (1989): 849-53.

Lemon, H. « Clinical and experimental aspects of anti-mammary carcinogenic activity of estriol ». *Front. Hormone Res.*, 5 (1978): 155-73. « Pathophysiological considerations in the treatment of menopausal patients with estrogens: The role of estriol in the prevention of mammary carcinoma ». *Acta Endocrin. Supp.*, 233 (1980): 17-27.

Marth, C., et Daxenbichiler, G. « Peanut agglutinin inhibits proliferation of cultured breast cancer cells ». *Oncology*, 45 (1988): 47-50.

Morecki, S., et al. « Removal of breast cancer cells by soybean agglutinin in experimental model for purging human marrow ». *Canc. Res.*, 48 (1988): 4573-77.

Motzer, R. J., et al. « Blood group related antigens in human germ cell tumors ». *Cancer Res.*, 48, 18 (1988): 5342-47.

Murata, K., et al. « Expression of blood group related antigens ABH, Lewis a, Lewis b, Lewis x, Lewis y, Ca19-9 and CSLEX1 in early cancer, intestinal metaplasia and uninvolved mucosa of the stomach ». *Amer. J. Clin. Path.*, 98 (1992): 67-75.

Osborne, R. H., et DeGeorge, F. V. « ABO blood groups and neoplastic disease of the ovary ». *Amer. J. Human Genetics*, 15 (1963)/380-88.

Renton, P. H., et al. « Red cells of all four ABO groups in a case of leukemia ». *Brit. Med. J.*, Feb 2, 1962: 294-97.

Roberts, T. E., et al. « Blood groups and lung cancer » (letter). *Brit. J. Cancer*, 58, 2 (1988): 278.

Romodanov, S. A., et al. « Efficacy of chemo and immunochemistry in neuro-oncological patients with different ABO system blood group ». *ZH-Vopr-Neikhiir Im Nn Burdenko*, 53/1, 17-20 (1989).

Stachura, J., et al. « Blood group antigens in the distribution of pancreatic cancer ». *Folia Histochem. Cytobiol.*, 27, 1 (1989): 49-55.

Springer, G., et al. « Blood group MN antigens and precursors in normal and malignant human breast glandular tissu ». *J. Nat. Cancer Instit.*, 54, 2 (1975): 335-39. « T/Tn antigen vaccine is effective and safe in preventing recurrence of advanced breast cancer ». *Cancer Detection and Prevention* (in press, 1993).

Tryggvadottir, L., et al. « Familial and sporadic breast cancer cases in Iceland: A comparison related to ABO blood groups and risk of bilateral breast cancer ». *Inter. J. Cancer*, 42, 4 (1988): 499-501.

Tzingounis, V. A., et al. « Estriol in the management of menopause ». *JAMA*, 239, 16 (1978): 1638.

Wolf, G. T., et al. « A9 and ABH antigen expression predicts outcome in head and neck cancer ». *Proc. Ann. Mtg. Amer. Assoc. Cancer Res.*, 30 (1989): A902.

TABLE DES MATIÈRES

IMPRESSION
IMPRIMERIE GAGNÉ

 IMPRIMÉ AU CANADA